新闻学与传播学案例系列教材

全媒体新闻编辑案例教学

吴飞 黄超/编著

中国传媒大学出版社
·北京·

图书在版编目（CIP）数据

全媒体新闻编辑·案例教学 / 吴飞，黄超编著 . -- 北京：中国传媒大学出版社 , 2015.7
（2021.1 重印）
（新闻学与传播学案例系列教材）
ISBN 978-7-5657-1108-4

Ⅰ.① 全… Ⅱ.① 吴… ② 黄… Ⅲ.① 新闻编辑—案例—高等学校—教学参考资料
Ⅳ.①G213

中国版本图书馆 CIP 数据核字 (2014) 第 168706 号

新闻学与传播学案例系列教材

全媒体新闻编辑·案例教学

QUANMEITI XINWEN BIANJI • ANLI JIAOXUE

编 著 者 吴 飞 黄 超
策划编辑 司马兰 姜颖昳
责任编辑 司马兰 姜颖昳
装帧设计 拓美设计
责任印制 阳金洲

出版发行 中国传媒大学出版社
社 址 北京市朝阳区定福庄东街 1 号 邮 编 100024
电 话 86-10-65450532 65450528 传 真 65779405
网 址 http://cucp.cuc.edu.cn
经 销 全国新华书店

印 刷 北京玺诚印务有限公司
开 本 787mm × 1092mm 1/16
印 张 13.25
字 数 323 千字
版 次 2015 年 7 月第 1 版
印 次 2021 年 1 月第 4 次印刷

书 号 ISBN 978-7-5657-1108-4/G · 1108 定 价 45.00 元

本社法律顾问：北京李伟斌律师事务所 郭建平

总　序

从本系列教材的策划到第一批面市，转眼四年过去了。其间中国社会和媒体的变化之大，令人目不暇接，更难全面理解其中玄机。这种巨变也给新闻传播教育提出了更大的挑战：原有的教学内容和方法哪些已经无效？哪些行将过时？对于本专业来说，还有一个特殊之处，那就是随着自媒体的崛起，师生教学关系是否已经从“前喻文化”变成了“后喻文化”？

“前喻文化”“并喻文化”“后喻文化”的概念源于美国女人类学家玛格丽特·米德。所谓“后喻文化”，在此特别是指在新媒体时代，学生通过互联网或其他现代学习手段，比家长、老师等长辈更早、更多地获得信息，更熟练地使用新媒体，而当学生对事物的感知与教师所教知识发生冲突时，学生会大胆或无情地对教师的“教育”进行评价或批判。

今天，对于站在三尺讲台前的教师来说，一个严峻的考验是：在应用型学科里，如果你讲课拘泥于传统套路，从概念到概念，或从抽象到具体，效果可能堪忧。如果讲述方式又是那么枯燥乏味，那么台下的学生即使不便公开表达不满，也会拨弄起手机来。换言之，“手机个人主义”正在改变我们的生活，而过度干预学生喜好的教师，是不会受到欢迎的。

我们再从方法论的角度来反思：即使教学效果尚可，从概念到概念式的讲课，极有可能令学生绝缘于火热的现实生活。而从抽象到具体的演绎法，其局限性是明显的：（1）不能解决思维活动中演绎前提的真实性问题。（2）不具有绝对性普遍意义。当事物由于发展而出现了一般没有的特点时，以一般演绎到个别往往不能成功。（3）得出的结论正确与否，有待于实践检验，不能从内容上确保其结论的真理性。

由此我们不难想象，教师组织教学活动中确实面临着不小的风险与陷阱。如何规避这些风险与陷阱，至少是当下高校教师的急务要务之一。而趣味性强、与演绎法反其道而行之的案例教学法应运而生。说来始于哈佛大学的案例教学法已有百年以上历史，但是引入中国只是近年的事情，而且主要的运用者还是商学院。

不过寥寥数年的实践，案例教学法的影响迅速超越了商学院。而在案例教学法的发源地哈佛，情况更是如此。这两年在中国走红的哈佛公开课，其中由迈克尔·桑德尔教授开讲的政治哲学课程《正义》系列，收获了巨大的反响和声誉。桑德尔借助假想案例，引诱由“局外人”变成“局中人”的听众钻入其设计的困局，令上千学生忽而哄堂大笑，忽而转为沉思苦想，忽而身陷两难境地不能自拔。

入神于这些案例之后，学生们的学习兴趣油然而生。于是桑德尔再交代本课程的学习要求和相关理论的要点难点，这时我们所看到的是学生们聚精会神地聆听和记录……去过哈佛的人都知道，这所名校校园不大，而桑德尔授课的地方实际上是一所老剧院——桑德斯剧院。能让偌大的剧院座无虚席，肯定不是一件易事。可以说，桑德尔不仅是杰出的社群主义哲学大师，而且是善于捕捉和拴住学生心灵的法师。

那么，新闻传播学能不能推出完整的案例教材系列？这恐怕难以做出肯定的断言，因为案例教学也有局限性。长江商学院院长项兵坦陈，案例教学至少有两个局限性：第一，见树木不见森林。如果没有可复制性，那么相关意义就不大。第二，中国变化特别快，案例容易过时，这与多年不变的美国不同。[①]

此外，案例往往以较短的篇幅材料来涵盖相当长的时间历程，很难在内容与时间历程之间保持协调一致。案例叙述的是某一事件，没有严整的结构，这样学生所获得知识、技能等也难以汇总进一个整体框架中。案例可能也会使学生形成一些不正确的概括化认识，易出现“过度概括化现象”。[②] 案例教学不一定适合讲究系统性的新闻史和新闻传播理论课程。

但是，在日益丰富的新闻传播学的课程群中，至少有一半以上、甚至更多的与实践相关的课程是可能采用案例教学法的。本系列就是这样一种大胆尝试。我们规划的系列中，包括财经报道、媒体道德与伦理、媒体法、新闻摄影、调查性报道、深度新闻报道、融合新闻报道、新闻采访、全媒体新闻编辑、新闻评论、法治报道、网络舆情等。它们将陆续面世。

当然，出版系列案例教学教材是一种带风险的尝试，其绩效如何，端赖作为使用者的学生以及同行的评判。我们的初步努力一定多有不成熟之处和不周严之处，因此真心欢迎广大师生的批评和改进建议。

本系列教材从设计规划到编辑出版，始终得到了新闻传播学资深出版人司马兰女士的支持和关注，她的眼光和经验为本系列的可持续性提供了动力，在此我们深表谢意。

主编

① 刘丽虹：《项兵：案例教学局限性一目了然 前瞻得靠理论》，http://bschool.sohu. com/20100526/n272362494.shtml。

② 李志勇：《案例教学：理念·方法·示范》，http://pppdlee.blog.sohu.com/841036080.html。

前　言

2014年3月28日晚20时16分，某娱乐周刊主编发布了一篇微博，暗示周一将会有重磅消息发布。许多网友和媒体人转发该微博并纷纷猜测该消息的当事人。有爆料称，某演员陷入出轨风波，并被拍下亲密照。此消息一经微博曝光，立即引发网友疯狂转发与评论。随后，多个认证的微博大号也都发微博证实此事。因该娱乐周刊为每周一出刊，众多网友留言“周一见”，旋即成为媒体热词。然而，未及周一，微博、微信等新媒体平台就曝光了此事的相关照片，内幕消息也被迅速披露。周一凌晨，还没等到当天上午读者上街购买，报刊业主就用手机拍下了该娱乐周刊的相关报道、照片，并上传至网络。一时间，传统媒体人士纷纷感叹，记者、编辑如何策划、潜伏、走笔，也不敌全媒体时代的疯狂与喧嚣。新闻、新闻人、新闻业、新媒体再次成为广大网民和传媒业界讨论的热点。

我们究竟可以从这则案例中收获什么样的经验和教训？作为即将进入传媒圈或者初涉传媒圈的年轻人，我们应当如何看待这样的案例？在这样一个计划赶不上变化的新闻浪潮中，我们应该如何坚守新闻人的内核？如何跟进最新的实操规律？这便是本教材想要探索的主要问题，更是我们努力呈现给广大读者的动力。

本教材认为，在全媒体时代，“新闻”正在呈现一种液态化的流动趋势，我们必须熟知这一信息生产的过程。“新闻编辑”就是其中的一个重要环节。

1. 实践操作是第一位的

在这个世界上，先有了新闻记者、新闻编辑这些职业，才有了新闻产业、新闻教育的发展。我们这本教材强调的“新闻编辑”是信息生产中的一个重要环节，而并非只是一个职业。“无实践，不新闻”——我们提倡实践才是新闻编辑的第一要义。

2. 新闻编辑的变与不变

新闻编辑所加工的元素不仅包括文字，还有图片、视频、音频、动画，等等。而随着媒体形态的发展和变化，新闻编辑的过程也在不断变化。本教材聚焦中国及国外最新的新闻编辑案例，关注全媒体时代不同媒体形态的新闻编辑操作，从报纸杂志、广播电视到报网融合、智能手机，再到社交网络、移动客户端，力求启发读者传统媒体的新闻编辑工作如何突破、媒介融合过程中的新闻编辑变革将走向何处、新媒体新闻编辑流程的前沿是什么。我们认为，对于新闻编辑这一信息生产环节来说，有些基本的工作内容、流程、标准是不变的，但有一些却发生了质的变化，因此，我们应当关注全媒体时代中的新闻编辑动态。

3. 看重案例的指导性

本教材注重案例的生动性和鲜活性。每一讲都会花 60% 的篇幅介绍案例和具体的操作策略，20% 的篇幅会用指导性的简明文字总结案例中的新闻编辑特点，最后用 20% 的篇幅总结国内外有关新闻编辑实务方面的最新经验和理论研究。我们力争全面收集、整理最鲜活的新闻案例（一半国内案例、一半国外案例），并用活泼、流畅的语言进行介绍，避免生搬硬套和说教。

4. 编辑不仅仅是一个职业

我们认为，在全媒体时代，新闻编辑这一信息生产过程已经不止局限于“编辑”这一职业了。一个优秀、称职的新闻记者更要理解、熟悉新闻编辑的基本要求、最新动态和未来发展。我们选择的话题和案例不仅仅局限于某一个单独的新闻编辑过程，而是从一个完整甚至是系列的新闻报道中寻找新闻编辑的魅力、创新和亮点。在我们看来，全媒体时代的新闻生产过程不再是割裂的，而是变得愈加不可分割。

5. 学界和业界的重度合作

本教材注重实践，因此组织了部分业界人士参与写作，是一次新闻学界、业界的高度合作。来自央视、《南都周刊》和《羊城晚报》等媒体的骨干记者及来自清华大学、浙江大学、中国人民大学的中青年学者为本教材贡献了自己的精彩观点。

此外，汤森路透消费者传媒中国区副总经理刘子建、凤凰新闻编辑客户端编辑阮洋、新京报报网编辑部编辑郭彦博、清华大学新闻与传播学院客座教授里克·邓纳姆（Rick Dunham）、《每日经济新闻》记者贺文婷对本教材的编写提供了弥足珍贵的帮助，是他们为本教材提供了更多元的视角和更深邃的思考。

编者

目　录

Chapter 1
第一讲　一场报纸与企业主的论战：编辑的专业主义离我们还有多远？

- 报纸版面是有限的公共资源
- 合理利用版面语言
- 信源的真实和准确是编辑对报道负责的开始
- 编辑的“把关人”角色还体现在审稿过程中
- 守住职业道德底线，勿透支媒体公信力

主案例 《京华时报》关于"农夫山泉标准门"的系列报道

2013年4月10日，《京华时报》以一篇题为《农夫山泉被指标准不如自来水》的报道，拉开了近一个月的"农夫山泉标准门"系列报道的序幕。据统计，从4月10日到5月8日，《京华时报》20天内共计刊登76篇、87万余字关于"农夫山泉标准门"的负面新闻报道和评论内容。这些报道和评论，散布在该报的"各地热点"、"财经重磅"、"财经综合"、"财经人物"、"财经动态"、"财经焦点"、"财经理财"、"特别报道"、"声音"和"京华聚焦"10个版面。而关于"农夫山泉标准门"的相关标题出现在《京华时报》头版的次数更是多达13次。

但是直到最后，读者也没能在《京华时报》里读到最想知道的问题的答案——农夫山泉的水到底还能不能喝了？对《京华时报》来说，这个问题回答起来到底有多难？

事实上，《京华时报》并非第一家站出来质疑农夫山泉的水质存在问题的媒体。早在2013年3月14日，某知名网站就发表了《农夫山泉有点悬：水中现黑色不明物 5年来屡被投诉》一文，随后又跟进了《农夫山泉回应公告撒谎 黑色不明物依旧是谜》《农夫山泉丹江口水源地上演"垃圾围城" 水质堪忧》《农夫山泉自订产品标准允许霉菌存在》等多篇报道。

但《京华时报》以其更广泛的读者对象[①]和更权威的媒体形象，通过长达一个月之久的系列报道，把农夫山泉推至舆论的风口浪尖。2013年5月6日，农夫山泉召开新闻发布会，会上与《京华时报》记者发生了冲突。2013年11月4日，农夫山泉向国家新闻出版广电总局举报《京华时报》"农夫山泉标准门"事件为虚假报道。[②]

《京华时报》不但没有收获舆论的掌声，反而备受学界专家、媒体同行和读者受众的诟病，自身媒体形象大打折扣。《京华时报》的媒体"监督战"变成了和农夫山泉的"口水战"，网易、凤凰网、红网等门户网站都专门为"农夫山泉举报《京华时报》'虚假'报道"开设专题，关注此次事件的发展演进。

在《京华时报》与农夫山泉一来二去的口水风暴中，农夫山泉面对媒体的质疑和监督时所呈现出的回避、不承认、不道歉，反咬《京华时报》是"舆论暴力"的危机公关形式固然存在很多问题，但是这一事件的另一个主角——《京华时报》，从监督报道的客体最终变成公共事件的主体，这其中它所存在的问题又有哪些？尤其是在内容和版面编辑上存在哪些问题？这一事件能否对媒体的监督报道有所启示？在行使监督权的时候，媒体又该如何把握限度？作为一种公共资源，报纸版面又该如何做到合理利用，最大化地为公共利益服务？这些都是本讲要讨论的问题。

① 《京华时报》的发行量稳占北京早报市场70%以上的市场份额，绝对发行量遥遥领先于其他竞争媒体。2010年10月，在世界报业、新闻工作者协会发布的2010年全球报纸发行量前100家报纸中首次进入世界发行百强行列。参见百度百科"京华时报"词条。

② 沈静文、刘祎辰：《农夫山泉举报起诉京华时报索赔2亿 称其虚假报道》，2013年11月5日，http://news.xinhuanet.com/yzyd/travel/20131105/c_118006463.htm。

报纸版面是有限的公共资源

京华—农夫论战
专题视频

从 2013 年 4 月 10 日到 5 月 8 日，《京华时报》在近 1 个月内，共发布 76 篇报道和评论，构成了“农夫山泉标准门”事件的系列报道。如农夫山泉董事长钟睒睒所说，《京华时报》“开辟了一家媒体批评一个企业的新闻记录”[①]。

媒体对认为有新闻价值的选题加大火力进行报道无可厚非，何况饮用水水质这样的食品安全问题，事关全国人民的饮用水习惯，正如 2008 年的三鹿问题奶粉事件。虽然此前的网络揭发受到各种阻挠，但“农夫山泉标准门”事件一经曝光便震惊全国，中央电视台、《人民日报》《南方都市报》《新京报》等全国各大媒体纷纷跟进，新华网、新浪、搜狐、网易等门户网站也开设了相关专题。

这种对事关公共利益的公共事件的集中关注和报道，反映出媒体作为一种公共资源得到了合理的使用，媒体的社会监督权也得到了有效行使。

在“农夫山泉标准门”事件的报道上，对比同一时间段其他媒体的报道重点，我们可以发现，《京华时报》的做法，已经超出了通常的报道规模和监督力度。

从 2013 年 4 月 10 日至 5 月 10 日的一个月内，北京各大媒体关于“农夫山泉标准门”事件的报道和评论共有 191 篇。如表 1—1 所示，其中《京华时报》以 76 篇居首位，占据总数的近三分之一。《京华时报》对此事的新闻价值判断和它所投入的版面、时间等资源，在某种程度上超过了整个行业判断标准的共识（见表 1—1）。

公共利益

是指不特定的社会成员所享有的利益。各国立法基本上都没有对公共利益进行精确的定义，而只是采取了抽象概括的方式来规定。

究其原因，乃是不得已而采取的方式。因为公共利益的最大特点在于，它是一个与诚实信用、公序良俗等相类似的框架性概念，具有高度的抽象性和概括性。

正因为如此，执法者在行使公共权力的过程中，可以根据社会生活发展和变化的情况来维护某一种具体的公共利益，实现社会实质的公平和正义。

表 1—1[②] **北京各大媒体关于“农夫山泉标准门”事件的报道和评论**

媒体名称	新报道总量（篇）	1,000 ~ 2,000 字的报道量（篇）	2,000 字以上的报道量（篇）
《京华时报》	76	33	10
《新京报》	15	7	3
《法制日报》	13	7	
《证券日报》	8	6	0
《北京晨报》	7	0	1
《北京商报》	7	2	0

① 钟睒睒：《京华开创一家媒体批评一家企业新闻记录》，http://finance.sina.com.cn/chanjing/gsnews/20130506/160215362114.shtml，2013-05-06。

② 陈力丹、毛湛文：《规范传媒监督行为——评议农夫山泉“标准门”事件中〈京华时报〉的表现》，载《新闻记者》，2013 年 6 月，第 44 期。

续前表

媒体名称	新报道总量（篇）	1,000～2,000字的报道量（篇）	2,000字以上的报道量（篇）
《中国经营报》	7	3	3
《中国质量报》	7	3	2
《北京青年报》	6	4	0
《工人日报》	6	3	1
《经济日报》	5	3	0
《检察日报》	5	3	0
《中国经济导报》	5	2	1
《北京晚报》	4	1	1
《法制晚报》	4	2	1
《人民日报》	4	0	1
《中国企业报》	4	1	2
《中国证券报》	4	2	1
《北京日报》	3	0	1
《环球时报》	3	3	0
《经济参考报》	3	2	1
《科技日报》	3	1	0
《中国报学报》	3	0	1
《中国青年报》	2	0	0
《光明日报》	1	0	0

从对头版的利用来看，2013年4月10日至5月10日期间，《京华时报》共有13天的头版涉及“农夫山泉标准门”事件的报道，如表1—2所示。

表1—2　《京华时报》头版涉及“农夫山泉标准门”的报道

时间	头版中关于“农夫山泉标准门”的内容
4月10日	农夫山泉被爆料标准不及自来水
4月15日	地方政府被指袒护农夫山泉
4月16日	上海检测报告佐证农夫标准低 京华时评：引用标准不可任人玩弄 资本论：标准面前谁也跑不掉
4月17日	农夫山泉一天两次成为被告 其一直不配合采访，却无端指责本报不采访
4月18日	农夫山泉所用浙江地标滞后于国标6年未更新 10专家联名敦促农夫执行高标

续前表

时间	头版中关于“农夫山泉标准门”的内容
4 月 19 日 （整版头版）	国家卫生计生委厘清标准之争：国家标准，地方标准废止 协会决定开除会员农夫山泉 农夫质量问题屡被媒体曝光 京华时评：与其谩骂媒体，不如直面标准 《京华时报》关于农夫山泉“标准门”系列报道的严正声明
4 月 20 日	浙江地标不适用省外生产水 京华时评：请农夫山泉对着国标照镜子
4 月 25 日	浙江省卫生厅：瓶装水浙江标准应自行废止，农夫山泉应立即整改；资本论：农夫山泉“标准门”是一面镜子
5 月 2 日	农夫山泉标签陷入“三重门”：水源门、名称门、营养门
5 月 3 日 （1/2 头版）	北京市桶装水销售协会通知下架农夫山泉桶装水 卫生计生委：食品地方标准清理年底前完成 京华时评：无视程序价值，农夫山泉有点悬
5 月 4 日 （头版主图）	北京多数水站下架农夫山泉桶装水
5 月 6 日 （1/2 头版）	北京质监局介入调查 农夫山泉桶装水因标准问题在京停产 四问农夫山泉，请正面回答 京华时评：我们为何不懈追问农夫“标准”
5 月 7 日 （头版主图，占头版 3/4）	农夫拒绝弃用低标准 桶装水被质监局要求停产 发布会上扬言退出北京市场 新华社：农夫检测报告非抽检，山泉概念误导消费者 京华时评：北京欢迎负责任的企业
5 月 8 日	食品标签名不副实即立案查处：瓶、桶装水亦在整治之列

鉴于《新京报》和《京华时报》同为北京地区的都市报，受众面和社会影响力也有一定的可比性，所以选题角度也存在可比性。在农夫山泉相关内容出现在头版的 13 天里，2013 年 4 月 19 日、5 月 3 日、5 月 4 日、5 月 6 日和 5 月 7 日这 5 天的《京华时报》，都用了超越 1/2 个头版版面介绍农夫山泉事件的进展情况。而这 5 天的《新京报》头版如表 1—3：

表 1—3 《新京报》头版内容

时间	《新京报》头版内容
4 月 19 日	中央削减 1.26 亿三公 美国化肥厂爆炸　蘑菇云似“核爆” 农家乐院内禁散养鸡鸭 今年高考题调难度减负

续前表

时间	《新京报》头版内容
4月19日	唐慧案背后的信访压力 遇有害气体　全村猪狗毙
5月2日	微博报警纳入110指挥中心 返京潮 部分机场的士“趁晚宰客” 京二手房上月成交降九成
5月3日	出租车服务差　经营者最高罚2.8万 北京军区：此前所购豪车挂新牌继续用 成本高盗版多　地坛书市停办 幼儿园抢生源　投毒致两童亡
5月4日	涉地沟油犯罪最高可判死刑 H7N9极度重症患者首次治愈 山东省原副省长黄胜一审判无期 港立法会同意拨款亿元赈灾 煤二代两身份证在京买房109套
5月6日	新发地：加强潍坊生姜监测 直通园博园　14号线迎客 故宫回应“不堪一击”：玻璃是1949年前的 沪掺假羊肉疑进多家火锅店 鄂采购盗版字典320万册
5月7日	居住证管理办法今年出台 最高法高官：法院要防冤案　宁错放不错判 出租车调价：今日发布方案　15天后听证会 广渠门凶案：疑犯身份查明　感情纠葛所致

由表1—2、表1—3的对比可以看出，在《京华时报》花费十几天时间利用头版版面资源对农夫山泉的水质标准进行长时间、大规模的监督报道的时候，《新京报》头版关注的议题主要有北京出租车调价、地坛书市停办、高考减负等京内热点事件和H7N9这样的全国性卫生公共事件，没有一条涉及农夫山泉水质标准问题的报道出现在头版版面里。

报纸版面的含义

版面是各类稿件在报纸上编排布局的整体产物，是读者首先接触到的对象。

报纸版面的功能

（1）版面语言是报纸引导舆论的重要方式。

对比看来，作为一家面向北京的区域性都市报，这一时期《新京报》的头版选题更有新闻价值，在选题的时效性、重要性、趣味性、地区性的平衡上也做得更好。

媒体不仅是传播信息的一种工具，更是一种有极大影响力的公共资源。报纸版面和电视的播出时段一样，是媒体议程设置的重要手段，同时也是一种有限的资源。媒体应该合理利用新闻版面和播出时段为公共利益服务，而不是把这种议程设置的手段当作一种话语特权，成为为自己造势的工具。

2013 年 4 月 17 日，《京华时报》的头版更出现了**《农夫山泉一天两次成为被告；其一直不配合采访，却无端指责本报不采访》**这样的标题。

这个标题是以导读的形式放在当天的头版位置，是引导读者继续阅读的工具。但是这种编辑形式的导读，使用了明显带感情色彩和价值判断倾向的词语，如“不配合采访”“无端指责本报”等，带有一种站在话语和道德高地的姿态。

事实上，专业的舆论监督报道应该做到报道声音的平衡和多元化，应在揭露和批评的同时，给予被监督者充分合理的表达机会，为他们提供相当的报道篇幅和版面，并尽量用客观的方式去报道呈现。《京华时报》这种强势喊话的方式，更像小孩子赌气，有失专业水准，丢了一家大报应有的风度。

合理利用版面语言

报纸的版面语言是指编辑通过对稿件、图片、图表、标题、字体字号以及点、线、色彩、网纹乃至空白等各种版面元素的精心选择与有机组合，营造出一种独特的版面氛围，带给读者一种视觉感受，并为选题附加一些“场外”信息，或含蓄或鲜明地表明态度。[①]

版面语言是报纸媒体所特有的一种表达方式，虽然大多数时候只是作为新闻报道的辅助语言，但是它有很大的发挥空间，编辑可以通过一定的版面语言传达出很多信息——特别是头版版面。而最为人熟知的版面语言，莫过于“开天窗”这种形式了。

2005 年，俄罗斯财经大报——《生意人报》因为涉嫌诽谤该国最大的私人银行——阿尔法银行，被法庭下令赔款 11 万美元。《生意人报》认为，该判决结果很可能有政治人物在背后施压。为抗议不公正判决，2005 年 1 月 31 日出版的《生意人报》开了天窗。在该报头版上，他们只刊登了一张普京总统和阿尔法银行老板握手的大幅照片，以及莫斯科法庭的判决结果，[②] 如图 1—1。

（2）版面是帮助和吸引读者阅读的重要手段。

（3）版面是形成报纸个性的重要组成部分。

报纸版面的要素

（1）开张：报纸面积的大小。

（2）版序：版面的先后次序。

（3）版心：除去四周留的空白，一块版面上真正容纳文字与图片的区域。

（4）报头：报纸第一版刊登报名与其他内容的区域。

（5）报眼：又称报耳，指横排报纸报头旁边的版面。

（6）报线：版心的边线。

（7）报眉：眉线上方所印的文字。

（8）中缝：一张报纸相邻两块版之间的空隙。

（9）头条：横排报纸左上方、竖排报纸右上方的重要位置刊登的最重要的稿件。

（10）通版：打通报纸上同一面上相邻的两个版而形成的版。

① 参见马武：《报纸版面语言与视觉歧义》，载《新闻记者》，2009 年第 8 期。

② 参见《俄〈生意人报〉大开天窗》，http://news.sina.com.cn/c/2005-02-02/09475019714s.shtm，2005-02-02。

Коммерсантъ

Полный истец

图 1—1　俄罗斯《生意人报》2005 年 1 月 31 日头版

俄罗斯《生意人报》开天窗

国内比较著名的报纸“开天窗”事件，发生在2009年的《南方周末》。2009年，在美国总统奥巴马第一次访华期间，他接受了《南方周末》的独家采访。但是在2009年11月19日出版的《南方周末》头版上，却出现了三分之一版的空白，只写了《南方周末》的标语：不是每一期都有独家专访，但是每一周都可以在这里读懂中国（图1—2）。《南方周末》的这一行为在当时引发热议，读者对此反应不一，但也反映了版面语言传播力量之强大。

可以说，版面语言是新闻编辑进行议程设置、传达思想的重要工具，体现了编辑的价值观和社会责任意识。但是就《京华时报》中后期的头版编辑来看，《京华时报》的角色定位出现了偏差，把自己从一个监督报道中的客体变成了一场公共事件的主体，带有极大的个体情绪，忽视了客观报道的原则，选择了“于我有利”而非“于公有益”的报道角度。版面资源也变成了自己的“战场”，而不是公共利益的发布平台。

2013年4月17日，《京华时报》在头版刊出**“其一直不配合采访，却无端指责本报不采访”**字样，作为对农夫山泉声明的首次回应，也象征着这场舆论监督战变成“京华自卫战”的开始。

4月19日，《京华时报》利用四分之一的头版位置发表声明，称**“本社一直珍视媒体的舆论监督职责，坚守新闻道德良知，从未如农夫山泉股份有限公司所指责的那样，对任何报道对象‘成见在心’‘指鹿为马’，而是完全基于公正、客观的立场进行采访报道”**。

从5月2日至5月7日，《京华时报》将农夫山泉相关报道从B版财经栏目提至A版“京华聚焦”板块，每天至少用2～3个版面重点报道。

其中不乏像《我们为何不懈追问农夫“标准”》(《京华时报》5 月 6 日 A02 版)、《依法依规舆论监督暴力大帽请勿乱扣》(《京华时报》5 月 7 日 A03 版）这样回应农夫山泉的批评声的评论文章。这类文章占据越多的版面，越模糊报道焦点，也令读者的关注重点被动地从一场食品安全监督战转移到一家媒体和企业的口水战上。

南方周末

爆竹厂童工之死

2000 万农村留守儿童之困

奥巴马接受南方周末独家专访

INTERVIEW OF U.S. PRESIDENT OBAMA

2009 年 11 月 18 日上午，美国总统奥巴马在北京国际俱乐部饭店接受了南方周末独家专访

【详见 A02 版】

官员道歉十年史

从“叫好一片”到“渐入常态”

不是每一期都有独家专访，
但是每一周都可以在这里
读懂中国。

图 1—2 《南方周末》2009 年 11 月 19 日头版

这是一种滥用版面资源的行为。舆论监督的意义也逐渐变味，监督报道最初的正义性和合理性亦大打折扣。正如《费加罗报》的座右铭：若批评不自由，则赞美无意义。表达自由不应该局限于媒体对政府、企业和公众人物的舆论监督上，被批评者应该同样享有反驳和辩解的机会。媒体应该尊重并欢迎这些来自被监督者的声音。

依法依规舆论监督暴力大帽请勿乱扣

……

农夫山泉煞费苦心地统计《京华时报》监督“农夫”的时间和版面，也是在做表面文章。是用 27 天还是 270 天，是用 67 个版面还是 670 个版面，并不完全取决于媒体，更取决于监督对象。如果监督对象始终顾左右而言他，不正面回应质疑，媒体当然要穷追不舍，以更扎实的采访、更翔实的内容进行报道，直到真相水落石出。

把媒体的监督报道统计得如此清楚，却绝口不提自己刊登了多少指责甚至侮辱媒体的版面。据不完全统计，截至昨天，这样的版面已达百个。在其几次声明中，更不乏“信口开河的时代已经过去了，《京华时报》你跑不掉，也别想跑”“不仅无知，而且强词夺理，使消费者迷失方向”之类的言辞。

……

（详见《京华时报》5月7日A03版，有节选）

中国社会转型过程中新闻从业者的专业主义话语建构

而在版面设置上，有关农夫山泉的报道接连几天占据《京华时报》的头版。从版面的视觉效果来看，这些内容都属于头版的视觉强势区域。所谓版面强势，是利用图片、字体字号的编排，使读者的注意力集中到某个内容上的特性。读者阅读报纸的时候，对每个版面及每个版面的各个局部的注意程度是不同的，因而形成不同的版面强势。充分认识和正确运用版面空间的强势，是组织版面的重要方法。

另外，诸如“下架”“停产”等负面信息的词汇也被作放大字号、加粗字体处理，议程设置的效果不可忽视（图1—3）。

图1—3 《京华时报》5月3日、5月6日、5月7日的头版

此外，《京华时报》还利用版面哲学营造语境，有造势压人之嫌。

如图1—3，5月7日的头版，首先是把农夫山泉老总钟睒睒在记者招待会上的发言图片作为头版主图，营造视觉强势，然后配上“农夫拒绝弃用低标准”作为主标题。但是头条标题却是一个通栏标题——“李克强主持国务院常务会议确定（肩题），建最严食品安全监管制度”。无论是从视觉上还是语义上，都有拿政治意识威慑“弃用低标准”的农夫山泉的意思。由表 1—3 可知，当天的《新京报》并没有将农夫山泉新闻发布会和当天的国务院常务会议召开作为头版新闻，所以《京华时报》在这里利用版面哲学营造强势语境的目的可见一斑。

农夫山泉作为一家民营企业，以追求盈利为自身最大的目标。在面对媒体的批评报道时做出过激和不当的反应，只能说明企业自身的公关危机意识不强，面对危机的处理能力过弱。而从言论自由的角度来看，企业做再多不合常理的狡辩都是其自由，无可厚非。

但是媒体却不行，媒体的舆论监督被视为现代政治文明的一个标志。在西方，大众传媒被视为是立法、司法、行政之外的“第四种权力”，肩负着推动社会发展、实现社会公平的巨大任务。也正是因为媒体是社会话语权的掌握者和支配者，可以发挥巨大的社会影响力，就更需要对带着主观情绪滥用权力的行为加以防范。如果《京华时报》认为因为农夫山泉的无端指责使报社的名誉权受到损失，那么最好的解决办法就是交给律师，在法庭上以企业和企业的辩论一争输赢，而不是滥用版面资源、借用版面语言对抗农夫山泉。

信源的真实和准确是编辑对报道负责的开始

迈克·舒德森（Mike Schudson）曾这样描述信源对报道的意义：“采访是新闻记者实践自主权的一种形式，同时向公众和新闻机构显示了自己与权威人士的亲密关系，而记者的专业能力就是以其所拥有的新闻来源而判断的。”①

应该看到，在《京华时报》“农夫山泉标准门”事件系列报道中，没有什么事实性错误，也没有歪曲客观事实的现象。但是从具体的报道中可以看出，《京华时报》存在的问题也不少，尤其是在信源身份的客观性、内容的科学性和准确性上有很多值得商榷的地方。这些问题不仅体现了记者的基本功不扎实，也反映出了编辑在审稿时候的不专业和不严谨，缺乏质疑精神。

1. 信源模糊不清，在佐证的时候大大削弱了监督报道的说服力。如在 2013 年 4 月 10 日《京华时报》在发布的第一篇“农夫山泉标准门”事件的文章里写道：

信源

就是信息的来源，可以是人、机器、自然界的物体等等。信源发出信息的时候，一般以某种讯息的方式表现出来，可以是符号，如文字、语言等；也可以是信号，如图像、声响等等。

新闻的信源可以大致分为两类：一类是消息的主要来源。一般而言，这种对消息本身起着绝对性作用的信源必须是真实

① 谢静：《从专业主义视角看记者微博规范争议——兼谈如何重建新闻人与媒体组织间的平衡》，载《新闻记者》，2013 年第 3 期。

的。另一类信源则是一些求证之类的辅助性信源。文中是否出现这类实名信源，对文章的主旨基本影响不大。在正规的新闻媒体中，匿名信源大都出现在少数辅助信源当中。

新华专题：
农夫山泉有点烦

农夫山泉被指标准不如自来水

……

“关于饮用水，我国的各项标准中，国标 GB5749《生活饮用水标准》应该是门槛最低的，”一位饮用水领域的专家告诉记者，生活饮用水“就是指平常所说的自来水，这是饮用水最基础的标准，企业生产瓶装水的标准最起码应该相当于或严于该标准，尤其是在重金属和有害物质的指标上”。

……

（详见《京华时报》2013 年 4 月 10 日 B48 版，有节选）

记者在这里援引“一位饮用水领域的专家”的话来佐证农夫山泉标识上写到的其所执行的浙江“DB33/383−2005 瓶装饮用天然水”标准远低于国家标准，“关于有害物质的限量甚至宽松于自来水”是不符合规定的这一事实。但是本来应该是作为业界权威、以增加文章的说服力出现的“专家”信源，却隐去了真实姓名和职称头衔，有失新闻报道的专业水准，更削弱了报道的说服力。同样模糊的信源在《京华时报》针对“农夫山泉标准门”的系列报道中还有不少，如“中国疾控中心一相关专家昨天接受本报记者采访时还表示”（详见该报 2013 年 4 月 13 日 B34 版《农夫山泉回应质疑避谈有害物质指标宽松》）“10 位专家联名敦促农夫山泉提高产品标准，并建议农夫山泉制定和执行更严格的企业标准”（详见该报 2013 年 4 月 18 日 B54 版《10 位专家联名敦促农夫执行更高标准》）等。

媒体的批评报道和监督报道的目的，在于利用事实和证据来揭露有损公共利益的社会现状，因此，做到有据可依尤为重要。在援引信源的时候，一般不提倡用“知情者透露”或者是“某位专家”“一位专家”这样的表达方式。如果要用也多半要在信源不同意透露具体信息时，尤其是当信源透露自己的身份信息可能对其产生较严重的不良影响（如生命受到威胁）时使用。遗憾的是，这个问题不但被《京华时报》的记者忽视，甚至编辑在审稿的时候也没有指出。作为一篇监督批评报道，出现这样不严谨的问题实属不该。

2. 信源具有争议性，不是行业权威，甚至和监督报道的对象存在利益冲突。这种信源的引用，不但会削弱监督报道的说服力，还会给报道带来负面影响，甚至会被视作是记者、编辑和媒体的专业水准不过关，职业操守不及格。

《京华时报》在 76 篇报道评论中，多次采访了“中国民族卫生协会健康饮水专业委员会”这个组织的相关“专家”。如 2013 年 4 月 18 日发布的《10 位专家联名敦促农夫执行更高标准》一文中写道：

> **10位专家联名敦促农夫执行更高标准**
>
> ……
>
> 中国民族卫生协会健康饮水专业委员会就此专门召开了一场“饮用水标准专题研讨会”，专家一致认定，该协会的会员企业农夫山泉现在执行的浙江天然水地标，在锌、砷、镉、硒、大肠菌群等限量指标方面均低于相关国家饮用水标准。10位专家联名敦促农夫山泉提高产品标准，并建议农夫山泉制定和执行更严格的企业标准。
>
> ……
>
> （详见《京华时报》2013年4月18日B54版，有节选）

2013年4月19日，在《京华时报》以整个头版报道“农夫山泉标准门”事件中，“中国民族卫生协会健康饮水专业委员会”又以“协会决定开除会员农夫山泉”的发声者出现在了头版（如图1—4）。

国家卫生计生委厘清标准之争
国家标准既出
地方标准废止
协会决定开除会员农夫山泉
农夫质量问题
屡被媒体曝光
与其谩骂媒体
不如直面标准
严正声明

图1—4 2013年4月19日《京华时报》头版

“中国民族卫生协会健康饮水专业委员会”在“农夫山泉标准门”事件系列报道中，一直都是作为一个饮用水行业的权威机构贯穿报道始终的。

事实上，这个健康饮水专业委员会只是一个自发组织的民间机构，并非国家认证的专业权威机构。从“中国民族卫生协会健康饮水专业委员会”的网站专栏“委员会《饮水在线》”上可以看到，该协会的会员更多是从事净水设备的企业。正因为如此，有网友质疑称该协会主要是为净水设备企业代言。

而这样一家机构却在《京华时报》农夫专题这样大规模、长时间的监督报道中频繁出现，被多次用来“批评”“证实”农夫山泉的水质标准存在问题。

报道中多次以专家身份出现、确认“农夫山泉标准不如自来水”的“中国民族卫生协会健康饮水专业委员会”会长马锦亚，更是被网友爆料，称其同时是北京三家饮水公司的法人。另一信源“桶装水行业协会”更是被质疑和农夫山泉的竞争品牌有利益牵连。该行业协会网站登记的联系人电话号码，与该品牌的水站联系人的电话号码一致。①

也正是因为这些问题，《京华时报》相关报道的权威性大大削弱，其媒体公信力才会在后来受到越来越多的质疑，更有网友指责《京华时报》关于农夫山泉标准门的系列报道是被某桶装水品牌“收买”用来攻击农夫山泉的。在涉及一些专业知识的批评报道和监督报道中，报道的科学性和准确性在很大程度上取决于信源的权威性。《京华时报》的做法，确实有违新闻报道的客观性原则，无论是记者还是编辑，都没有做到充分调查核实信源的真实性和准确性，没有保证报道的真实可靠。

编辑的“把关人”角色还体现在审稿过程中

把关人

这一概念是由美国社会心理学家、传播学四大先驱之一的卢因率先提出的。他在《群体生活的渠道》(1947年)一文中，首先提出“把关”(gatekeeping)一词。

他指出：“信息总是沿着含有门区的某些渠道流动，在那里，或是根据公正无私的规定，或是根据‘守门人’的个人意见，对信息或商品是否被允许进入渠道或继续在渠道里流动作出决定。”

在《京华时报》报道“农夫山泉标准门”事件愈演愈烈之后，前《京华时报》资深员工、后任《中国周刊》副总编辑的徐一龙就在其个人微博里发出这样的声音：“我可以理解农夫山泉带着怒气找水军，买版面投放攻击性广告，因为它是企业；但不能理解《京华时报》带着怒气做报道，在发布会上行为失当，因为它是媒体。媒体从报道新闻，到成为新闻主角后，角色已经发生变化，需要更加克制。一些情形，更应该由法务人员出面，而不是记者。”②

那么，作为社会监督重要手段的媒体，在做监督报道和批评报道时如何把握力度，才能防止监督不够，又不至于监督过度呢？

1. 媒体监督报道的角度和声音都应多元化，以小见大，由浅入深，切勿捡了芝麻丢了西瓜。《京华时报》在“农夫山泉标准门”事件系列报道中不仅存在对“农夫山泉水质标准不及自来水”这个假设的追究过于泛滥的问题，还存在报道挖掘深度不足，拓展面不够宽这样监督不全面的问题。

在《京华时报》这一系列报道的前期报道中，农夫山泉一方的声音也在报道中得到体现，《京华时报》也没有一味站在道德和话语高地“审判”农夫山泉。除了上文提到的信源问题外，是基本符合报道规范的。如下文：

① 参见《桶装水协会要求下架农夫山泉 负责人曾是怡宝经销商》，http://finance.sina.com.cn/chanjing/gsnews/20130504/091715348705.shtml，2013-05-04。

② 转引自《媒体：京华时报对峙农夫山泉失去理性 双方皆输》，http://news.ifeng.com/mainland/detail_2013_05/07/25033794_0.shtml，2013-05-07。

“把关人”既可以指个人，如信源、记者、编辑等，也可以指媒介组织。

浙江质监局为瓶装水正名
但其引用的2003版国标已经修改未被提及

……

昨晚，农夫山泉给记者发来声明，对其执行的标准低于自来水等相关国标的质疑未直接回应，但是坚称自身产品“品质始终高于国家现有的任何饮用水标准，远远优于现行的自来水标准”。

而对于前期南方网站上针对农夫山泉的一系列负面报道，农夫山泉昨天称是“蓄意策划的，隐藏在幕后的就是国有控股饮用水企业——华润怡宝”。

农夫山泉还罗列了一系列怡宝的“罪证”，并表示，“作为国有控股的饮用水企业，利用民众对食品安全和环境污染的恐慌心理作为行销手段，以达到打击竞争对手、扩大市场份额的目的，这一做法令人遗憾”。

……

（详见2013年4月11日《京华时报》B50版，有节选）

从这篇报道来看，《京华时报》在这个时候还是做到了监督报道的平衡、客观原则，但是结合它发布的76篇报道和评论来看，就有几个问题了：

（1）上文中农夫山泉坚持“品质始终高于国家现有的任何饮用水标准”，《京华时报》为何不找一家权威检测机构验证一下？也就省下了后来洋洋洒洒的74篇报道了。《京华时报》报道中反复出现的镉、砷等化学物质，并不是读者关心的重点。进一步说，《京华时报》关注的农夫山泉标识的浙江标准和国家标准的差距，以及浙江标准中存在的问题，对于普通的消费者来说其实意义也不大，他们唯一关心的是水喝了安不安全。《人民日报》在2013年5月9日发布《浙江省卫生厅质监局回应 农夫山泉抽查合格率100% 浙江水企严格执行国家强制标准》一文，只这一项证据便结束了这一场长达一个月之久的闹剧。

（2）如上述报道所言，在农夫山泉给《京华时报》记者发去的声明里，明确罗列了华润怡宝的抹黑“罪证”，为何《京华时报》视而不见？一句“针对农夫山泉的公开指责，记者昨天联系华润怡宝食品饮料（深圳）有限公司公共关系部总经理陈越，但其电话一直未接听”，就没有了下文。既然是一个重点选题，为何不把报道触角扩展到其他桶装水品牌？为什么《京华时报》的76篇报道自始至终只针对农夫山泉一家企业？回看2008年三鹿毒奶粉事件爆发之后，媒体又先后爆出蒙牛、伊利、光明等著名乳制品品牌也存在的掺入三聚氰胺的现象，挖出了中国整个乳制品行业的大危机。

事实上，2013 年 4 月 17 日《每日经济新闻》就曾发出一条新闻，报道了一家位于广州的第三方食品质量检测机构称，送检的华润怡宝纯净水和农夫山泉矿泉水均达到国家制定的关于桶装水和生活饮用水的标准。[①]《京华时报》为何又对同行的这些信息视而不见呢？

（3）最受网友诟病的一点是，《京华时报》所针对的“农夫山泉标准门”事件，真正应该承担责任的不该是农夫山泉这家民营企业，而是“把瓶装水标准定得比自来水还低的浙江省疾病预防控制中心”。作为企业，农夫山泉的这一行为说到底是钻了制度的空子，但标准的制定方——浙江省疾病预防控制中心却实在不该在这场争论中逃脱责任。而《京华时报》的报道，却恰恰在监督过程中，只抓农夫山泉，丢了标准制定者这个重要的利益相关者。

2. 监督报道应避免“结论先行”“有罪推定”的报道逻辑。这是目前很多监督报道或者调查报道中普遍存在的问题。所谓逻辑，是关于推理形式的有效性的科学。[②] 逻辑应用到新闻报道上，就是报道应更符合常理，即应符合一般人的认识、推理和判断，从而使报道更具客观性和有效性。

一般情况下，我们的监督报道会遵循客观报道的逻辑并呈现出以下的规律：

发现问题 / 经公众举报→质疑 / 提出问题→举证 / 论证（行业专家、国家主管部门），同时给被监督对象辩解的机会→结论→呼吁（行业整改；健全法律法规；加强政府监管）。

“结论先行”“有罪推定”的报道逻辑，和媒体人在采写和求证过程中浮躁的心态分不开，对新闻报道的效果有着过于功利的期待，往往使记者在面对一个有价值的选题的时候失去了客观认识问题和小心求证的耐心，而这些问题又和编辑审稿的不严谨和纵容不无关系。

从《京华时报》有关农夫山泉的 76 篇报道看，它的报道逻辑是带着“农夫山泉桶装水是存在问题的”这个结论开始的，所以一系列报道都是在堆砌“证据”。从 2013 年 4 月 19 日开始，报道所呈现出来的情绪化和逐渐偏激化的风格，也和该报一开始对农夫山泉的有罪推定息息相关。结合 4 月 11 日《浙江质监局为瓶装水正名 但其引用的 2003 版国标已经修改未被提及》一文，《京华时报》走进了“结论先行”的死胡同。所以在后来的报道中，《京华时报》继续集中火力针对农夫山泉标识上使用的“浙标”不及自来水这一问题，而选择无视整个桶装水行业可能存在的问题，无视不及自来水的“浙标”的制定存在着怎样的问题等触及更深、涉及面更广的问题。

“结论先行”“有罪推定”的报道逻辑，大多数并非出于媒体的主观恶意，而是习惯使然，但却可能使媒介监督变成媒介审判。但不得不说，这种报道逻辑，目前活跃在当下的中国媒体报道里，最普遍的就是在审判前就在新闻里将“犯罪嫌疑人”写成“案犯”“罪犯”等。

这里分享一个比较有趣也比较典型的案例。马年春晚第二天，也就是 2014 年 1 月 31 日

① 参见《第三方检测机构：农夫山泉和华润怡宝均符合国家饮用水标准》，http://news.hexun.com/2013-04-18/153275641.html，2013-04-018。

② 参见陈波：《逻辑哲学导论》，北京：中国人民大学出版社 2000 年版，第 311 页。

下午，新浪微博一个名为“蓝鲸财经记者工作平台”的机构账号发布了一篇名为《春晚被疑沦为华谊利益输送大平台》的文章。该条微博被转发了 28,286 次，而后也被北青网、新华网、网易等网站转载使用，冯小刚和华谊兄弟一时间成为众矢之的。在该微博账号主页中可以看到，蓝鲸网是“中国最大的财经记者社区，目前注册记者 2,104 名，在线率 95%”。这篇文章把“结论先行”这种报道逻辑用到极致。

春晚被疑沦为华谊利益输送大平台

冯小刚同样是华谊兄弟股东。

新晋主持张国立，在去年下半年通过闪电式的运作，成为华谊第九大流通股股东。

再看其他主要演员：华谊持股的少城时代，唱开场曲《想你的 365 天》的张靓颖是股东，唱《时间都去哪儿了》的王铮亮是其旗下艺人，而《时间都去哪儿了》是冯小刚主导的电影《私人定制》的插曲。

马年春晚，几乎成了华谊的股东大会。

不仅如此：参演嘉宾很多是华谊的关系户，此次参与演出的姚贝娜、杨坤、姚晨等都与华谊（或曾与华谊）签约；刘欢是姚贝娜的老师。

……

蓝鲸发现，马年春晚几乎成了华谊兄弟股东和关系户的利益输送的大平台。

……

巨匠娱乐的创办人为组合羽泉，羽泉曾为华谊旗下签约艺人团体。

虽然没有证据表明华谊参股巨匠娱乐，但羽泉团体中陈羽凡的妻子白百合，为去年华谊贺岁档影片《私人定制》女主角，白百合所属经纪公司北京橙天拾捌文化经纪有限公司总经理为王京花，王京花加盟橙天之前为华谊兄弟经纪公司总裁，北京橙天旗下此次春晚共有两位签约艺人参加，一位是在短片《春晚是什么》露脸的陈道明，另一位是演唱歌曲《最好的夜晚》的梁家辉。

……

（报道 / 蓝鲸新闻团队；@ 蓝鲸财经记者工作平台）

记者在写这篇文章时，就已经判定“马年春晚几乎成了华谊兄弟股东和关系户的利益输送的大平台”是文章的中心句了，所以他也和《京华时报》的记者一样，坚持不懈地寻找证据以支撑自己的结论。之所以认为他是“结论先行”，就是因为他的结论并不是通过各种蛛丝马迹的证据组织起来的，而是透过结论寻找、拼凑了一些“证据”，而这些“证据”一点都经不起推敲。

如果按照正常的逻辑，就得不出春晚沦为华谊兄弟年会的结论了。

（1）冯小刚确实是华谊兄弟的股东，但他执导春晚并不是华谊兄弟运作的结果，而是得到了央视高层的钦点。

（2）记者所谓的“华谊持股的少城时代”，如果记者本着专业主义精神的话，只要在北京市工商行政管理局主办的北京市企业信用信息网上手动输入“少城时代”，就可以发现投资人信息一栏根本没有华谊兄弟以及和华谊兄弟相关的其他人。

（3）文章提到，包括张靓颖、杨坤、羽泉等“曾为华谊兄弟旗下签约艺人”，也因为登上了马年春晚的舞台而被认为是华谊兄弟推波助澜的结果，受益方仍是华谊兄弟。按照正常的逻辑，这些人跳槽之后，怎么还会受到以前就职的公司的优待？跳槽后个人获得的新成绩还会登上老东家的优秀员工榜吗？

（4）文章最后还提到了华谊兄弟前总裁王京花如今所在公司的两位艺人登上了春晚舞台。2005年，王京花带着陈道明、范冰冰等众华谊兄弟的明星转投橙天娱乐。旗下艺人集体跳槽，华谊兄弟等于被“掏空”了。[①]这就是结论先行的报道逻辑令人哭笑不得的地方。

综上，记者完全没有遵照客观的新闻报道逻辑，而是生拉硬搬了一些根本经不起反问和质疑的证据。更悲哀的是，这样一篇证据链几乎都是不实信息的报道，批评的声音却寥寥。同样，在新闻报道的实际操作过程中，如果我们不抱着“问题先行”和客观公正的报道思路，也很容易就被“结论先行”“有罪推定”这类功利化的思维带跑。

用这么多笔墨来写记者“结论先行”式思维带来的问题，其实是想指出，新闻编辑除了负责版面编辑之外，更要关注稿件的内容，扮演好“把关人”的角色，仔细推敲报道中逻辑的不严谨和不合理之处。

公信力

《现代汉语词典》的解释是：使公众信任的力量。公信力的概念源于英文词accountability，意指为某一件事进行报告、解释和辩护的责任；为自己的行为负责任，并接受质询。

公信力是指在社会公共生活中，公共权力面对时间差序、公众交往以及利益交换所表现出的一种公平、正义、效率、人道、民主、责任的信任力。

公信力既是一种社会系统的信任，同时也是公共权威的真实表达，属政治伦理范畴。

守住职业道德底线，勿透支媒体公信力

陆烨和潘忠党在《成名的想象：中国社会转型过程中新闻从业者的专业主义话语建构》一文中提到，西方新闻专业主义的核心内容包含以下几种原则：

（1）传媒具有社会公器的职能，新闻工作必须服从于公众利益；

（2）新闻从业者是社会的观察者、事实的报道者，而不是某一利益集团的宣传员，也不是政治、经济利益冲突的参与者或鼓动者；

（3）他们是信息流通的把关人，采纳的标准是以中产阶级为主体的主流社会的价值观念；

（4）他们以实证科学的理性标准评判事实的真伪，服从于这一最高权威；

（5）他们受制于建立在上述原则之上的专业规范，接受行业自律。

简单说来，新闻专业主义就是指新闻的客观性和媒体的独立性这两个

① 参见《华谊的叛离地震》，http://finance.sina.com.cn/review/observe/20051018/16282043141.shtml，2005-10-18。

方面。所谓媒体的独立性，是指大众传媒不受政治组织和任何经济利益集团控制。

《京华时报》在"农夫山泉标准门"事件的报道后期，因为报道中存在信源模糊、挖掘深度不够、对农夫山泉的针对性过强，以及后期各种情绪化的措辞和版面设计等问题，使它一度被网友认为是被农夫山泉的竞争品牌所收买而有意为之，目的是打压农夫山泉。

在这一系列报道上，指责《京华时报》不遵守行业自律，丧失媒体职业操守，甚至被竞争对手收买策划新闻报道有些言过其实。但是媒体在监督政府、企业和公众人物的同时接受公众的监督，也是一个健康的社会环境所需要的。根据之前的分析，《京华时报》的后期报道确实有滥用报纸版面、不顾新闻价值标准和读者的需求，把报纸版面作为报社私器进而"攻击"农夫山泉的现象，在新闻采写方面也存在很多业务不专业的现象，但是并没有实质的证据可以证明它确实有收受贿赂的行为。我们更愿意将它后期带有主观恶意的行为理解为：一家惯以站在道德高地批评指责他人的、以"第四种权力"自居的报纸，在还没有做好接受被批评对象质疑的心理准备时遭遇了挫折，出于抚慰自尊心的需求，才一步步走进了漩涡。

但网友对《京华时报》的质疑，也与这几年"有偿新闻"频繁曝光、媒体公信力被透支的现象分不开。让我们来回顾一下几个经典案例：

事件一：2011 年 12 月 31 日出版的财新《新世纪》杂志重磅推出了"达·芬奇家居案中案"系列专题，达·芬奇家居指责央视《每周质量报告》2011 年 7 月播出的节目《达·芬奇"密码"》内容不实，栏目记者李文学涉嫌敲诈勒索。同时《京华时报》总经理崔斌因在达·芬奇事件中担当达·芬奇方面与媒体的中间人，他的传媒中国网因此获得价值 300 万元的公关合同，同时以"央视李老师"之名直接向达·芬奇索要 100 万元。[①]

事件二：2013 年 2 月，央视《焦点访谈》栏目曝光了《购物导报》记者李德勇在江苏连云港市非法设立记者站，以采访对象存在违法问题相要挟，多次向江苏、山东的基层单位收取资金和物品，其中部分资金以广告费、宣传费等名义转入报社，但该报并未刊发相应的广告或宣传，却将资金转入该报副社长王某实际控制的文化传媒公司。5 月，国家新闻出版广电总局依法吊销《购物导报》的报纸出版许可证，责令其立即停止一切出版活动，司法机关对李德勇等人涉嫌犯罪问题进行了依法处理。[②]

事件三：2013 年 11 月 12 日，杭州《今日早报》社经济中心副主任金某某、《都市快报》财经证券部主任朱某、《每日商报》经济部首席记者楼某三名记者因涉嫌非国家机关公职人员受贿罪，在杭州中级法院出庭受审。据检方指控，2007 年 1 月至 2013 年 5 月，金某某利用担任《今日早报》社经济中心副主任、证券版责任编辑，负责稿件选用、编排、审核的职务便利，多次收受多家基金宣传代理利用公司在《今日早报》

① 《〈京华时报〉总经理崔斌涉达 • 芬奇案中案被免职》，http://money.163.com/12/0107/14/7N63NUNV00253B0H.html，2012-01-07。

② 《中国三家报纸因记者敲诈勒索等被处理》，http://news.xinhuanet.com/legal/2013-06/04/c_116032110.htm，2013-06-04。

证券版发布基金宣传稿件而收受的贿赂款共计人民币332万余元。据称，在当地财经媒体圈，记者或媒体收受基金公司通过公关公司输送的贿赂款是半公开的秘密。贿赂的钱款，有些是记者收了，有些是单位收了，有些是单位和记者分了。①

胡舒立：
媒体须自律

如财新传媒总编胡舒立所言，“长期以来，中国传媒领域法治建设滞后，职业伦理根基不牢。除少数媒体早已丧失道德底线，唯钱是举，还有相当一部分媒体陷于报格分裂：一边鼓励调查性报道，一边对利益交换半推半就，在新闻理想的实践、扩大媒体影响力和现实物质利益之间，做着娴熟而麻木的权衡。”②

媒体公信力是媒体的立身之本，是衡量媒体信誉度和权威性的标尺。一旦记者或媒体将社会责任抛到脑后，被利益所诱惑或者被权力所威慑，就意味着他的报道失去了基本的正义性和合法性。更重要的是，公众也会就此和真相绝缘。媒体和记者应该有清醒的职业道德标准，对从事的职业有一份敬畏心，尊重公众也尊重真相，维护新闻的真实性原则，坚决反对“有偿新闻”、利用媒体“特权”进行敲诈勒索等其他违背记者职业道德、透支媒体公信力的行为。

思考题

1. 你觉得《京华时报》在“农夫山泉标准门”事件的系列报道上还有什么值得商榷的地方？有没有可取之处呢？
2. 如果你是《京华时报》的编辑，你会怎么处理“农夫山泉标准门”事件这个选题？
3. 你认为在目前的中国纸质媒体中，还有哪些忽视新闻专业规范的行为？你认为产生这些问题的原因是什么？该如何改进和避免？

---

① 参见《浙江3名财经记者涉嫌受贿 金额达300余万》，载中国青年网，2013年11月13日，http://news.youth.cn/jsxw/201311/t20131113_4194590.htm。

② 胡舒立：《媒体腐败也是腐败》，载《观察者》，2012年6月17日，http://www.guancha.cn/society/2012_06_17_79582.shtm。

Chapter 2
第二讲　跟着美国王牌节目学编辑：电视新闻编辑制作的要点与要求

- “波峰—波谷”式编排
- 多样化报道形式
- 新闻组合
- 图文、动画的运用

主案例　美国全国广播公司《NBC 晚间新闻》

《NBC 晚间新闻》（*NBC Nightly News*，图 2—1）是美国全国广播公司（NBC）的王牌新闻节目，每晚从位于纽约洛克菲勒中心的 NBC 总部向全美播出。该节目长期占据美国电视新闻收视第一的位置，在观众中极具影响力。《NBC 晚间新闻》创建于 1970 年 8 月，至今已有 40 多年历史，其前身是 1956 年 10 月首播、1970 年 7 月停播的 NBC 老牌新闻节目《亨特利—布林克利播报》（*The Huntley-Brinkley Report*）。

图 2—1　《NBC 晚间新闻》片头标题卡（*Title Card*）①

《NBC 晚间新闻》官网

这一讲将以 2014 年 2 月 3 日（周一）播出的《NBC 晚间新闻》为例②，通过对整档节目的梳理，对电视新闻编辑要点进行分析。首先，让我们通过表 2—1 熟悉一下当天节目的流程和主要内容。

表 2—1　　2014 年 2 月 3 日（周一）《NBC 晚间新闻》

新闻提要		38 秒
片头		10 秒
头条：严重的影响（DEEP IMPACT）③		
	主要内容： 从今晚开始的未来一周，又将有连续三场暴风雪袭击从落基山脉到东海岸的广大地区。长时间的暴风雪对美国民众的生活与美国经济产生了严重影响。	3 分 57 秒

① 本图片截自《NBC 晚间新闻》视频。除特别注明外，本文所涉图片均来自《NBC 晚间新闻》。

② 本讲选取 2014 年 2 月 3 日（周一）《NBC 晚间新闻》为样本，主要基于以下两点考虑：（1）样本应为较新的节目，以更好地反映当下电视新闻编辑的新思路、新方法；（2）样本应为非重大节日的日常节目，以更好地体现电视新闻日常编辑的一般规律。

③ 《NBC 晚间新闻》的新闻标题（又称“标签”）往往较为简洁，一般由两到三个可概括新闻主要内容的关键词组成，以方便观众记忆。例如在 2014 年 2 月 3 日（周一）的节目中，头条有关美国暴风雪的新闻被标识为“严重的影响”（DEEP IMPACT）。

续前表

	新闻提要	38 秒
第二条：经济状况（THE ECONOMY）		
	主要内容： 今天是新年期间华尔街表现最糟糕的一天，三大股指大幅下降。今天也是珍妮特·耶伦正式就任美国联邦储备局主席的日子，她是美联储一百多年来首位女主席。	31 秒
第三条：菲利普·西摩·霍夫曼 1967—2014（PHILIP SEYMOUR HOFFMAN 1967—2014）		
	主要内容： 46 岁的著名影星霍夫曼在昨天因吸毒突然去世，人们对此深感震惊和痛心。	2 分 49 秒
第四条：海洛因危机（HEROIN CRISIS）		
	主要内容： 美国青年艾瑞克是一名私家侦探，他在侦破毒品案过程中染上毒瘾，最终也与霍夫曼一样，因吸毒死亡。在美国，吸食海洛因已成为严重的社会问题。艾瑞克的母亲希望人们远离毒品，使悲剧不再重演。	2 分 36 秒
第五条：叙利亚危机（CRISIS IN SYRIA）		
	主要内容： 在叙利亚尚看不到尽头的战乱中，包括儿童在内的许多平民因缺乏食物而处于严重饥饿中。外界对此虽偶有援助，但杯水车薪。	3 分 24 秒
第六条：1930—2014 琼·蒙代尔（1930—2014 JOAN MONDALE）		
	主要内容： 被称为“艺术之琼”的美国前副总统蒙代尔之妻琼·蒙代尔去世，享年 83 岁。琼·蒙代尔因对艺术的支持而被美国人熟知。	23 秒
第七条：汽车谈（CAR TALK）		
	主要内容： 美国政府今天宣布了汽车安全措施发展新重点，即通过对“车对车”信息交流系统的研发和装备，使未来行驶在道路上的汽车能自动甄别并预警潜在危险，降低车祸几率。	2 分 13 秒
结束语 + 片尾音乐		13 秒

“编排”是什么？

编排是对节目中即将播出的新闻排序。①

2014年2月3日（周一）晚的《NBC晚间新闻》共播出了七条新闻。接下来，我们以这期节目为例，讲一讲电视新闻编辑的要点与要求。

“波峰—波谷”式编排

编排是电视新闻编辑最重要的内容之一，我们首先就《NBC晚间新闻》的编排方式进行分析。

在每天的新闻节目碰头会上，编辑们总会根据“重要”或“有趣”的原则，选择多条有价值的新闻在当天的节目中播出。但随之产生的一个问题是，这些新闻总是存在重要与次重要、非常有趣与相对有趣的区别，对观众的吸引力也因此存在差异。于是，编辑们的一大任务就是将这些价值有所不同的新闻进行排序，编排出一档重点突出、布局合理、亮点频现的电视新闻节目，使节目整体对观众形成持续的吸引力。

“波峰—波谷”（peak-and-valley）式编排，是美国电视新闻最常用的编排方法之一，《NBC晚间新闻》亦采用此种编排方式。“波峰—波谷”式编排的核心，就是将每天那些最重要的新闻分散到节目的不同部分，使整档节目每隔一定时间就会出现一个较强的兴奋点，持续吸引观众注意，避免按新闻重要性降序排列产生的“头重脚轻”感，减少观众因觉得越看越不好看而转换频道的可能性。

波峰与波谷②

制作新闻节目时有一种常用的方法被称为“波峰—波谷”模式，这一模式与传统的新闻节目制作方法（源自广播新闻）有所不同。传统的新闻节目排序方式是将最重要的新闻排在前面，接着依次排列其他次要的新闻，直到节目结束。“波峰—波谷”模式的理念是，如果将那些重要的或有趣的新闻分散到节目的各个部分，就会持续吸引观众的注意力。如果按重要性递减的原则编排新闻，那么观众在看完前几条新闻之后可能就会对节目失去兴趣，甚至是转台。鉴于此，编排新闻时应做到合理分配，在节目的各个部分都安排一些兴奋点。总而言之，整档节目以波峰接波谷，到另一个波峰接波谷的起伏结构排列。

在2014年2月3日（周一）的《NBC晚间新闻》中，不仅有较为重

① 〔美〕泰德·怀特、弗兰克·巴纳斯著，黄雅堃译：《广播电视新闻写作、报道与制作》（第5版），北京：清华大学出版社2013年版，第307页。

② 节选自上书，第233—235页。

要的新闻，也有一些次重要的新闻，《NBC 晚间新闻》的编辑们对这些新闻是如何编排的呢？

首先，节目的"新闻提要"预告了三条新闻，这三条新闻可被理解为当晚较重要的内容：

（1）未来一周又将有三场暴风雪袭击美国；

（2）著名影星霍夫曼生前的最后时刻；

（3）要是你的汽车能在车祸发生之前自动甄别危险，会是怎样的情形？

通过当晚的新闻提要，《NBC 晚间新闻》向观众提示了三条重要新闻，相应预埋了三个悬念。在随后播出的总计七条新闻中，以上三条重要新闻分别被放在了头条、第三条和最后一条，分别为：头条——反映美国暴风雪"严重的影响"；第三条——反映霍夫曼突然去世和人们悼念活动的"菲利普·西摩·霍夫曼 1967—2014"；第七条——介绍美国政府宣布研发和装备"车对车"信息交流系统的"汽车谈"。在这三条重要新闻之间，穿插了其他新闻，整档节目就此形成了以"波峰"开场、以"波峰"结尾，中间以"波峰—波谷—波峰—波谷"形态推进的"波峰—波谷"式编排结构。

2014 年 2 月 3 日（周一）的《NBC 晚间新闻》，非常典型地体现了"波峰—波谷"式编排的要求，这些要求具体可分为三方面内容：

（1）以"波峰"起头。以最重要的一条新闻作为头条，在节目最开始就牢牢抓住观众的注意力。比如在当晚的节目中，《NBC 晚间新闻》安排的头条正是与每一位美国观众利益息息相关的暴风雪新闻——"严重的影响"。对于正饱受暴风雪之苦的美国民众来说，这条新闻无疑具有突出的重要性。

（2）以"波峰"收尾。以一条重要新闻作为结尾，使节目悬念一直保持到最后。比如在当晚的《NBC 晚间新闻》中，有关汽车自动甄别和预测危险的新闻被放在了最后。汽车在美国社会生活中扮演着极其重要的角色。一条可能影响每个人汽车行驶安全的信息，无疑会准确击中观众的兴趣点。以这样一条新闻结尾，有助于降低观众中途换台的可能。

（3）在节目进行过程中，注意调节"波峰—波谷—波峰—波谷"的节奏。比如在当晚的《NBC 晚间新闻》中，有关奥斯卡影帝霍夫曼吸毒致死的重要新闻并没有紧随头条之后，也没有靠后紧贴"汽车谈"，而是被放在第三条的位置，用来调节重要新闻与次重要新闻之间的"波峰—波谷"节奏。

为了更直观地展示"波峰—波谷"式编排规则，我们统计了 2014 年 2 月 3 日《NBC 晚间新闻》每条新闻的时长，并绘制了示意图（如图 2—2）。虽然新闻的重要性与新闻时长之间不存在绝对的对应关系，但一般来说，在有限的新闻节目时间中，我们总会将更多时间投入到对重要新闻的报道中去，而不会将宝贵的时间用在不太重要的内容上。因此，我们可以认为新闻的重要性与新闻时长还是存在一定关联的。

如图 2—2 所示，2014 年 2 月 3 日《NBC 晚间新闻》播出的新闻呈明显的"波峰—波谷"式排列。在当晚的七条新闻中，有四个明显的"波峰"分别为：头条"严重的影响"、第三条"菲利普·西摩·霍夫曼 1967—2014"、第五条"叙利亚危机"、第七条"汽车谈"。而这四条中，有三条是纳入当晚"新闻提要"的重要新闻，一条则是当晚唯一的国际新闻。整档节目以波峰头条“严重的影响”为起点，以波峰“汽车谈”为结束，中间一直以“波峰—波谷—波峰—波谷”的节奏推进，从而保持节目对观众持续的吸引力。

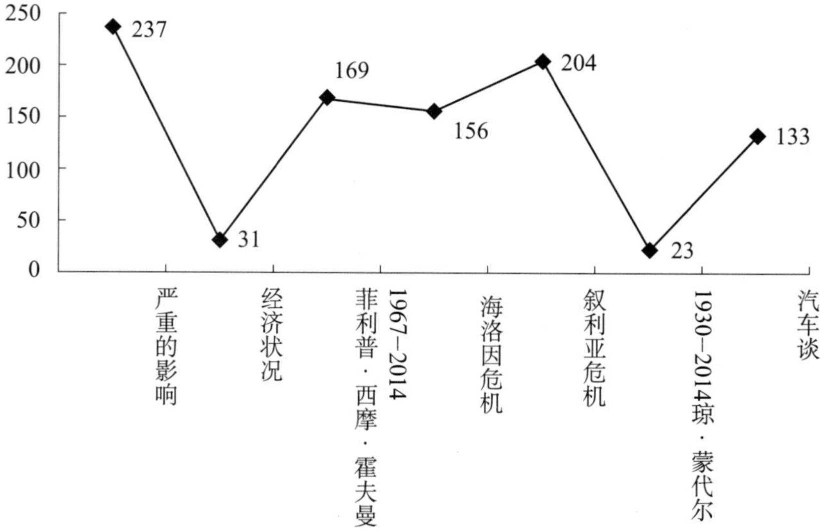

图 2—2　2014 年 2 月 3 日（周一）《NBC 晚间新闻》各条新闻时长统计（单位：秒）

新闻组合

在电视新闻编辑中，我们常常将多条在内容上有关联的新闻组合起来，使新闻互为补充、互为注释，从而进一步丰富新闻信息，突出新闻意义，使新闻组合产生大于单条新闻简单加合的系统效应，从而达到 1+1>2 的效果。

以 2014 年 2 月 3 日播出的《NBC 晚间新闻》为例，第三条新闻“菲利普·西摩·霍夫曼 1967—2014”（图 2—3）与第四条新闻“海洛因危机”（图 2—4）之间形成了一组新闻组合，增强了报道的厚重感和社会意义。

图 2—3　第三条新闻“菲利普·西摩·霍夫曼 1967—2014”中的霍夫曼画面

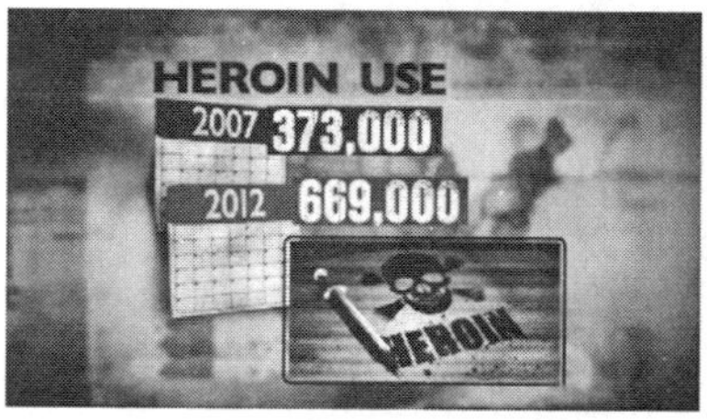

图 2—4　第四条新闻“海洛因危机”中有关美国海洛因使用量的画面

在 2014 年 2 月 3 日播出的《NBC 晚间新闻》中，新闻“菲利普·西摩·霍夫曼 1967—2014”主要围绕霍夫曼之死展开，涉及对其死因的调查、对其生平的介绍，以及各界对霍夫曼的悼念等。该条新闻若单独播出，其新闻的重要性主要源于霍夫曼作为著名影星、奥斯卡影帝的特殊身份，其吸食海洛因的个人行为，无法有效拓展到对美国海洛因问题整体严重性的有效讨论上，因此报道的厚重性会有所不足。新闻“海洛因危机”以美国青年艾瑞克吸食海洛因致死的故事为线索，介绍了美国海洛因问题的严峻形势。该条新闻若单独播出，艾瑞克的故事虽然让人痛心，美国海洛因问题的整体态势虽然触目惊心，但报道却缺乏一个足够有时效性的新闻由头。《NBC 晚间新闻》将这两条新闻一前一后组合播出，不仅使“菲利普·西摩·霍夫曼 1967—2014”这条新闻的意义从影星吸毒致死的个人、偶发层面解放出来，上升到美国社会问题的一般层面，又赋予“海洛因危机”这条新闻最及时且重要的新闻由头，增加了人们对海洛因问题重要性与紧迫性的认识。两条新闻的组合编辑，进一步丰富了新闻的内容，凸显了新闻的意义。

在这里要强调的是，将不同新闻组合播出，并不只是在顺序上将这些新闻前后衔接，还应在不影响原有新闻表达的基础上，对其内容做相应调整，使新闻之间更为呼应。

例如，为了更好地与前条新闻“菲利普·西摩·霍夫曼 1967—2014”呼应，“海洛因危机”在一开头的导语、中间的新闻包裹、最后的演播室访谈中，都多次明确提及霍夫曼。

“海洛因危机”导语对霍夫曼的涉及

图 2—5 “海洛因危机”中的导语

【导语】

主持人：46 岁的菲利普·西摩·霍夫曼的死亡，将人们的注意力引向了海洛因问题，这一问题已经波及全国各行各业的人。下面是国内新闻记者凯特·斯诺为您带来的报道。

导语

用来介绍记者新闻包裹的话语，由主播播读。

新闻包裹

由记者制作完成，包含采访、旁白和影像画面的电视新闻。①

演播室访谈

主持人或记者在演播室内对新闻相关人或新闻第三方进行的采访。

① 有关“导语”与“新闻包裹”的定义，见［美］泰德·怀特、弗兰克·巴纳斯著，黄雅堃译：《广播电视新闻写作、报道与制作》（第 5 版），北京：清华大学出版社 2013 年版，第 304—305 页。

“海洛因危机”新闻包裹对霍夫曼的涉及

镜头 6—1

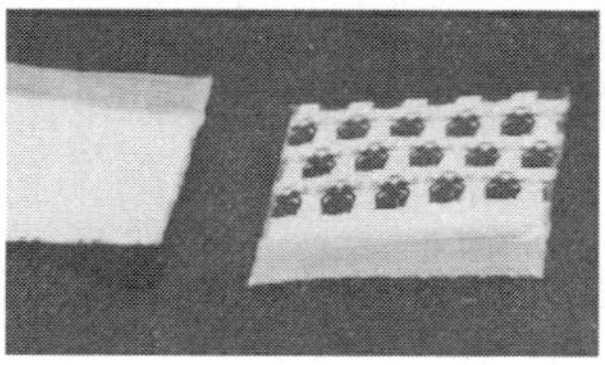

镜头 6—2

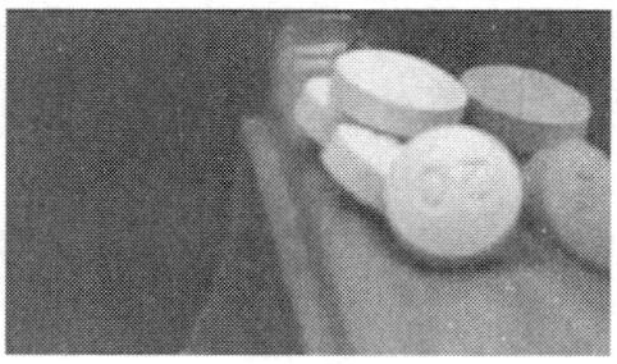

镜头 6—3

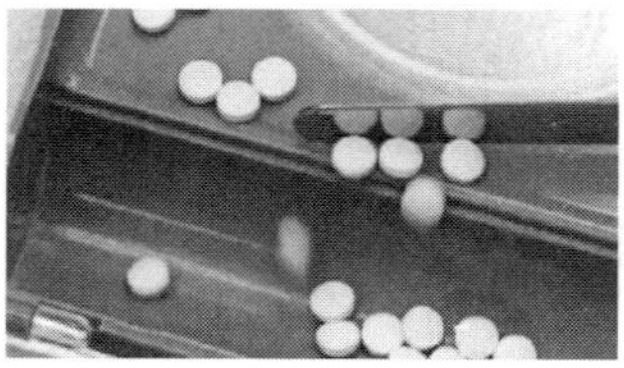

镜头 6—4

镜头 6—5

镜头 6—6

图 2—6 “海洛因危机”新闻包裹画面片段（镜头 6—5 为霍夫曼）

【新闻包裹旁白】

记者：作为一名私家侦探，他[①]帮助擒获了毒品贩子，自己却开始吸食毒品。到 2011 年秋，他已经对处方类止疼药上瘾。他之后的故事与霍夫曼如出一辙，菲利普·西摩·霍夫曼曾告诉记者，自己正是从处方类药物转向海洛因的。

“海洛因危机”演播室访谈对霍夫曼的涉及

图 2—7 “海洛因危机”中的演播室访谈

【演播室】

记者：凯洛[②]说，她每天早上起来都希望去帮助那些有着类似故事的家庭，以避免悲剧在他们身上重演。我们期待，菲利普·西摩·霍夫曼的死不只是一则明星新闻，而是能促使社会将注意力真正投向形势严峻的海洛因问题，社会的关注也将给正在戒毒的人们带来希望。

---

① 指美国青年艾瑞克。

② 指艾瑞克的母亲。

新闻“海洛因危机”通过导语、新闻包裹画面与旁白、演播室访谈等多个环节，在新闻的开头、中间、结尾都主动与前条新闻“菲利普·西摩·霍夫曼 1967—2014”的内容相呼应，进一步增加了两条新闻的关联性，使得由这两条新闻构成的新闻组合更加流畅。

多样化报道形式

区别于传统电视新闻节目中主持人“口播”加“新闻包裹”的基本形式，当下电视新闻编辑越来越强调对多种报道形式的综合运用：通过“口播”、“新闻包裹”、“记者现场连线”、“演播室访谈”等多种报道形式，进一步提升新闻的传播效力，丰富节目形态（表 2—2）。

表 2—2　　2014 年 2 月 3 日（周一）《NBC 晚间新闻》报道形式

次序	标题（标签）	时长	报道形式
1	严重的影响	3 分 57 秒	口播、新闻包裹、记者现场连线
2	经济状况	31 秒	口播、新闻包裹
3	菲利普·西摩·霍夫曼 1967—2014	2 分 49 秒	口播、新闻包裹
4	海洛因危机	2 分 36 秒	口播、新闻包裹、演播室访谈
5	叙利亚危机	3 分 24 秒	口播、新闻包裹、演播室访谈
6	1930—2014 琼·蒙代尔	23 秒	口播、新闻包裹
7	汽车谈	2 分 13 秒	口播、新闻包裹

口　播

口播指主持人对新闻的口头播报，是电视新闻节目的重要组成部分，在传递信息、开展评论、串联节目等方面起着重要作用。口播是《NBC 晚间新闻》出现频率最高的报道形式之一，《NBC 晚间新闻》所有新闻的导语主要通过主持人口播完成。

图 2—8 “经济状况”中的口播

当下的主持人口播多采取“口播 + 提示窗 + 标签”的方式。例如在 2014 年 2 月 3 日《NBC 晚间新闻》的节目中，当主持人口播“经济状况”导语时，画面右上方出现提示窗，并配有“经济状况”（THE ECONOMY）的新闻标签。相比传统口播，“口播＋提示窗＋标签”的组合方式在增加画面动态感的同时，进一步加大了信息供给量。

下面，以对新闻“菲利普·西摩·霍夫曼 1967—2014”导语部分的口播插入新闻画面的分析为例（图 2—9）。

镜头 5—1　镜头 5—2　镜头 5—3

镜头 5—4　镜头 5—5

图 2—9 “菲利普·西摩·霍夫曼 1967—2014”中的口播插画面

【导语】

主持人：接下来依旧是昨天那个令人震惊的消息。昨天，影星菲利普·西摩·霍夫曼去世，时年 46 岁。霍夫曼成年之后几乎一直在与毒瘾做斗争，最后，当人们在他的寓所发现他时，他的手臂上扎有注射器。人们还在他家中发现了 70 多包海洛因，有些已被使用，大部分还没有被使用。霍夫曼曾经谈论他的毒瘾，谈论他如何与之斗争、如何寻求救治，但最后他还是输给了毒瘾，也因此失去了生命。

我们中的大多数人如此热爱电影，热爱为我们拍出这些电影的人。今天，我们中的大多数人还在设法使自己更好地面对失去他的现实。今天的《纽约时报》这样评论霍夫曼：他可能是他这代演员中最有抱负、最受人喜爱的人（后接介绍霍夫曼生平的新闻包裹）。

这是一段 40 秒的口播，包括对霍夫曼死亡现场的描述、对其戒毒经历的陈述，以及对悼念情况的概述。这段口播同样为“口播＋提示窗＋标签”的组合形态。当主持人播读导语时，画面右上方提示窗口为滚动的霍夫曼照片，并配有“菲利普·西摩·霍夫曼 1967—2014”（PHILIP SEYMOUR HOFFMAN 1967–2014）的新闻标签。由于这段口播时间较长，且提示窗口画面多处于静态，这段口播又被插入了 16 秒含现场声的新闻画面（画面插入位置见导语含下划线部分），这些画面主要为霍夫曼寓所外的警察、记者，以及一辆正在驶离的可能载有霍夫曼遗体的验尸官车辆。这些画面较好地配合了导语对霍夫曼死亡现场、戒毒经历的描述，为相对静止的口播增加了现场感和信息量。

在主持人口播过程中插入画面时，有两点注意事项：第一，主持人的口播要有一定的时间长度，以保证插入的画面能表达一个完整的含义，因此在一些较短的口播中不建议仓促插入画面；第二，插入的画面应与口播内容有较强的关联性，在插入画面时要综合导语内容和画面内容，计算好画面的入点和出点，防止所插画面文不对题。

新闻包裹

新闻包裹之所以被称为包裹，是因为它往往包含采访同期声、旁白以及新闻画面等多项内容。新闻包裹是一条新闻信息的主要载体，也是电视新闻节目的主要报道形式。接下来，我们将以 2014 年 2 月 3 日《NBC 晚间新闻》的头条新闻“严重的影响”为例，对其中的新闻包裹进行分析。为了更好地理解这则新闻包裹，我们同时给出新闻开头的口播导语。

【导语】

主持人：晚上好，当西海岸的人们正急切盼望降水时，一系列让人难以置信的暴风雪将袭击从落基山脉到东海岸的广大地区。从今晚开始到本周末，将有 27 个州受到不同程度的影响、8,400 万人受灾。很明显，这个严冬将使美国经济的多个方面受到负面影响。今晚的头条报道来自 NBC 记者荣恩·马特。

在口播之后，是“严重的影响”的新闻包裹（表 2—3）。

表 2—3　“严重的影响”中的新闻包裹

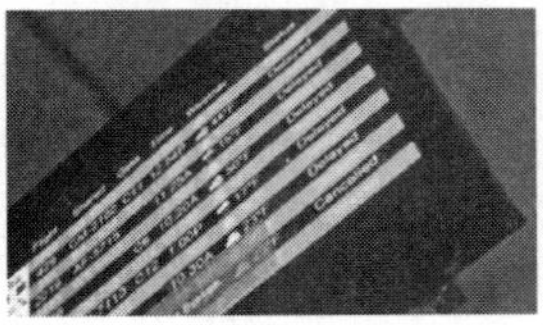

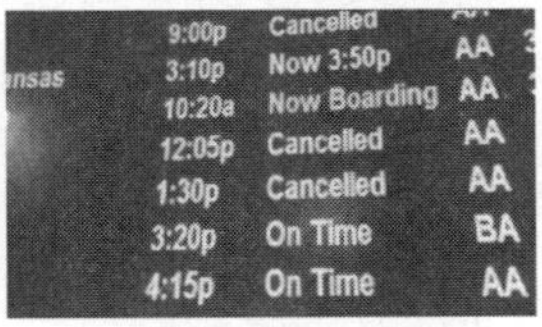

【新闻包裹】

【旁白】

记者：这是今晚东北部众多机场随处可见的场景：乘客们排着蜿蜒的长队，以及众多在周一宣布延误或取消的航班信息。此时，又一场暴风雪正对准东北部及范围更广的地区。在费城，降雪使得行车变得危险。从东北向南直到肯塔基州，交通都成了个大问题，人们的不满情绪越来越强烈。在纽约城，甚至连铲雪车都困在路上动不了。

【同期声】

纽约市民：昨天还是 50 华氏度，我还穿着短裤去商店。今天，看看，暴风雪，都冻成冰了。

续前表

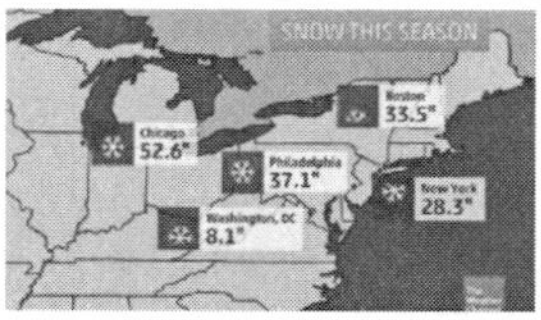

【旁白】

记者：雪还在累积。在这个冬天，芝加哥的积雪已经达到53英寸、费城超过37英寸、波士顿33.5英寸、纽约超过28英寸。这样的天气不仅是乘客的噩梦，也让我们的钱袋子遭了殃。光是一月份那次长达三天的极地涡旋，就让美国经济损失了50亿美元，但这还不是全部。估计会有6,000万美国家庭发现他们的取暖费上升了50%，也就是大约45亿美元。与此同时，由于航班延误或取消，使得乘客们在诸如宾馆住宿、餐饮等方面又多花了25亿美元。

【同期声】

气象频道 保罗 • 威尔士：超过1亿人被冻在家里出不了门，也花不了钱，所有这些都将最终对整体经济产生影响，一两个月后，我们就可以感觉到这种影响了。

【旁白】

记者：在东北部的机场里，仍期待成行的乘客们为了应对漫长的等待，在机场安了家，他们或者在那儿打盹，或者在那儿打牌。

【同期声】

乘客：我兄弟为我赢得了免费去看“超级碗”的机会，全部免费，所以我对航班延误也不该抱怨太多。

这则新闻包裹脉络清晰。报道从暴风雪导致机场航班大面积延误这一具有代表性的“点”开始，逐渐推进到暴风雪对美国经济影响这一个“面”，最后再回到机场这一个“点”，为随后的记者机场现场连线做铺垫。沿着“点—面—点”的路径，这则新闻包裹将具体新闻故事的生动性与“面”上情况的概括性相结合，帮助观众形成对暴风雪影响的更好认知。

接下来，我们对这则新闻包裹中的旁白、同期声、画面等元素进行分析：

（1）旁白。这则新闻包裹的旁白基本上都是口语化的短句子，很好地体现了电视新闻对旁白的要求。由于电视新闻播出的时间线性特点，书面化表达以及复杂从句都不利于观众的理解。将书面表达口语化，将复杂长句短句化，是电视新闻的内在要求。

（2）同期声。该新闻包裹的同期声可圈可点。例如纽约市民有关降温之快的同期声，语言生动、言简意赅，且被访者在描述降温之快时惊讶的表情给人留下了深刻印象。对于电视新闻来说，要获得言简意赅、生动有趣的同期声并不容易，这对于记者的提问技巧，甚至对记者选取采访对象的直觉都有较高要求。

（3）画面。该新闻包裹的画面语义清晰、逻辑连贯，形象生动。在电视新闻中，对新闻画面的第一项要求就是语义清晰、逻辑连贯。为了达到这一表意上的要求，新闻画面一般成组出现，也就是说，画面不是由一个个杂乱无章的个体构成，而是由在意思上相关联的组构成。例如在该新闻包裹的开头，有两组画面：第一组画面由四个镜头构成，包含乘客在静止的长队里等候、乘客查询航班信息等内容，形成了乘客在机场滞留的意群；第二组画面由三个镜头构成，为不同景别的机场航班动态信息，形成了航班大面积延误或取消的意群。第一组画面和第二组画面一起说明了这个暴风雪夜里机场的情况。在电视新闻中，除了对画面在语义、逻辑方面的要求外，还要求画面具有生动性。例如在这则新闻包裹中，许多车辆在大雪里受困无援的画面很有冲击力，使观众在很短的时间内就能对暴风雪的严重程度形成深刻印象。

同期声

在电视新闻中，同期声是指记者在拍摄新闻画面时同步录制的新闻现场声，包括被采访人的谈话录音、背景声、效果声等。[①]同期声强调对新闻现场声的同步记录性，在这一点上，明显区别于影视制作后期在录音棚里专门制作的声音。

记者现场连线

记者现场连线，指在电视新闻节目播出过程中，由记者在新闻现场发回的直播报道。

记者现场连线是电视新闻相比其他传统媒体最具优势的报道形式，其更新最新信息的能力，以及传递新闻现场感的能力，无不凸显了电视新闻的本体优势。充分利用记者现场连线进行报道，是电视新闻编辑的重

① 参见张清平：《同期声在电视新闻采访中的运用》，载《记者摇篮》，2010 年第 3 期。

要要求。

记者现场连线在《NBC 晚间新闻》中占据举足轻重的地位，几乎在每天的节目中都会出现这种报道形式。以 2014 年 2 月 3 日的《NBC 晚间新闻》为例，其头条新闻“严重的影响”先后对两名记者进行了现场连线。

首先让我们来看看记者荣恩·马特在纽约拉瓜迪亚机场的现场连线，这场连线紧随我们刚才谈到的新闻包裹（图 2—10）。

图 2—10 “严重的影响”中的第一场记者现场连线

【记者现场连线】

记者：今天仅在东北部就有至少 1,600 架次航班延误或取消。其中延误的一架航班里搭乘着昨晚赢得“超级碗”的西雅图海鹰队。海鹰队乘坐的飞机先在纽瓦克停留除冰，接着飞到明尼阿波利斯进行机组人员换班、补充燃油。海鹰队会在今天夜里抵达西雅图。布莱恩。

主持人：这是荣恩·马特发自纽约拉瓜迪亚机场的报道。荣恩，我想你今晚并不想待在那里。

在纽约拉瓜迪亚机场进行的这场记者现场连线，一方面补充了最新航班延误与取消的情况，更新了信息，提升了报道的实时性；另一方面，现场连线中穿戴厚实的记者以及记者说话时呼出的热气，无不说明新闻现场的天寒地冻，更凸显出报道的现场感。而主持人与记者现场连线时的简短交流——猜想其不愿待在这天寒地冻的地方——也在调侃中说明了暴风雪天气的恶劣性。

常态化趋势

在电视新闻节目播出时，只要一条新闻仍处在现在进行时，且存有新闻现场，就尽可能采取记者现场连线的方式，给观众最大程度的实时现场感。

“严重的影响”中的纽约拉瓜迪亚机场连线，也代表了记者现场连线在当下的一大发展趋势，即常态化趋势。这种常态化趋势是指，在电视新闻节目播出时，只要一条新闻仍处在现在进行时，且存有新闻现场，就尽可能采取记者现场连线的方式，给观众最大程度的实时现场感。“严重的影响”的第二场连线对这种常态化的说明更加典型。

在纽约拉瓜迪亚机场现场连线后，主持人通过口播很快引出第二场记者现场连线（表 2—4）。

表 2—4　　“严重的影响”中的口播与第二场记者现场连线

【口播】
主持人：我们刚才说到，在今晚东部这场暴风雪之后，还有两场暴风雪等着我们。我们的朋友阿尔·洛克正在广场上，他将为您带来关于暴风雪的消息。你好，阿尔，晚上好。

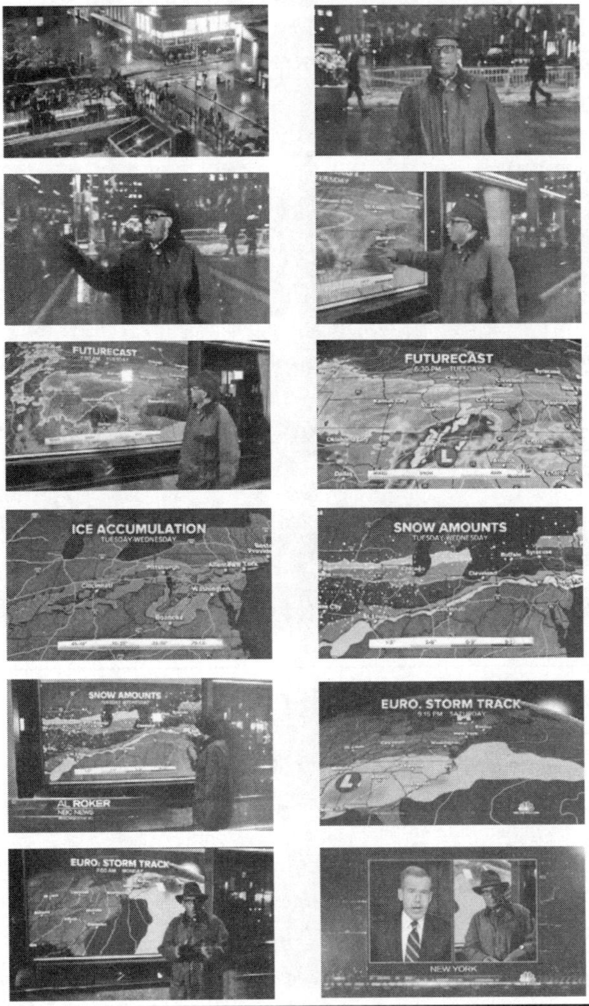

【记者现场连线】
记者：布莱恩，晚上好。今晚的这场暴风雪正在离开，这是一个好消息。这里是我们的第二场暴风雪（指向屏幕动画演示），它会在明天早上 7 点左右影响俄克拉何马、堪萨斯，明天下午 6 点的时候向东推进到芝加哥和圣路易斯，它还会继续向东北推进，周三我们醒来后就会发现有更多的雨雪和冰。让我们来看一下冰雪累积情况，就冰而言，辛辛那提、匹兹堡、华盛顿特区、艾伦城到纽约城西部积冰高达 0.5 英寸。让我们再来看一下降雪量，在大多数地方降雪量为 1 到 3 英寸。但是从堪萨斯到奥马哈是 3 到 6 英寸，有些地方甚至可以达到 6 到 9 英寸。向东，从克利夫兰到水牛城、雪城为 1 英尺，纽约城差不多就在这块区域的边上。布莱恩，接下来是第三场暴风雪，这场暴风雪会在周末，我们很难精确地说降雪量是多少，但估计会以英尺为单位，布莱恩，这会是一个典型的东北风式天气条件。关于未来的天气情况，明天早上的《和阿尔一起醒来》以及《今日秀》会为您做更多报道。回到布莱恩。
主持人：这个冬天的暴风雪真是没完没了。在广场上的是阿尔·洛克。阿尔，谢谢你。

这场连线的地点设在 NBC 总部外的洛克菲勒广场，记者在广场借助屏幕动画向观众介绍了未来暴风雪的情况。在传统电视新闻节目中，类似的天气预报可能被认为没有连线的必要，而会被安排在演播室内，但《NBC 晚间新闻》却用连线的方式，让记者处于露天广场的实际天气状况中，记者身后的积雪、记者本人厚实的冬装，都让天气预报的意义进一步凸显。这场在 NBC 总部外广场进行的连线，进一步说明了当下记者现场连线的常态化趋势。

演播室访谈

演播室访谈指主持人或记者在演播室内对新闻相关人或新闻第三方进行的采访。这里的新闻相关人可以是新闻事件的直接当事人，也可以是范围更广的责任相关人、利益相关人等；这里的新闻第三方可以是新闻事件的知情者、对新闻事件进行采访的记者、有关专家学者等。在演播室对新闻相关人或新闻第三方进行访谈，是电视新闻节目传递新闻信息与意见的重要形式。

演播室访谈也是《NBC 晚间新闻》的常见形式。例如在 2014 年 2 月 3 日《NBC 晚间新闻》播出的“叙利亚危机”中，在播放讲述叙利亚平民食物短缺的新闻包裹后，主持人在演播室中对 NBC 首席世界新闻记者比尔·尼利进行了简短的访谈。比尔·尼利正是之前这则新闻包裹的采访者。

镜头 6—1

镜头 6—2

镜头 6—3

镜头 6—4

镜头 6—5

镜头 6—6

图 2—11 “叙利亚危机”中的演播室访谈

【演播室】

主持人：情况真的很糟糕，并且还在继续变坏。现在很多美国情报人员担心，那里的情况可能影响到我们和我们在海外的朋友。

记者：的确有这种担心。每当你认为叙利亚的战事不会变得更糟的时候，它偏偏变得更糟；每当外界社会努力为那里的民众提供帮助和希望的时候，这种努力都会落空。和谈已经暂停了，没人敢说下周就会恢复，现在也没有救济提供给那里的受困民众。

主持人：我要告诉观众的是，比尔·尼利过去供职于我们在英国的电视合作伙伴，并一直为我们供稿。现在，他已经加入了我们团队，将作为我们的一员为您报道世界新闻。比尔，谢谢你参加今天的节目。

“叙利亚危机”中的演播室访谈除补充新闻包裹信息之外，还存在三大作用。

第一，将国际新闻与国内关注点结合起来，进一步拉近本国观众与国际新闻事件的距离。在新闻价值中，有一项“接近性”原则，指如果新闻事件与受众在地域、利益、情感等方面越为接近，则新闻对受众越有价值，新闻对受众的吸引力也就越大。一般来说，国际新闻由于发生地较为遥远，新闻价值的“接近性”可能相对较弱。因此，在“叙利亚危机”的新闻包裹后，通过增设演播室访谈，切入美国视角，来进一步增强国际新闻的本土“接近性”，提升新闻对美国观众的吸引力。

新闻接近性原则

指如果新闻事件与受众在地域、利益、情感等方面越为接近，则新闻对受众越有价值，新闻对受众的吸引力也就越大。

第二，提升记者品牌影响力。名记者是一档电视新闻节目吸引观众的重要因素，因此，打造名记者也成为建设电视品牌节目的重要内容。从记者向名记者的成长，一方面有赖于其自身的新闻素养与个人魅力；另一方面，也与电视新闻节目对其个人品牌的塑造有关。在“叙利亚危机”的演播室访谈中，主持人向观众特别介绍了新加盟的首席世界新闻记者，有助于其在观众间影响力的提升。

第三，通过增加演播室访谈，可以进一步丰富节目形态，增强节目的动态变化性，吸引观众注意力。实验和常识都表明，持续不变的节奏容易导致注意力下降和精神倦怠。如果电视新闻节目只是局限于主持人“口播”+“新闻包裹”的基本格式，节目将一直处于“口播—新闻包裹—口播—新闻包裹”的不变节奏中，从而加速观众的收视疲劳，降低节目对观众的吸引力。增加演播室访谈等新的报道形态，有利于打破原有的固定节奏，增强节目的动态性。

哈佛专家：电视新闻发展的5个方向

1961年，时任美国联邦通讯委员会主席的纽特•米诺（Newt Minow）将电视节目描述为“巨大荒地”，并呼吁电视行业向公益类节目发展。在“伯克曼互联网和社会研究中心”主办的“数字时代的新闻和娱乐：重访巨大荒地”研讨会上，媒体专家、记者和米诺本人在50年后重新讨论了当年的言论。

结合现在广播行业的前景，参与者讨论了数字时代的新闻和娱乐，以及让20世纪下半叶的媒体“荒地”重获生机的一些要素：

1. 记者要学会分享

在过去，记者与媒介机构合作是新闻界中闻所未闻的事情；但现在，在新闻报道中取得先机再也不是媒介机构的特权了。一些非营利性新闻机构，例如ProPublica，则相信它们需要与传统媒体分享新闻，因为这些新闻有利于大众。具有重大影响的新闻将免费提供给新闻媒体；其他大多数新闻可被重复印刷，只要标明其知识共享（creative commons）的协议即可。

电视新闻发展的5个方向

1. 记者要学会分享。
2. 数字社区新闻。
3. 不要忘了甜甜圈（电视娱乐性）。
4. 观众不再被动。
5. 视频是人类共同的语言。

2. 数字社区新闻

报道社区新闻的网站要比那些关注本地新闻的传统媒体更有成本上的优势。像美国在线（AOL）旗下网站“Patch”和“Main Street Connect”就从当地居民和记者手中直接获得新闻。这种对社区新闻报道的重塑节约了成本，使读者参与其中，更能从高针对性的广告中盈利。

3. 不要忘了甜甜圈（电视娱乐性）

公益节目因为其较低的娱乐价值而被称为电视界的“西兰花”——这曾是米诺在1961年讲话中的重点。但是他同时也呼吁广播公司扩展它们的想象力和艺术潜质；电视业的“甜甜圈”（娱乐性）不能被忽视。当严肃的传统媒体正在报道萨达姆的遗嘱时，娱乐网站第一个播放了其被处决的视频。一个被记者视为古怪新闻的门户网站，成了重大事件有效的信息来源。

4. 观众不再被动

长期坐在电视机前的观众现在逐渐成为内容的创造者。公民新闻已经建立起来，并有无数平台在支持它，例如免费的维基百科、专业数字博客“SlashDot”和公民媒体“全球之声”（Global Voice）。在线新闻和信息聚合正以传统媒体或新闻无法企及的速度传播新闻。

5. 视频是人类共同的语言

50年前，米诺说过，“如果电视技术发展成熟，无论电影院、杂志或是报纸都不可能超越它。”现在，电视机在互联网面前已是过时的技术，但是视频仍然具有链接文化和社会的持久力量。尽管数字技术提供了很多传播手段——微博、公民博客或在线报纸，但视频仍然在未来的新闻和娱乐中占有主导地位。

［文：玛格丽特·鲁尼，黄金元（音）译，国际记者网］

图文、动画的运用

随着电视新闻编辑对观众的观看感受、信息传递实际效果的不断强调，电视新闻编辑中的一块长期性短板——电视声画对抽象复杂内容的表达局限正越来越受到关注。

电视新闻节目的时间线性特征，也就是电视画面和声音的实时变化性，使得观众在看电视时若遇到不理解的地方，不可能像读报纸一样回过头仔细阅读，这就影响了观众对电视新闻的观看感受，也影响了观众对电视新闻信息的有效接收。

电视新闻节目的时间线性特征，客观上要求电视新闻在编辑时尽可能地避免抽象、生涩的内容，尽量以形象、易懂的内容传递信息。但是，在日常新闻报道中，我们还是会遇到一些用电视镜头和口语短句很难表达清楚的抽象、复杂的内容。在这种情况下，运用图文、动画对之进行演示，成为当下电视新闻编辑的常用方法。在2014年2月3日播出的《NBC晚间新闻》中，图文、动画同样对解释众多抽象、复杂的内容起到了重要作用，例如“严重的影响”中对天气情况、相关经济数据的解释，“经济状况”中对华尔街三大股指的说明，“海洛因危机”中对美国海洛因使用量的说明等。

接下来，我们以新闻“汽车谈”为例，对《NBC 晚间新闻》中图文和动画的运用进行分析。

“汽车谈”是关于汽车安全新科技的新闻，向观众解释清楚其中所涉“车对车”信息交流系统的工作原理，是这篇报道核心却棘手的问题。通过动画演示，这一难题得到了很好的解决。为了更好地理解动画在这篇新闻中的重要作用，在演示当晚“汽车谈”动画前，我们先来读一读新闻中的相关旁白。如果在阅读时遇到不易理解的地方，请不要回头琢磨旁白文本，因为观众也没有回头琢磨文本的机会，电视新闻的时间线性特征正在发挥作用。

【旁白】

记者：与飞机上使用的防碰撞系统相似，在路面上，它被称为“车对车”或者“V 对 V”信息交流系统。行驶在路面上的每一辆轿车、卡车或者巴士都会通过 WIFI 系统，不停地向 360 度范围内的附近车辆发送自身状态报告，不间断地更新关于自身位置、速度、是否拐弯、是否刹车的信息。如果前方有车辆突然刹车，行驶在其后的每一辆车都会得到预警提示。

在这段旁白中，尽管记者已经尽量使用浅显易懂的语言，但仅以旁白之力，很难使观众对相关工作原理形成直观感受。下面，让我们来观察新闻“汽车谈”是如何运用电视画面与动画，形象地说明“车对车”信息交流系统工作原理的。

1.【旁白】与飞机上使用的防碰撞系统相似

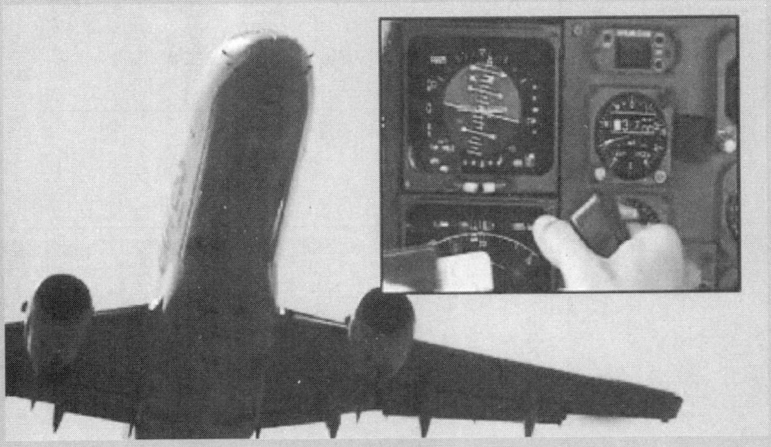

图 2—12 “汽车谈”中的工作原理镜头 6—1

2.【旁白】在路面上，它被称为“车对车”或者“V 对 V”信息交流系统

图 2—13 “汽车谈”中的工作原理镜头 6—2

3.【旁白】行驶在路面上的每一辆轿车、卡车或者巴士都会通过 WIFI 系统，不停地向 360 度范围内的附近车辆发送自身状态报告

动画 6—1

动画 6—2

动画 6—3

动画 6—4

动画 6—5

动画 6—6

图 2—14 “汽车谈”中的工作原理动画 6—3

4.【旁白】不间断更新关于自身位置、速度、是否拐弯、是否刹车的信息

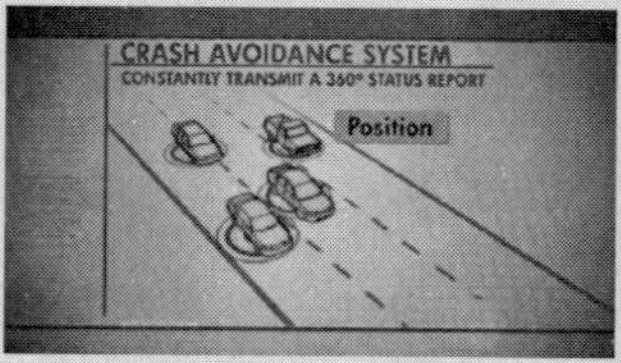

动画 2—1

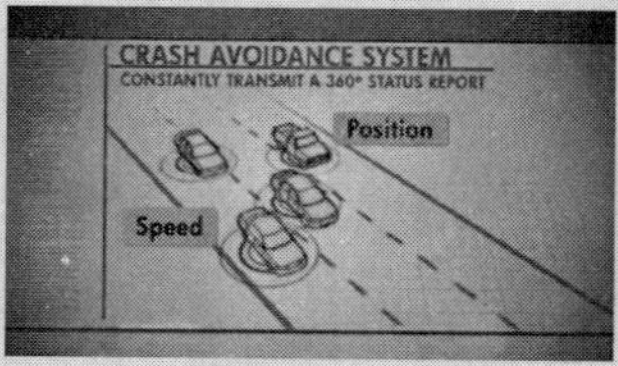

动画 2—2

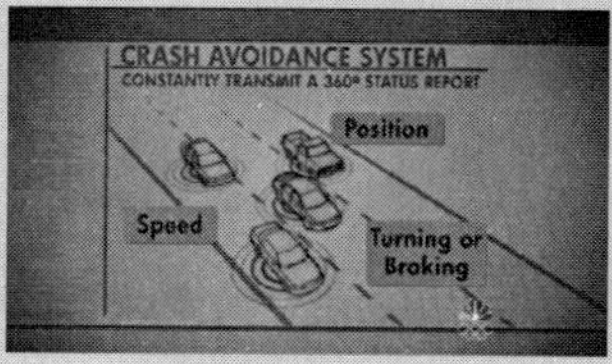

动画 2—3

图 2—15 “汽车谈”中的工作原理动画 6—4

5.【旁白】如果前方有车辆突然刹车

图 2—16 “汽车谈”中的工作原理镜头 6—5

6.【旁白】行驶在其后的每一辆车都会得到预警提示

图 2—17 “汽车谈”中的工作原理镜头 6—6

在“汽车谈”有关工作原理的旁白中，有一部分内容可以找到相对应的电视镜头。例如“如果前方有车辆突然刹车”“行驶在其后的每一辆车都会得到预警提示”等，但当旁白涉及看不见的 360 度 WIFI 信号传输时，却没有相应画面。对此，“汽车谈”使用动画进行了演示。在动画中，一系列同心圆从一辆汽车中持续扩散出来，代表该汽车持续发射的 360 度 WIFI 信号，随后出现车辆在道路上行驶的动画示意。这些车辆都不断向外扩散同心圆，相邻车辆的同心圆出现交叠。此时动画根据旁白，在同心圆附近依次标出“位置”“速度”“拐弯或刹车”字样，代表车辆间就以上内容进行的信号交流。通过动画演示，“汽车谈”较好地诠释了“车对车”信息交流系统的工作原理，为观众理解新闻内容提供了便利。

当下，在电视新闻编辑中，图文与动画对解释抽象、复杂的新闻内容起到了越来越重要的作用，但图文与动画也并非万能药，其在使用过程中，也存在一些值得思考的问题。

新闻动画的真实性与时效性问题[①]

第一，真实性问题。动画作为一门虚拟艺术，本身带有高度的假定性和必然的主观性，新闻动画虽然力求最大限度地还原新闻现场，但仍然无法避免某种程度的失真。原因在于，首先，制作人员大多未亲历现场，只能通过其他背景材料，比如新闻图片、目击者口述等对新闻事件过程、周围环境和人物行为等进行推断和理解，在此基础上进行二次塑造。其次，动画制作过程中，在镜头运用、视点选择、色彩搭配、剪辑处理、人物表情等细节的选择处理和虚拟描绘上也难免受到主观因素的干扰。

第二，时效性问题。由于动画的制作过程涉及多个环节、多个部门或人员，从新闻事件的发生到新闻动画的制作完成是一个相对耗时的过程，特别是与摄像机的即时记录和实时传送相比，具有一定的滞后性。而新闻强调及时、迅速，因此，为新闻添加演示动画会给新闻报道带来时效性问题。

（杨于卓　万红）

上文所述内容虽然只涉及动画，但同样适用于图文。图文与动画在当前电视新闻编辑中的优势与局限，客观地要求我们对其的使用应积极而不盲目。一般而言，在电视新闻编辑中，图文与动画主要运用在电视镜头较难涉及的内容中，当电视镜头足以有效说明新闻内容时，电视镜头优先于图文、动画。这也是“汽车谈”在涉及“车对车”信息交流系统工作原理时，依然使用相当数量电视镜头的原因。

思考题

1. 请选取一家视频网站，在当天更新的视频新闻中选取7到8条内容，将这些内容编辑成一档新闻节目，并写下为何选择这些视频以及如此编辑的理由。
2. 收看本地播出的一档电视新闻节目，对这档节目的编排方式进行分析。
3. 在报纸上选择一篇科技类新闻，将它改写为电视新闻稿。分析是否需要使用图文或动画对这篇电视新闻稿进行演示。如果需要，请写出图文、动画的演示方案。

① 杨于卓、万红：《新闻动画应用研究》，载《西南民族大学学报·自然科学版》，2012年第6期。小标题为本文作者所加，内容有删节。

Chapter 3
第三讲　消失的马航 MH370：突发事件电视新闻直播背后的编辑故事

- 突发事件的直播形式
- 新闻直播的内容选择
- 入门：图片帮助理解新闻中的复杂概念
- 进阶：动画图片　加强理解
- 升级：虚拟演播室　置身其中
- 高级：实地试验　还原真相的尝试
- 专家答疑解惑　提供角度
- 用专家的话语表达媒体态度
- 如何选择直播中的专家

主案例 2014年马航MH370航班失联电视新闻直播报道

在网络媒体异军突起的今天，传统媒体原本从容的采编播节奏被完全打破，电视节目要和网络竞争，直播节目撑起了半边天。电视新闻直播报道是在新闻事件发生、进行的同时，把现场的声音、图像以及记者或播音员的口头报道或解说等直接同步播出的一种传播方式。摄像机代替观众的眼睛目睹正在进行的事件，观众与媒体共同经历正在发生的事件过程，共同应付偶发事件，极大地满足了人的亲眼目睹、亲身经历、共感共振的好奇心和求知欲。[①]在这一点上，网络的文字直播就缺少了感官效果。也正因为如此，尽管网络媒体等日益发达，但一旦发生重大的事件，比如地震、山火、战争等等，电视依然是一个强势媒体。

美国CNN电视台24小时新闻频道在创立初始就提出了"打破地域，让一切与新闻事件同步发生"[②]的口号。从CNN的摄像机随着美军的战车同步开进伊拉克境内的那一刻起，观众们便实现了历史上第一次观看现场直播"真实战争"的机会。突发事件一直是CNN报道推高收视率的王牌。以2011年3月为例，受日本大地震和"西亚北非动荡"等重大国际事件的影响，CNN在黄金时段的平均收视观众数量高达110万人，日均收视观众数量也达到78万人。而2011年的4月到12月，平均观众人数就仅有63万多人。此次马航失联报道也不例外。据新加坡《联合早报》报道，CNN 3月13日全日收视人数多达58.8万人，比平时平均人数激增83%。知名主播库珀（Anderson Cooper）在黄金时段的直播"聚焦马航失联阴谋论"，收视率相较于前两晚暴增至两倍多，有多达118万人收看了该节目。

而在太平洋彼岸的中国，电视媒体受马航事件的影响同样很大。2003年全新改版后的中央电视台新闻频道也采取了24小时滚动播出新闻的形式。除了一些周播的专题节目和凌晨一些重播节目以外，新闻频道基本也已经实现了和天下大事同步。此次马航飞机失联后，中央电视台新闻频道反应迅速，快速地推出了马航失联客机特别报道等直播报道节目，时时跟进最新消息。受到马航失联客机事件的影响，中央电视台新闻频道收视率也一路上升，2014年3月7日到3月13日新闻频道收视份额高达4.3649%，比前一周提升1.24%，提升幅度为40%；而在3月14日到3月20日这一周，收视率表现更加强劲，达到了5.3174%，是2013年以来周均收视份额最高值；上星频道排名首位。收视份额最高值出现在3月16日（星期日），全天收视份额5.9661%，达到了2013年以来的最高值。

《焦点访谈》马航一客机突然失联视频

① 参见傅瑶：《电视新闻现场直播的策划与前景》，载《新闻知识》，2008年第2期，第57页。
② 杨壮振：《美国电视新闻节目的类型化编播技巧与实践》，载《影视制作》，2011年第9期，第71页。

那么，在网络媒体同样能够快速跟进、实时报道的情况下，电视媒体靠什么取胜？电视媒体要关注什么？用什么样的方式来呈现？对事件能有多大的推进作用？电视新闻编辑在其中又起到多大的作用呢？

对电视直播的突发事件进行新闻编辑，在实际的操作阶段，可以分解为这样几个基本步骤：理清这一场直播的编辑思路，了解新闻本身的情况和前期记者采制情况；前期的跟进和策划，同时需要对相关专家和嘉宾进行联系和预约；确定当天节目的内容和样式，包括内容的选取、小片的制作、版面的排放，这些都要在前期素材传回后进行快速整合；此外还有包装，包括播发新闻的形式、直播手段的运用等等。在此次马来西亚航空 MH370 航班突然失联的报道中，一些电视媒体在这些环节上的所作所为也非常典型，可以吸取其中的优秀经验，反思其中的不足。

突发事件

突发事件是指突然发生，造成或者可能造成严重社会危害，需要采取应急处置措施予以应对的自然灾害、事故灾难、公共卫生事件和社会安全事件。

内容为王：同步事件发展 提供最大信息量

从 3 月 8 日飞机失联事件发生开始，到 3 月 24 日马来西亚总理宣布飞机最终终结于南印度洋，这 17 天是报道最密集、各方消息纷飞、各媒体拼抢最厉害的一段时间。作为一个突发事件，在事情发生了 17 天后，直播报道中还在不断地大量更新最新消息，这在电视突发事件直播史上也是鲜见的。每天这么长时间的直播报道，那么多的消息，该按照怎样的优先顺序进行筛选？怎样选用专家？在最新消息到来时从哪个角度去分析？在这其中，不同电视媒体从自身的技术条件和新闻理念出发，选择的方法、角度和策略都有所不同。

北京时间 3 月 24 日晚上 10 点，马来西亚总理纳吉布召开新闻发布会，宣布飞机最终终结于南印度洋上空，这个时间点，正好是中央电视台新闻频道每天播出《国际时讯》节目的时间，CNN 正常播出的就是 *News Room* 节目，[①] 因为在发布会前两个小时左右，马来西亚方面已经通知了现场的记者要召开发布会，应该说给节目直播提供了充分的准备时间。这是一次典型的边发生、边报道的直播，在这个过程中，一些报道的编辑特点非常明显。

突发事件的直播形式

从电视直播的分类来讲，电视直播可以分为演播室新闻直播、现场实

① CNN *News Room* 是一档直播的新闻节目，周一到周五每个小时时段关注几个话题，有提前制作的小片，也有突发新闻的插播，同时也引进专家对事件进行点评。节目周一到周五美国东部时间 9 点到 16 点播出，周末播出时间略有缩短，在形式上与中央电视台的《新闻直播间》类似。

电视现场直播 是一种在现场随着事件的发生、发展进程同时制作和播出电视节目的播出方式，也是一种充分体现电视媒介传播优势的播出方式。

况直播、新闻现场报道、复合型直播这几类。[①] 而此次马航客机失联的新闻直播，更是体现了立体式新闻直播的高级形态，利用卫星传输，把演播室与前方现场相连，交替出现现场讲解、室内访谈、直播与录像结合，传递最新信息。[②]

1. 预告最新消息

预告最新消息，也是对突发事件报道中“快速报道”原则加强的体现。[③]

马来西亚总理纳吉布召开新闻发布会时，正是美国东部时间 2014 年 3 月 24 日早上 10 点。在发布会之前，*News Room* 从早上 9 点开始就一直在跟进对飞机搜寻的最新情况。当时一直在报道的是澳大利亚卫星在南印度洋上发现可疑漂浮物，因此主持人很自然地在节目中不断地提醒观众，接下来几分钟内马来西亚总理纳吉布将发布最新消息，让观众放下手中的遥控器，关注本频道。

但是这一点在中央电视台的节目中并没有得到很好的体现，因为 10 点之前的节目是《新闻 1+1》，当天关注的是《校服如何“致青春”》。虽然是直播，但是可能是由于话题和马航客机失联没有关系，也没有对接下来可能的直播进行预告，许多观众是从微博等网络媒体上得到消息后才转到电视的。

2. 直播核心事件

对新闻现场内容的直播是最核心的，主要目的在于展现事实，因此在处理上不需要太多的技巧。在这样的直播中，有一类是马来西亚总理召开新闻发布会这样的静态信息获取式的直播。在这种类型的直播中，主要应注意两点：一是根据直播的语言选择合适的同声传译；二是在直播的过程中，根据最新的内容，及时将大意制作成小标题，打在屏幕下方，供观众理解，也方便刚刚打开电视的观众快速了解最新的动态。这一点需要编辑有敏捷的思维和优秀的表达能力，能在信息传递的同时就做好筛选和归纳。

另外一类核心事件的直播是战场、地震救援等具有现场动态感的直播。这种直播的意义并不单纯在于获取信息，更重要的是要将现场的感觉和感情传递给观众。这类新闻现场的直播对后方编辑来说，更重要的是直播前与记者的沟通，选择合适的场景、选定恰当的时机，将最有震撼力的场景切入直播中，保证将最原始的内容带给观众。

---

① 孙清平：《突发事件电视新闻直播研究》，南昌大学 2012 年新闻学硕士论文，第 8—9 页。
② 丁红萍：《直播：电视新闻传播的必然选择》，载《视听纵横》，2004 年第 3 期，第 53 页。
③ 张明羽：《融合时代突发事件报道机制再造》，载《中国传媒科技》，2013 年第 12 期，第 46 页。

图 3—1　中央电视台在 2014 年 3 月 24 日马来西亚总理新闻发布会直播中制作的小标题

马来西亚总理
新闻发布会

3. 解读最新消息

新闻发布会场景单一，画面简单，声画同时传递对于拥有稳定的传输线路的电视台是最好的直播内容。但是在直播后，怎样去消化这个最新消息自然是直播的重点。在这一点上，选择什么样的方式来解读，能体现出媒体对解读不同方面的侧重。

先来看 CNN，在马来西亚总理发布会结束后，主持人安德森 · 库珀在半个小时内马上连线了五路记者。他们分别在纽约、吉隆坡、澳大利亚珀斯、北京以及华盛顿对纳吉布的最新消息进行了解释、分析，也对各方对此的反应进行了及时更新。CNN 用这样的现场报道阵营展示了“我在现场”的媒体运作理念。此外，在这些记者当中，有一些是专业记者，如在纽约的理查德 · 奎斯特（Richard Quest）是 CNN 的财经主持人和记者，但他也是专业的航空记者，因此他对“飞机终结于南印度洋”这个结论的解释也带有一定的权威性。

而中央电视台在马来西亚总理宣布完之后就回到了演播室，演播室内已经有一位军事评论员宋晓军来协助主持人对最新消息进行解读。此时，在吉隆坡、珀斯、北京等地也有记者，但是节目中只选择了跟新闻发布会所在地吉隆坡的记者连线，从技术上来说简化了直播的难度，从内容上来说则强调了信息的集中性和权威性。

这两种方式各有利弊，此次事件由于有提前通知，后方编辑组可以提前准备可能与发布会相关的话题，联系嘉宾。但是大多数其他的突发事件是突如其来的，演播室的专家往往不如记者连线能提供更多的现场信息。而且即使能顺利找到专家，在主题的把握、话题的方向上，还需要花时间进行沟通，因此，报道突发新闻时，在时效性和权威性上需要进行平衡。

4. 核心事件重复播出

马来西亚总理发布关于飞机终结于南印度洋的消息后，在接下来半个小时的节目里，*News Room* 对这场发布会再次完整重播，中央电视台的《国际时讯》也在节目中两次完整重播发布会的现场。这样做可以让错过直播的观众再次看到第一手的消息，由发布会现场传递的信息、情感等能够直接传递给观众。如果是其他感官感受更强烈的新闻现场，可能会更加重视重播，让观众有亲身经历的感觉，而不是从主持人或是记者口中得到二手消息。

新闻直播的内容选择

新闻现场直播只是新闻直播节目中的一小部分，接下来直播的滚动新闻将会以核心内容为中心展开。那么接下来的话题如何选择？有哪些需要注意的呢？有几条标准可以参考。

1. 重大性

毋庸置疑，最新消息中最重要的内容肯定会作为核心消息成为接下来新闻直播内容中的一个重点，围绕着这个重点的报道会被放在最主要的位置。比如在 CNN 的节目中，马来西亚总理发言结束后，主持人马上连线了航空航天记者，对飞机终结于南印度洋这个结论的来源和可信度进行了分析和解说。

在具体的操作中，之前提到的在直播核心事件时制作的小标题可以起到其他作用。每一个小标题其实就是一个话题，这些话题可以成为核心事件发生后，新闻直播时配合事件本身进行报道的方向。在中央电视台的报道中，演播室专家接下来就对马来西亚方面为何得出飞机是沿南线飞行、为何判定飞机最后终结于南印度洋等问题进行了解释，与之前的小标题在内容上有互相呼应的关系，对于观众来说也更便于理解。

2. 相关性

有时候重点内容本身的信息量并不是特别大，因此在之后的解读中就需要对本身的核心事实进行补充。在 CNN 的报道中，由于连线的是记者，补充的信息量较大，而且选取的点比较丰富，既有对核心信息的解释，也有对发布会后其他几个相关地点的反应的报道。其中，澳大利亚珀斯方面的报道力度加大，就是根据最新消息得出的一个补充信息——因为最终确定的飞机去向是南印度洋，所以这样的角度选择是有关联的。

此外，不同国家的电视在选择话题时倾向性也很明显。在中央电视台的节目中，中方搜救力量的布局和解释在直播中一直被提及，这一方面是宣传的要求，另一方面也确实是为了给中国观众以安慰：我方的搜救力量在现场，我们不会放弃搜救。

3. 真实性

将真实性放在第三位，并不是说真实性不重要。这里讨论的重点也不是记者、编辑如何把关消息的真实性，而是特地指出。在马航失联客机报道中出现了大量的谣言，使得对这些消息的辟谣也成了马航报道的重要部分。

马航客机失联事件是前所未有的灾难性事件。由于事件扑朔迷离，导致在前期报道中各种真假消息满天飞。这些谣言呈现出“漩涡”型复式传播的特点。根据著名的谣言共识理论，谣言的产生与时间的重要性和模糊性成正比，也就是说，越重要且越模糊的时间越容易产生谣言。[①]

由于马来西亚官方的消息一直较少，因此，“飞机降落在越南机场”“飞机已确定在越南胡志明市以北 100 公里境内坠毁”等等谣言不断出现。和以往这些消息只在社交媒体上泛滥不同，在社交网站信息频频成为传统媒体信源的今天，这些谣言也让不少传统媒体上了当。在 2014 年 3 月 8 日当天的报道中，中央电视台曾经播发“越南确认失联飞机在富国岛以南坠毁”这样的报道，但是在后来的文字滚动条中，将标题改为“越媒称客机失事 消息暂未证实”。这则从越南传来的消息在滚动播发了三次后，才由“马交通部部长否认飞机在越南坠毁”这一最新消息辟谣。边滚动边修改，从表面上看，这似乎是电视编辑在突发事件报道中平衡新闻时效性和真实性的最佳选择，但是在清华大学新闻与传播学院的戴佳看来，一些所谓“动态滚动”的信息看起来是在给焦虑的公众提供方向和看法，但从结果来看都是徒增烦恼[②]。在这一点上，编辑要平衡的是报道的时效性和报道的有效性。在长时间没有可靠消息来源的情况下，播发类似他媒的消息固然是一种选择，但是也应该在播发的数量上进行控制。对于这种转载的消息在标明信息来源的同时，也应该立即使用自己的前方采编力量对此进行核实，避免播发不实消息。

4. 人文关怀

新闻直播的重大事件，一般都与天灾人祸有关，所以总是有生命牵涉其中，不管是在内容的编排还是在主播稿的撰写中，人文关怀都应该有所涉及。在宣布飞机终结的当天，CNN 连线驻北京的记者，对失联客机上数量最大的中国乘客家属在听到最新消息之后的反应进行了报道。从这样的灾难报道上来看，对家属的报道也是新闻事件的一部分，并不需要刻意回避。但是在报道的同时，尽量不打扰这些已经心力交瘁的家属也是应有的人文关怀。在后方的策划中，也不应该对记者在这一块的采访提出太多的要求。

---

① 参见叶琦、吕婷：《MH370 失联之后谣言层出，舆论空间上演辟谣拉锯战——马航事件走出谣言“漩涡”》，载《人民日报》，2014-03-20。

② 同上。

手段为辅：可视化手段丰富电视新闻直播

新加坡《联合早报》在对媒体在此次对马航的报道中点评到：节目主持人使出浑身解数，甚至身处飞行模拟器中做报道，成功击败对手，吸引年轻观众支持。它的本意是对新闻主播们不计手段提高收视率的批评，但这也确实体现出了此次马航事件直播报道的一个特点：运用多种电视手段呈现报道。

和其他媒体相比，电视媒体的特点就在于能够将画面和声音同时呈现出来，尤其是在直播时，能够将最新的信息用最直观的方法展现出来并加以解释。那么，如何用画面帮助观众了解和理解新闻内容？除了最基本的镜头表现之外，也可在后期进行加工。

入门：用图片帮助理解新闻中的复杂概念

这类新闻典型的例子出现在 2014 年 3 月 15 日。在飞机失联一周且在失联点附近搜寻毫无进展的情况下，北京时间当天下午 2 点 20 分，马来西亚总理纳吉布发布了最新消息：根据飞机与卫星联系信号的分析，飞机最后一次与卫星的联系时间是 3 月 8 日马来西亚时间早上 8 点 11 分。但是根据现有的数据，无法确认飞机和卫星最后联系的确切地点，马来西亚民航局和相关的国际专家确认飞机最后与卫星失去联系的地点有两个可能的区域：一是从哈萨克斯坦和土库曼斯坦边境到泰国北部，二是从印度尼西亚延伸到南印度洋。此时观众关心的是，这两条走廊在哪里？又是怎么算出来的呢？

就在马来西亚总理新闻发布会播发两小时以后，中央电视台对马航飞机失联的特别直播报道中，就出现了对两个走廊的位置介绍图，图中用扇形介绍了马来西亚总理口中两个走廊的位置（图 3—2）。

图 3—2（a） 3 月 15 日下午中央电视台直播报道中飞机最终去向的图示 1

图 3—2（b） 3 月 15 日下午中央电视台直播报道中飞机最终去向的图示 2

中央电视台
飞机去向直播

不过，这两张图并不是作为专家介绍这两个区域的位置关系时给出的背景介绍，而是仅仅给大家展示了飞机可能最新所在的位置。因此，从编辑的角度来说，就止步于告诉观众现在最新的位置在哪里了。但是，这两个位置是怎么得出的、两个位置和之前搜索的区域又有着什么样的关系，在这一时段的直播中，并没有利用这一图片做进一步的解释。

而在稍晚一些的《马航客机失联特别节目》中，主持人就用了一张新的平面图来告诉大家，所谓的“最后失联的走廊地带”究竟是什么（图 3—3）。

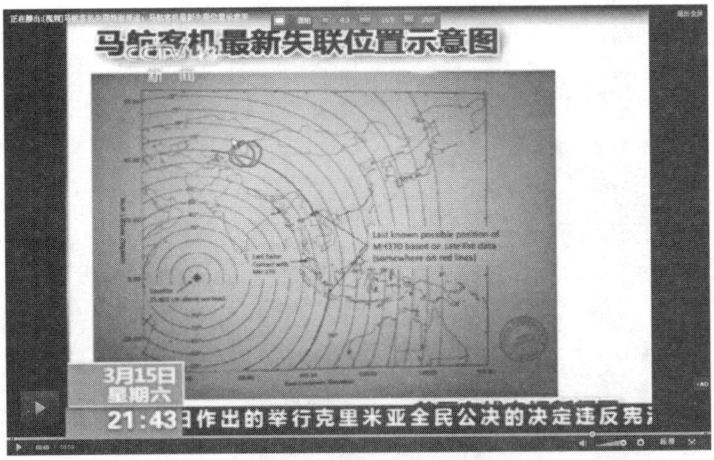

图 3—3 3 月 15 日中央电视台《马航客机失联特别节目》飞机最新失联位置图示

中央电视台《马航客机失联特别报道》

和图 3—2 相比，图 3—3 更清楚地告诉了观众，之前一直被认为的失联点和最新发现的飞机可能去向之间的位置关系，主持人也对一些高度可疑的地点进行了圈注。图 3—3 虽然从视觉效果上看不如彩色的地图让人有地理感，但是这样的位置关系更加强调了最新推断的飞机去向和之前认为的失联点之间的差别有多大。但是，图中还有更多的信息，比如同心圆代表了什么、这两段弧线究竟是飞机最后的飞行轨迹还是飞机可能的失联位置，在直播中没有来得及说透。

进阶：动画图片 加强理解

马来西亚总理召开新闻发布会的时间是在 3 月 15 日下午的 2 点 20 分，此时正是美国时间凌晨 2 点 20 分。在 CNN 的直播中马上就出现了一张关于两条走廊的图片，图片上清楚地标明了最新推测的飞机最后显示的地点与起飞地吉隆坡以及现在搜索区域之间的关系。

而在下午 6 点半，CNN 在 *News Room* 的直播中就由 CNN 本台的气象专家扎德·迈耶斯（Chad Mayers）[①] 进行了一个科普解释（图 3—4）。

图 3—4　CNN 气象专家对马来西亚如何确定失联地点在两个走廊进行解释

① Chad Mayers 是 CNN 的专业气象记者，本科专业为气象学，曾经参与研发新一代气象雷达和交谈式天气处理系统的电脑系统。

在这段不到 3 分钟的讲解中，CNN 记者用一幅全球动态三维地图向观众说明了如何能够靠飞机与卫星最后的“握手信息”推断出飞机当时所在的位置。和中央电视台的图片讲解相比，这段讲解不仅能让观众更好地理解卫星工作的原理，也解释清楚了这两条走廊并非飞机飞行的方向，走廊上的每一个点都可能是飞机所在的位置。由于这段解释逻辑清晰、专业词汇少，在播出后被大量网站转载，同时也被中央电视台采用。

升级：虚拟演播室 置身其中

虚拟演播室

是近年发展起来的一种独特的电视节目制作技术。它的实质是将计算机制作的虚拟三维场景与电视摄像机现场拍摄的人物活动图像进行数字化的实时合成，使人物与虚拟背景能够同步变化，从而实现两者天衣无缝的融合，以获得完美的合成画面。

不管是静态图片还是动态图片，对于观众来讲依然是第三者旁观的感受。为了增强直观的感觉，虚拟演播室技术的成熟给新闻播报带来了新的亮点。如果能将平实的信息用动画的图像展示，并且能让主持人置身其中进行说明，那么观众在理解新闻事实上将更容易。在 CNN 的报道中，就多次利用虚拟演播室介绍各方在调查马航失联航班过程中的各种结论。2014 年 3 月 18 日 CNN 的新闻报道中，主持人就在虚拟演播室里介绍了飞机为什么可以躲过雷达的监控（图 3—5）。

图 3—5 CNN 主持人在虚拟演播室中介绍飞机如何躲过雷达探测

这样的模拟手段“再现了新闻现场的信息，从根本上改变了现今电视新闻中空镜头多、重复镜头多、虚假扮演镜头多、准确叙事镜头少的被动格局”[①]。也有一些意见认为，动画画面作为一种艺术形式，可能会冲击新闻的真实性。这样的意见也值得编辑在制作动画时进行思考，在丰富信息内容和把握信息真实之间掌握好平衡。

① 罗以澄、黄雅堃：《论动漫在电视新闻传播中的叙事价值——以两岸三地的华语电视新闻节目为例》，载《现代传播》，2007 年第 3 期，第 75 页。

高级：实地试验 还原真相的尝试

如果说虚拟动画可能会导致报道真实性的偏差，那么 CNN 此次找到了一种更高级的办法：用飞行员训练的飞机模拟驾驶室来进行实地试验，以第一手的记者体验来进行报道。在 2014 年 3 月 15 日的报道中，CNN 记者马丁·萨维奇坐在一架租来的波音 777 飞机模拟驾驶舱内，将高度、位置甚至时间都设定成与马航 MH370 失联时一模一样，并模拟进行了关闭应答器、改变飞机航向等操作，生动地展示了波音 777 的一些工作原理（图 3—6）。

图 3—6 CNN 记者在波音 777 模拟驾驶舱内模拟失联飞机最后的飞行状态

CNN 模拟驾驶舱

运用这种高级手段进行报道，除了对前期记者的理解能力要求很高以外，还要求后期编辑对事件的来龙去脉、对进行实地试验的器材有详尽的了解。不然不仅在编写导语、制作标题时可能会出现文不对题的情况，还有可能因曲解试验的意思而导致最后编辑的内容有误。

在马航失联客机的报道中，专业性强是一个很大的特点。谁能够把事件原因的专业分析变成新闻报道里的生动语言，谁就能够更多地得到观众的青睐。

相比之下，中央电视台在新闻直播的过程中，主要依赖静态图片进行简单的介绍，主持人和专家只能配合着屏幕上这些静态画面读着干巴巴的数字，告诉观众复杂的地理位置、飞机调查的最新进展、搜索力量的最新布局；而 CNN 的报道充分运用了多媒体技术，对最新的数据、信息进行了图像化处理，这在不断发展的直播节目中，不仅有效地弥补了观众因为知识不够而导致的理解断层，而且生动的描述也为节目吸引了更多眼球。

不过，也有一些专业人士提醒，CNN 的做法虽然吸引人，但要警惕是否做得太过。美国新闻学会执行总监汤姆·罗森斯蒂尔说，“即使是很棒的新闻和很棒的神秘情节，也可能会报道过度。有一段时间，报道内容都进入了幻想的领域。”罗森斯蒂尔说自己并不只是在说 CNN，而是在总体地评论有线电视新闻报道。新闻本身的真实性依然是新闻的生命，所有的手段都只起到辅助作用，如果有的手段会损害新闻的真实性，那么宁可舍弃。①

电视后期编辑

即按要求、按脚本，以突出某主题内容为目的进行的剪辑制作、文字段落删减、增加删减片段、增加 LOGO、上字幕、配音、蒙太奇效果、专业调色处理、三维片头定制、制作花絮、视频各个格式转码、制作电子相册、FLASH 等，以及根据自主化要求进行的剪辑制作。

观点点睛：新闻评析提供媒体态度

在电视新闻直播中，如果能有口才、专业俱佳的专家坐镇的话，不仅可以让节目本身更有说服力，而且能够应对随时可能出现的最新突发情况。更重要的是，一个专家作为演播室嘉宾出现，将给纯粹的新闻消息播发提供新的角度和态度。在当今信息泛滥的大背景下，有观点的新闻是一大卖点。因此，全世界的电视台都将专家作为这次马航失联事件报道中的“标配”。

CNN 的 *Aderson Cooper 360*（下简称 *AC360*）和中央电视台的《环球视线》两档节目都是直播类的新闻节目。前者虽然关注美国国内外大事，但是国际事件才是每天节目内容的主角；后者则是纯粹的国际新闻报道节目。这两档节目在直播时都经常会邀请专家进行新闻评析。

① 参见《美媒：CNN 客机失联报道引争议 被指进入“幻想领域”》，载新华网，http://news.xinhuanet.com/world/2014-03/19/c_126287957.htm。

在马航客机失联的报道中，从前期策划到采访，再到写稿、组稿，都需要有专业人士来提供各方面的背景知识，从而制作出专业的报道。这些报道的内容，除了每天不断新增的消息以外，另一个很重要的内容是来自专家的分析和解释。更重要的是，专家的分析可能并不能得出与当时官方宣布的结论相一致的结果，专家的质疑也往往会成为新闻内容的一部分。而不同的专家意见，往往是区分各个媒体对事件的理解、态度的最大特点。

不过，不要以为主持人的问题都是随意抛出的，也不要以为专家的回答都是在那一瞬间让包括主持人在内的所有人耳目一新的。事实上，专家说什么、怎么说，在节目开始之前已经由后期策划和编辑与他们进行了充分的沟通。

专家答疑解惑 提供角度

解释当前发生的最新消息的意义，推测消息可能的成因，帮助观众消化最新的消息，是新闻直播中专家的主要作用。2014 年 3 月 24 日，在马来西亚总理宣布飞机终结于南印度洋的消息后，中央电视台《国际时讯》栏目的演播室内的军事评论员宋晓军就从这个结论是如何得出的开始解释：比如当时的搜索并没有找到飞机残骸、警方的调查也没有得出任何结论，这样的结论是完全依照以前从来没有用过的一种对卫星信号的计算方法得出的。由于这种方法太新，而且不依赖于任何实质性的发现，因此专家也只能点评到此。对于消息的可信度是否很高，专家不能给出肯定的答复。这样的表态，其实也已经暗含了当时的背景下媒体对这个信息的接受态度。

用专家的话语表达媒体态度

如果说上面的这个例子还只是暗含媒体态度，那么下面这个例子就比较明显地是在以专家的观点明确表达一种态度。

2014 年 3 月 10 日，马航客机失联的最新报道是失联飞机上确定有两人盗用他人护照登机。前一天在失联点附近海域搜救过程中发现的可疑油迹已被证明与失联飞机无关，飞机的最后去向依然成谜。

在 *AC360* 节目中，连线的第一位专家弗兰·汤森（Fran Townsend）是美国国家安全分析员、美国前总统布什的国土安全顾问。她在由短片引出的马来西亚机场对外国乘客护照核查的疏忽问题之后表达了震惊，话语中暗含对相关单位不严格管理的指责和批评；同时她也补充了美国在后续调查中可以起到的作用，暗含了美国将参与调查的意思。这样身份的专家以及这样的表态也可以看作是美国立场的表达。

如何选择直播中的专家

在成熟的电视媒体中，专家库的建立早就开始了。而何时联系专家、应该联系什么专家、让哪位专家说哪些话，基本都要遵循标准的流程。还是拿 2014 年 3 月 10 日 CNN 的

AC360 节目为例，在当天的节目中，除了邀请专业记者解释了背景信息以外，主持人还连线了 4 名专家，除了上文提到的弗兰·汤森，还有玛丽·丽夏沃（Mary Schiavo）。她是美国交通部前总调查员，负责从交通部门处理事故的经验出发来解释飞机搜索进展缓慢的原因，和发生此类飞机失联事件可能的原因。另外两位分别是切斯利·索伦伯格（Chesley Sullenberger）和吉姆·蒂蒙（Jim Tilmon），这两位都是资深的飞行员，尤其是前者，在 2009 年的一次飞行中，一只鸟飞到飞机引擎中引起飞机故障后，他凭借高超的技巧，成功地将飞机迫降在纽约哈德孙河上，飞机上的 155 人全部获救，创造了奇迹。从这些背景出发，这两位专家从飞行时可能出现的意外情况，以及飞行员会如何处理这些意外情况补充了背景信息、提供了专业看法，对了解飞机失联提供了视角。

在 CNN 其他的报道中，他们选择专家的标准更倾向于经验派：对新闻事件中类似的情况有经验，可以为观众提供除了解释以外更多的感受。但是这种做法的难度在于，在直播前要充分掌握最新信息的内容，准备时间长，通常不会在核心事件发生后就马上能够采用。

而在中央电视台的报道中，以 2014 年 3 月 24 日的节目为例，在马来西亚总理纳吉布的发布会结束后，进行评析的专家宋晓军虽然本身并没有处理类似情况的直接经验，但是他本身是船舶、军事等方面的专家，因此能够更好地应对无法准确预计的突发事件。

不过，就整体而言，中央电视台在对专家的运用上起步比较晚；在专家的选取上，选择的范围依然要窄很多。这一方面是因为行政导向和媒体的先天不足；另一方面，是因为对于专家细分的针对性还不强。虽然专家什么都能说，但是没有直接的经验，所以解释和分析不会特别细，更难提供很独家的角度。这样一来，专家应该发挥的态度作用没有得到体现，专家更多依然只是一个符号。

而在 CNN 的报道中，专家数量之多、选择范围之广，使得整个报道的权威性和多样性得到了很好的体现。而且在话题的切换中，主持人对现场的掌控能力更强，这些都能够使节目内容的丰富性得到更好的保证。

值得注意的是，新闻毕竟是以实时报道为依据的。提供专家的态度并且表达一些媒体的立场，都应该在一定的范围内，过于极端的角度也不适合出现在电视媒体上。

马航直播报道的借鉴意义

丹尼尔·戴扬和伊莱休·卡茨在 1992 年出版的《媒介事件：历史的现场直播》一书中提到了后来在传播研究学界影响巨大的“媒介事件”。在他们看来，媒介事件指的“是关于那些令国人乃至世人屏息驻足的电视直播的历史事件——主要是国家级的事件”[①]。现代传播技术及其传播理念发展到今天，媒介事件显然已经不是电视事件所能够概括的了，但是电视新闻直播依然是人们了解重大事件的主要途径。

马航事件的报道应该可以算是一个重大的媒介事件。此次电视对于马航失联客机的报道无疑是吸引人的。这不光是因为事件本身对于媒体关注度的推动，而且因为电

① 〔美〕丹尼尔·戴扬、伊莱休·卡茨著，麻争旗译:《媒介事件：历史的现场直播》，北京广播学院出版社 2000 年版，第 24 页。

思考题

1. 还有哪些突发事件的电视新闻直播给你留下过深刻印象？直播中用到了哪些编辑技巧？
2. 如果你是一个电视编辑，在发生突发事件的时候，会怎样安排工作的流程和顺序？
3. 马航事件的后续报道中，场景展示类的直播报道会很多。如果像地震救援这样具有丰富画面感的电视新闻直播，后方的编辑在做法上和马航直播有什么异同？
4. 在网络新闻挤占传统媒体生存空间愈演愈烈的情况下，电视直播对于突发事件报道要保持住自己的优势，有哪些方面需要改进和加强？

视利用其声画实时传播的优势，把最新的消息和解释、分析带给观众，对消息真伪的严格审查又使得整个报道更加有权威性。

从某种意义上来讲，对于观众来说，他们对事件的关注和媒体对事件的报道是相互支撑的关系、因为观众对失联客机极大的关注度，因此媒体才会有这么多的报道；反过来说，也正是因为有这么多的报道，才支撑起了观众对这一事件的持续关注。

但是我们也要意识到，从事件本身的属性来说，客机失联这样一个新闻事件和地震、山火、枪击等传统意义上的突发事件相比有很大差别。在传统的突发事件中，事件本身是以一个结论性的形式呈现在公众面前的，这就意味着，对事件的客观呈现是直播节目的主要内容。但是“在马航失联事件中，事件的真实性是以过程形式呈现的，而不是以一个结论性的形式呈现在公众面前”。这就意味着，这个报道本身是一个不断发现、甄别、提出、确认的过程。① 除了搜索的进展、警方的调查外，事件本身并不是一个结论，而是一个大家依然在猜测而且很可能在短时间内都无法得到答案的谜团。这当中有太多的不确定性，这种不确定性给电视直播带来了机会，让电视能够如此丰富地从各个角度，运用各种手段对事件进行挖掘和报道。

但是新闻的快速生产通常意味着会有更多的纰漏，而大量一哄而上的报道也预示着报道可能会有简单粗暴的倾向。此次马航直播报道中也存在这样的问题。

《纽约时报》批评说，许多电视台播报员都以“现在下结论还太早”为开头，接着就提出种种假设。《华盛顿邮报》指出，CNN 商业新闻主播奎斯特（Richard Quest）在节目上坚称一定是客机设备有问题，为此还和航空专家争论，最后专家无奈地说：“如果没有更多资料，随便说什么都有可能。”在事件发生一周后，半岛电视台英语节目主管本·雷纳（Ben Rayner）说，他已经决定不再重复报道此事，因为他会看 BBC 和 CNN 的报道，现在已经出现新闻真空，报道内容多是推测，而非最新消息。这从新闻本身的属性上来说，可以算是一种不专业。

除此之外，报道如此专业的国际事务时，对于中国媒体的要求更高。因为前期采访的语言并不是我们的母语，后期的策划和编辑尽管不用直接和信息源进行沟通，也依然需要具备一定基础的语言能力，不然就有可能出现纰漏，甚至出现影响很大的事故。在之前例举的 3 月 24 日马来西亚总理纳吉布宣布飞机最终终结于南太平洋时，他用的是动词“end”，后期翻译为终结。但新闻标题打出的是“飞机坠毁”。在当时同传翻译紧急的情况下可以理解，但从新闻真实性的角度出发，也从家属情绪的角度考量，出现这样的错误是不应该的。

① 参见刘扬：《从马航失联报道看媒体清晰“分工”》，载《中国新闻出版报》，2014-03-24。

Chapter 4
第四讲　是“记者”，也得是“编辑”：媒介融合趋势下的新闻编辑技巧

- “雪崩”成新媒体专题代名词
- 一次高超编辑技巧的集中体现
- 无限接近真相的报道范本
- 多媒体专题的自我救赎
- 成功可否复制
- 三快三慢
- 蕴含其中的高标准

主案例 2012年《纽约时报》“雪崩”专题

记者和编辑（editor）是不同的职业，但编辑技巧（editoring skill）无论对于记者或编辑而言，都是一项重要的能力。记者在组稿前就应当有“编辑意识”。这种意识体现在考虑如何将新闻诉诸受众、考虑稿件该怎样写作和编排、考虑平台更适合凸显哪个细节、预判稿件将产生何种影响等。在新媒体迅速发展和媒介融合成为趋势的今天，记者的编辑意识更加重要，因为稿件需要“量体裁衣”，才能利用好不同媒介平台的比较优势。一篇成功的多媒体报道必然蕴含了高超的编辑技巧。同一篇报道可能放在网站专题上能够成功，但放在纸媒上则无人问津；在电视上能大放异彩，但未必能在手机终端崭露头角。

2012年年底上线的《纽约时报》“雪崩”专题则是一个成功的多媒体专题样本，对后续的新媒体发展和媒介融合有多方面的启示，在行文中也体现出多种编辑技巧。此外，“雪崩”报道作为一个典型的灾难报道，还在“专业报道领域”呈现了一个“快慢结合”的趋势——在灾难报道中，传达信息要透明，基本信息传达要快；而心理重建、心理抚慰、探寻原因要冷静、要慢。这些做法不仅对后续的灾难报道大有裨益，更显示出象征着最高新闻专业水准的“纽约时报人”在采访写作、稿件编排中无意识地流露出的编辑技巧。

“雪崩”专题
获普利策奖

“雪崩”成新媒体专题代名词

2012年12月20日，《纽约时报》的“雪崩”专题在其网站免费上线。上线后一周内共有350万次点击量和290万访客。难得的是，这其中有接近三分之一的点击是首次访问纽约时报的网站。[①]《纽约时报》的执行主编吉尔·阿布拉姆森（Jill Abramson）甚至表示，“雪崩”已成了一个动词，各个版面的记者都渴望投入更多的时间来“雪崩”出精彩的深度报道。

可以说，这个多媒体报道的大获成功，给新媒体注入了一剂强心针——网站并不一定得是报纸的跟班，纯粹拷贝报纸内容，呈现二手新闻；报网融合也并不仅仅是添加图片、音视频或者网友评论……网站能做得更多，一切就看编辑和记者的“点睛之笔”——利用新媒体的内生性和嵌套性，用成熟精准的编辑手法制作、包装专题。

从新闻实务教育的角度来说，这个专题的成功有着“反刻板化”的教学意义。网站上的新闻通常被贴上“短平快”的标签，归类为“碎片化”，诉诸受众的感官刺激，被认为不适宜展现深度报道。但“雪崩”专题就是

① 参见李克：《〈雪崩〉：〈纽约时报〉的全新报道方式》，载《网络传播》，2013年第6期，第84页。

一个反例——这个耗时半年、调用报社十余名人力[①]的新闻报道，是一个有深度、详尽、细节化的报道样本。“雪崩”专题的成功恰是质和量的结合。从质上说，整个专题编辑意识强、制作精心、构图完美、故事情节性强、兼具多媒体帮助，画面感扑面而来；从量上说，专题报道字数过万，总共分成六个板块，一共采访近百人。质和量的双重保证，使得这杯“功夫茶”四处扬名。

从新闻实操培训的角度说，这个专题有着深度报道和灾难性报道两层借鉴意义。各个门户网站上的新闻专题应当更加积极地借鉴“雪崩”的成功，记者在平时的采访写作中也应当培养起自主编辑意识，加强新闻敏感性。这个专题并不是编辑要求做的“家庭作业”，而是记者在调查后主动提出的“额外作业”。2012 年 2 月，华盛顿州喀斯喀特山的“雪崩”新闻出现后，《纽约时报》首先刊发了相应短讯。当时报社内体育频道的记者约翰·布兰奇（John Branch）认为可以继续深挖，坚持做了这个线上的专题。[②]

记者布兰奇因为这个专题获得了 2013 年 3 月的普利策“新闻特写奖”（图 4—1）。颁奖词是：“为他的唤人感情的、详细叙述的“雪崩”新闻叫好。同时，他还利用了科学的角度，非常详尽地解释了原因。此外，这个专题还熟练使用了多媒体元素。”[③]

新闻敏感

又被称为新闻鼻，是新闻工作者迅速而准确地捕捉客观世界的变动信息，并衡量其新闻价值大小的职业反应能力；是新闻工作者在长期的新闻实践中将新闻职业意识内化而成的本能反应。

新闻特写（feature story）

是截取新闻事实的横断面，即抓住富有典型意义的某个空间和时间，通过一个片段、一个场面、一个镜头、对事件或人物、景物做出形象化报道的一种有现场感的生动活泼的新闻体裁。

图 4—1　哥伦比亚大学校长李·C·伯林格尔（Lee C. Bollinger）（左）给布兰奇（右）颁发普利策新闻奖

一次高超编辑技巧的集中体现

2012 年 2 月，华盛顿州的喀斯喀特山滑雪者被困雪崩的事件发生后，记者布兰奇联想到在美国居高不下的滑雪死亡率，产生了做一个深度报道的念头。半年后，这个“雪崩”的专题上线《纽约时报》网站[④]，被誉为一

① 参见马涛：《〈纽约时报〉雪崩专题的革新断想》，载《广告大观：媒介版》，2013 年第 7 期，第 94 页。

② 参见李克：《〈雪崩〉：〈纽约时报〉的全新报道方式》，载《网络传播》，2013 年第 6 期，第 84 页。

③ 见普利策新闻奖官方网站，http://www.pulitzer.org/awards/2013，2013 年 10 月 20 日查阅。

④ 见“雪崩”专题，http://www.nytimes.com/projects/2012/snow-fall/#/?part=tunnel-creek，2013 年 10 月 24 日查阅。

次“从天而降”的多媒体报道样式。

稍加解释或许更能明白布兰奇的想法。正如CBS王牌节目《60分钟》的华裔助理制片人凯蒂·刘（Kathy Liu）2013年12月10日在中国人民大学一场讲座中提到的——“记者是生活在群体里的，受读者、邻居、家庭、社区的多方面影响。他们会猜测、预判他们的受众对某一件事情的态度。在记者报道一件事情的时候，他们会下意识地把自己融入社会里，以一个社会人的角度看待一件事情。所以记者对一个事务的报道不能只是个人的想法，而是要首先充分考虑社会整体的看法。”这段话说的正是记者在新闻选材上的“编辑意识”。从新闻本身来说，一场雪崩之后，布兰奇作为一个体育记者本没有必要另费心思制作专题。但是，他看到这场事故背后的其他新闻要素——重要性，为什么美国雪崩事故多发；接近性，滑雪对美国人而言是常见运动；人情味，事故造成的伤亡和背后的故事等。

专题给人的第一印象是视觉震撼。如对比显示（见图4—2），左侧是《纽约时报》的网站上一篇传统报道里文字与多媒体分别排列的形式，多媒体使用内容包括图片、链接、视频等。右侧则是“雪崩”报道首页文字与多媒体混排的形式，超越了简单穿插，而是使用了完全嵌套、无缝联合的排版方式，使得读者的阅读兴趣从一开始就被提起。该专题对多媒体的使用内容在使用手法和使用数量上远超以往，包括信息源图片、引言、音视频（全屏循环播放积雪滚落山坡的视频）、GIF动态图片、雪崩路线图等，甚至遇难者之一的知名滑雪者吉姆·杰克（Jim Jack）的传记等元素都被巧妙地融合进去……这样的编辑使得故事的深度不仅仅是“雪崩”这一事件的发生，更是雪崩前后的16段人生，还有其他报道被报道影响到的受众的心理“雪崩”。

图4—2 《纽约时报》网站原有页面结构和“雪崩”专题的页面结构对比

该专题页面最前端是一个宽银幕电影般的GIF格式动态图片，展示被狂风吹拂的大雪。图片精美，映入眼帘之际即令人震撼（图4—3）。最下端横通网页的动态图片为读者还原事件发生时的地表与气象情况。该图是由图表、图片编辑利用 LIDAR 数据，艾奥瓦州立大学提供的数据，美国森林服务处、全美雪崩服务中心等机构提供的数据加上卫星照片合成制作出来的。图表、图片编辑也全程参与了专题制作，为专题的成功打下了基础。

图 4—3 “雪崩”专题页面震撼的 GIF 截图

无限接近真相的报道范本

从内容上说，这个故事的编排很符合“文似看山不喜平”这种跌宕起伏的阅读习惯。专题一共分为六个小故事，分别是——Tunnel Creek、To the Peak、Descent Begins、Blur of White、Discovery 以及 Word Spreads（隧道峡谷、勇攀顶峰、开始滑雪、白茫茫一片、探索幸存者、消息传出）。文章从一名专业滑雪者伊利斯·索格斯塔德（Elyse Saugstad）的故事开始说起，采用倒叙的方式，开门见山，直接陈述雪崩那一刻的骇人景象。幸存者索格斯塔德描述说，“雪崩比车祸更可怕，它不断吞没受害者，而且越滚越大，我确信我就要死在那里。”

但还好，雪随后停了下来，分散成几个冰茧。有多大呢？差不多有一个足球场那么大。可以想象，索格斯塔德形容自己被吓呆了。她背朝地面，头脚倒置，护目镜掉了，鼻饰整个被扯开，胸里感觉充满了冰。此时，她已经不能再动了，因为她的头被紧紧“锁”在冰里面。专题对细节的描述在惊险之中还夹杂着一些美感，这也是《纽约时报》文章的惯有特色。比如这一段文本描述：“但是她（索格斯塔德）能够看到天空，她的脸上还飘散着轻轻的雪花。她的手还在冰茧的外面，一只手还戴着自己的粉红色手套。”这一段描写很诗意，用了好几个比喻，比喻雪崩到底是什么情形：和撞车相比、和足球场的大小相比。同时，在描述中还不失一种冷静和诗意抽离的色彩。形象而细腻的描写，可以给受众带来一种深层的美感体验。

在倒叙之后，作者并没有急着揭示索格斯塔德的命运，而是转而介绍雪崩发生的地点 Tunnel Creek，介绍山谷里最高的山（Cascades Mountain）和其他的山峰（Cowboy Mountain），以及介绍山谷里的滑雪场地（Stevens Pass Ski Area）……这些背景介绍在一个短新闻里或许不必要，但在深度新闻特写里则很有必要，这些交代让受众理解了灾难的前因后果。因为背景介绍，我们才知道，在大峡谷里，每个冬天都要接待超过40万的游客——数据赋予故事以重要性和贴近性。滑雪就像中国的乒乓球或羽毛球运动一样，在美国非常盛行，参与人数很多。

随后作者介绍了与专题相关性更高的历史信息，比如曾在这里发生过的雪崩事故。1910年2月末，几天不停的冰雪困住了两列客运列车，96个人被活埋身亡。这其中，有一些尸体直到几个月后雪化了都没被发现。所以，在上山处明确写着“后果自负”（continue at your own risk）的指示牌。但随后这块区域仍因为空气清新、地形具挑战性、相对寂静等原因而成为滑雪胜地。而接下来的对比体现了记者在研究这一新闻时的历史视角和横向思考——在1980年之前，美国一个冬天发生超过10起雪崩事件都是不寻常的，但2011年一个冬天就发生了34起，葬送了20个滑雪者的生命，其中有不少是很熟悉地形的专业滑雪者。这样的数据对比，其实正是记者想做深度报道的原因，即探究为什么在知识和装备进步的基础上，雪崩灾难反而发生得愈加频繁。

《赫芬顿邮报》专题网站

《赫芬顿邮报》（*The Huffington Post*）专题网站是美国主要的新闻网站、聚合博客之一，于2005年创建，随后被视为公民新闻和“we media”时代的领军人物。网站有一些特色专题，比如2012年美国总统大选时即时，列出了各大洲的选举变动情况，随后还报道了2012年世界多国的领导人换届分析。

在后续的报道中，记者通过引用专家、救援人员的解释，以及科学制图等诸多元素，解释了这里发生雪崩的原因——从地形上来说，大峡谷里40到45度的斜角可以很好地储存雪，而且足够陡峭，使得雪能下坠；从天气方面来说，一定的温度、湿度、风力会使得雪崩比之前更易发生；从人为因素来说，作者通过制图、引用等方式表明雪崩并不仅仅出于自然原因，其他的个人原因比如人的重力、踩踏也是诱发雪崩发生的重要原因……这些原因的梳理是“实用性新闻”的典型体现，提示人们明了并避免这些原因的出现。

作者在讲述第一个参与者索格斯塔德的故事后，对剩下的参与者并没有采用一一介绍的单调方式，而是混杂起来，集中笔墨叙述这个团体里不同参与者——企业家、记者、编剧等——的身份和故事。其中，核心串联人物克里斯·鲁道夫（Chris Rudolph）是这个滑雪活动的组织者。通过这个核心人物，随后引发了对其他人物的介绍和描述。

在叙述中，作者经常引用其他雪崩幸存者和一线搜救人员的话，并附上音频，以求能够更好地激发受众的共鸣。比如，作者引用了西北大学气象学专家（Mark Moore）的话：“大部分自然原因产生的雪崩是不会杀人的，那些真正有危险的雪崩往往都是受害者自己引发的。每一个滑雪者都对斜坡有一个作用力，都会改变雪山的原有构造。”在这样的引语背景下，再阅读整个悲剧故事，就更有一种悲壮感；加上这个网页始终没有停止的大雪白茫茫飘零一片的动态GIF图片设计，读者的心理感受就更强了。

从故事的第三部分起，作者更多使用了介绍细节的话语，而在这之前作者一直采用描述细节而非概括细节的叙述方式。故事的高潮从“雪崩”

开始，因为人物关系的复杂，3D 制图开始用黑色小点和箭头标注出每位滑雪者在雪崩来临的那一刻身处的位置（图 4—4）。登山的 16 个人年龄跨度从 29 岁到 53 岁，再精细的叙述在面对众多的人数时都有可能混乱，所以在页面鼠标的右边随时能够点到“The Group”来回看16个人的图片。文中每提到一个故事主角，旁边就会出现一个人物介绍卡片，显示照片、姓名、年龄、职业等，让读者可以更好地了解此人（图 4—5）。

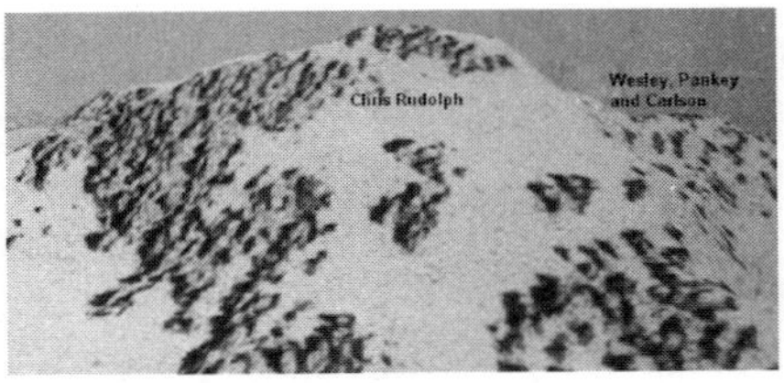

图 4—4　雪崩和人物的标记

图 4—5　每个人物出现时的人物名片和一句引言

《华盛顿邮报》联邦政府关闭专题

《华盛顿邮报》在 2013 年 10 月美国联邦政府关闭之后开设了专门网页，在当年 10 月 10 日、10 月 11 日两天采集了 2,317 份网友回应，绘制了一幅“联邦政府关门对你影响有多大”的图。图中显示，以纽约为代表的东部沿海城市和以洛杉矶为代表的西部沿海城市受到此次事件的影响最大，而中部城市受影响较小。

第五部分从搜救受害者开始，文章的基调比较柔和，更多地出现了心理描写。寻找三个死者约翰尼·布里南（Johnny Brenan）、鲁道夫和杰克时，对他们的死法和死状并没有过多细节性的煽情描写，避免了媚俗化的倾向，但故事依然跌宕起伏。比如，在第六部分向受害者家属传递雪崩消息的过程中，就面临着三人死亡的消息传递问题——因为不知道三者具体身份，这就带来了向哪几位家属传递坏消息的难题。从新闻价值来判断，这种生离死别的不确定消息，可以给人带来巨大的情感震撼。

一些医学鉴定死因的描述也简单直接。在描述杰克的死因时，作者几乎没有使用医学术语之外的字眼，但描述语本身就显得非常有力。“杰克的死因——硬膜下内出血、蛛网膜下内出血、动脉部分破裂、脖子断裂、脊椎断裂、胸骨断裂、肋骨断裂、肝脏撕裂、脾撕裂、胰腺撕裂、躯体不全、手足不全。”其实，无须多余的血腥的描述，光是这些简单的、似乎不带任何感情色彩的医学术语，就足够让人有直接的画面感。

而对于一篇近 2 万字的英语长篇报道来说，最后的总结一共不过 100 来字，可说是非常简洁。但在非常完备的铺垫和细节的描述之下，总结的部分虽短，却如同黄钟大吕，声远且长。作者是这样总结的：“这只是众多致命雪崩事故中的一件，似乎并不比其他事故更惹人注意。这也不是一起受害者最多的事故，不像一个世纪以前的那起，有 96 名受害者。但是这样的事故多年来都没有任何改变。故事的结尾就是这样一个不那么完备的葬礼包裹着受害者，走向将他们深深埋葬的白茫茫里。”

综合说来，这是一个无限接近真相的新闻报道范文，高超的编辑技巧是其闪光点之一，也是整个专题报道成功的基石。这主要体现在以下三个方面：

（1）记者敏感的新闻鼻和深度的报道内容。整个报道读来厚重，既有平民化的引语拉近心理距离，又有专业的引语加强厚重感和专业性，非常完善。论题本身有新闻性，但其实与篇幅并不成正比，这时候怎样“自圆其说”就很能体现记者的功力。记者在写作的时候时时心想受众，才能让受众读完报道后感觉到值得一读，而非感觉浪费了时间。能做到这一点，报道就成功了一半。

（2）采访人物和科学手段。记者采访了每一位幸存者、受害者的家属、现场搜救人员、山谷的公职人员和报道雪崩事故的专家，聆听了警察的调查报道、医学专家的鉴定，以及雪崩后幸存者拨出的 40 来个 911 求救电话……一篇新闻报道以一个定性研究的工作量去做，就从根源上极大地保证了整个报道的信度。

（3）专业化的页面编排和多媒体使用手段。要将文字与多媒体自然地融合在一起，绝不仅仅是把图和文拼接在一起，背后还包含着很多部门之间的联动。在什么样的位置嵌入什么多媒体素材，需要多方协调。难怪布兰奇自述：“写作是和多媒体制作同步进行的。”“雪崩”专题报道最终呈现了宏大的滑雪圣地 3D 版地图、知名滑雪者的第一手图片、幻灯片式的滑雪运动历史，以及知名滑雪者的视频访谈等，这些也将阅读故事的审美体验整体提高了。

《纽约时报》在“生死存亡”的时刻

根据皮尤调查中心（Pew Research）1985 年—2009 年美国公众对媒体准确公正性的评价调查，截止到 2009 年年末，只有 29% 的美国人认为新闻媒体客观如实地报道了新闻事实，这一数据创造了过去 20 年的新低；而高达 63% 的被访问者认为新闻报道专题网站中常常出现失实。

2010 年年末，美国知名时评博客《赫芬顿邮报》专题网站评选出过去 10 年美国传媒界的九大新闻事件，其中两件丑闻均与《纽约时报》有关：一是 2003 年《纽约时报》记者杰森·布莱尔的造假丑闻；二是伊拉克战争前美国媒体的失败报道，尤其是《纽约时报》最富争议的女记者朱迪思·米勒（Judith Miller）的报道。《纽约时报》这样的主流大报出现杰森·布莱尔这般公然造假的丑闻比较罕见，对其历史悠久的专业主义声誉造成了巨大的损失，值得深刻反省。于是在 2004 年后，《纽约时报》推出了一系列举措，旨在修补采编体制的漏洞和挽回在公众心中的形象。

举措之一是规范匿名信源的使用。朱迪思·米勒的伊拉克大规模杀伤性武器的报道因为过于依赖匿名高层来源和热衷于引用伊拉克流亡者的证言，因而受到严重质疑。文章见报后不久，赖斯、鲍威尔和拉姆斯菲尔德都将米勒的文章作为开战的部分依据。米勒还在后来的文章中坚称已在伊拉克找到大规模杀伤性武器。事后这些报道都被证实不属实。《纽约时报》因此下决心对新闻报道中的消息来源尤其是匿名信源的使用进行整顿。总编辑比尔·凯勒（Bill Keller）推出了一系列详细规定。首先，匿名信源的使用必须是为报道事关公共利益的重大新闻事件，同时没有其他消息来源时采用的不得已而为之的最后办法（last resort）。原则上不允许对猜测性质的消息源给予匿名处理；也不允许假借匿名之便，进行人身和党派攻击。其次，在使用匿名信源时，须尽量给出关于信源的背景信息，不允许使用“有消息称”、或“要求匿名的受访者称”这样简单的说法，而须进一步加以限定和说明，如“来自参议院的消息称”、“一位美国外交官称”。同时，记者必须尽可能地向读者提供受访者要求匿名的动机，如“出于自身安全的考虑”、“由于担心来自对方的报复”、“由于谈判双方都承诺对内容保密”等。当某篇报道使用匿名信源后，记者有必要采用分散消息来源的方式为读者提供多角度信息，同时要求信源间彼此相互独立，以免造成回声效应（echo chamber effect）。

2007 年，哥伦比亚大学的理查德 · C · 瓦尔德（Richard C. Wald）教授和他的学生进行了这一政策推行三年后的效果研究。研究结果显示，自 2004 年《纽约时报》对匿名消息来源新规定实施以来，涉及匿名消息源的报道数量下降了 50%。头版中匿名来源的报道几乎绝迹。但研究同时指出，在所有匿名来源报道中，仍有 1/3 涉及来自华盛顿的政治新闻和政府消息，这与长期以来美国的政治文化氛围相关。

第二个自杰森 · 布莱尔丑闻后的重大举措就是，《纽约时报》终于作出设立公共编辑（public editor）的决定，这一举措向读者传递了这样一个信息，即《纽约时报》不怕家丑外扬，不怕别人对自己的报道“说三道四”、“指手画脚”。总编辑比尔 · 凯勒邀请资深媒体人、当时退休在家写书的丹尼尔 · 欧克伦（Daniel Okrent）担任这一职务，依据是欧克伦有丰富的新闻从业经验、对新闻标准有独立判断，但并没有在《纽约时报》工作过，不存在潜在利益冲突的问题。

公共编辑的职责是代表读者，传达或回应读者对报道的批评，针对近期报道内容的文字、专业主义规范问题发表自己的看法。欧克伦在谈到对自己的定位时认为，“公共编辑不是批判式的或者让人害怕的，也不是为了需要而说正面的话，而是思维清晰，思想独立，可能还要无所畏惧”。在报社内部，公共编辑是独立职位，不属于管理层，也不属于编辑记者之列。公共编辑拥有完全的写作自由，完成写作并交给文字编辑校对后就直接交付印刷见报了，无须经任何人的内容审查。欧克伦的任期为一年半，在他之后，拜伦 · 卡拉梅（Byron Calame）、克拉克 · 霍伊特（Clark Hoyt）、亚瑟 · S · 布里斯班（Arthur S. Brisbane）先后历任这一职位。

对于公共编辑机制的设立，业界和学界一直有不同意见。批评者认为公共编辑的选择由报社内部决定，本身就有利益冲突嫌疑；与其说这是报纸主动接受公众监督的一个良性机制，莫不如说是一个报纸形象的公关项目。但不管怎样，设立公共编辑是《纽约时报》的一大进步，历任者尽职尽责，批评起来丝毫不留情面。

（文 / 周逵，原载于中国记协网，有删节，标题为编者所加）

多媒体专题的自我救赎

现在看来，大部分网站都还紧紧依托报纸或者杂志等纸质内容的出版和声誉，并未走出一条真正属于自己的路，这主要是因为网站自身的独立编辑意识比较弱。《纽约时报》网站的这次“雪崩”专题，是基于技术的角度，同时充分依托了纽约时报社优秀的专业素质，创造出了一个其他新媒体没有的深度报道。这主要体现在两个方面。

第一，专题运用了新媒体特有的图文一体、音视频等嵌套技术，依托了报纸原有的深

“媒介融合”（Media Convergence）

其本意是指各种媒介呈现出多功能、一体化的趋势。这种关于媒介融合的想象更多集中于将电视、报刊等传统媒介融合在一起。这一概念最早由美国马萨诸塞州立理工大学的浦尔教授提出。

度报道方式和专业化报道方式，真正做到了新旧媒体的融合，蕴含高度的编辑意识。

在这个读图时代，对于清晰大图的追求在主流大报上是少见的。一些彩色印刷的杂志或许有可能满足读者日益苛刻的读图标准。此外，传统媒体也不能直接展现音视频内容。当然，传统报业也在积极做着新探索，比如，“动态报纸”可以实现用手机扫一扫报纸上的二维码，就能链接到相应网站上的图片或者音视频，但是，这只是实现了传统媒体和新媒体的粗浅结合，并没有深层利用到两种媒体之间各自的强大之处。

媒介即信息，在信息传播的过程中，形式和内容统一起来，作为整体传达一定的信息。电视之所以与报纸不一样，并非在于其将报纸上的内容转述一遍，而在于其独特的制作、表现形式，创意化的音视频联合，可以拓展人们获取信息的方式，改变人们的习惯。同理，互联网之所以成为互联网，也不能仅限于把好的纸质出版作品原封不动地放在网站上。真正的创新应该是，明确一种媒体的独特之处，并基于其特点扩散开来，用精准而成熟的编辑技巧创造最能贴合其特点的新闻专题，从而改变人们的思维方式。

“雪崩”专题就不仅仅是简单地将文字、图片、视频拼凑在一起，而是充分融汇了文字、图片、视频、动漫和交互式图形等新媒体形式。“雪崩”专题故事比较复杂，涉及 16 名滑雪成员，如果只是在报纸上刊登，非常容易看到后面就忘了前面。但是新媒体解决了这个问题——每出现一名新成员，相应的段落边就会出现这名成员的面部特写，部分还提供音频和视频，可以说将“个人性”真正附加到了新闻之上。故事的背景和流程也比较复杂，如果单纯用文字、图片展现，理解起来并不简单，但是通过动画、流程图，就可以将每个情节流畅连接，整个故事也得以娓娓道来。在雪崩发生的过程中，一个个标着各个人名的移动的黑点可以清楚地展示每名成员在雪崩到来的那一瞬间是如何移动的，幸存者是如何侥幸逃过雪崩的，而遇难者又是怎样没能躲过天降之灾的。

《纽约时报》的高质量报道也在这个专题中延续了下来。报道一共采访了近百名采访对象，逻辑清晰，而且故事跌宕，引发共鸣。更重要的是，新媒体使用的图片、音频、视频的水准也相当高，制图恰到好处，并非为了用图而放图，而是巧妙穿插。在构图、设计环节也颇为精良，既不会让受众觉得在文图之间跳来跳去，又不觉得过多文字使人疲惫。这样水到渠成的嵌套感不得不归功于基于人最佳阅读体验的研究和精心的设计排版。

该专题后续关于报网融合的探索也值得称道。在线上专题获得成功之后，传统的报纸随即出了 5 版报道，并很快推出了以文字为主的电子书，之后在《纽约时报》的周末版还推出了一个特别报道。这组报道既创新了新闻报道的形式，用现代化的技术引起了年轻读者的关注，也为报纸赢得了声誉和读者，成为传统媒体利用新媒体强化报道的范例。

“雪崩”专题大获成功之后，中国不少媒体也刊发评论予以肯定。比如，《人民日报》注意到了这次成功的媒介融合案例，撰文评论传统媒体进军新媒体不是简单的长话短说、老话新说，而是要利用新的技术手段创新报道的内容和形式，利用新的思维拓展新闻写作的内涵和外延，不仅是内容之新、形式之新，更是观念之新。①

第二，“雪崩”专题的成功印证了互联网的创新内核是一种新型的叙事方式，是一种类似于 iPad 阅读的潮流。哪一个网站能更好地贴合这个潮流，就必将获得更多的浏览。

美国科技博客 GigaOM 的主编奥姆·马利克（Om Malik）在自己创办的博客上发表文章称，《纽约时报》“开创了一种新的商业模式，重新定义了新闻报道”。在马利克看来，“雪崩”专题是真正采用了“后平板电脑时代”叙事手法的先驱性报道之一。②

在互联网时代，受众不再仅仅是“后仰式”阅读的体验者，即打开电视躺在沙发上被动地接收信息；更多的情况下是“前倾式”阅读的参与者：点击鼠标、浏览网页、自发主动地选择他们想要接收的信息。从这个意义上来说，排除随机选择的因素，一个网页的设计是否方便读者阅读（user-friendly）是很重要的。

不少传统的报纸网站在新闻设计上目前还比较呆板，其实做好报纸网站的细节可能小到一篇新闻报道用多大的字体、一张新闻图片压缩到多大、一个新闻网站怎样配色等等。所以“雪崩”专题是一个“前倾式”阅读时代的全新的叙事方式典范——它既没有牺牲报纸原本的专业性，又让报道充分与读者交互，焕发活力。就算不看新闻内容，单从编排设计上看，专题就极富美感，是一次难得的审美体验。在新媒体时代，编辑记者作为把关人（gatekeeper），一项重要的工作就是筛掉自己都不愿意看的报道。如果一个新闻专题连自己都无法吸引，又怎么吸引挑剔的潜在读者呢？从这个意义上来说，记者具备一定的编辑意识也非常重要。

“互动中国”创意设计素材网站

成功可否复制

“雪崩”专题成功之后，不少人质疑其成功是否可以复制，这其实是所有多媒体专题面临的一致疑问。“雪崩”专题耗时六个月，对外声称耗资 25 万美元。基于其高成本，有人分析这种精致的数字化媒体表达方式更加适用于纪录片而非新闻，因为这样长时间的制作过程损害了新闻最基本的即时性与新鲜性特征。而且以通用标准（网页点击率的千分之一为广

① 参见吕洪：《媒介融合之后》，载《人民日报》，2013-05-30。
② 参见 http://365jia.cn/news/2013-05-17/BD5650E30D4D9B6A.html，2013 年 10 月 21 日查阅。

告的点击率，且每次广告带来 10 美元收入）计算，整个“雪崩”专题报道仍旧是赔钱的。其实，这不是《纽约时报》网站做出的第一次尝试了。从 2010 年的“维基解密报道”到“沃尔玛海外行贿案系列调查”，从“寻找追风人”（hurricane chaser）到 2012 年 10 月的“加州农业问题”专栏，这个老牌报业很有创新精神，已多次尝试类似多媒体专题。

还有业内人士质疑“雪崩”专题的成功只是一时的新鲜劲儿。比如，上海交通大学的魏武挥认为，如果下一次以海啸做一个相似的专题，肯定不能复制这次的成功，交互式的呈现方式虽然能够一时激发受众的好奇与好感，但如果一直重复，很容易让受众产生审美疲劳，毕竟“新闻是一种内容为王的文体，再花哨的形式也无法替代优质的内容本身”①。

能否复制成功要从多种角度分析，比如选择与之对比的对象。如果将多媒体专题与报纸报道相比，那么多媒体专题显然会受到更多读者的欢迎；但是，如果将多媒体专题与一个纪录片相比较，那么可能更多受众会选择纪录片。但这里面也蕴藏着新的商机，比如,《纽约时报》已经把“雪崩”专题报道转制成电子书，一本卖 2.99 美元。这种转制基于原有报道内容，所以成本几乎为零。而且,《纽约时报》的网站发展不是一种“零和式”的发展，并不代表选择了文本就排除了纪录片形式，选择了新鲜的呈现形式就牺牲了内容，也不代表未来的专题都要走和“雪崩”专题完全一致的发展路线。重要的是结合每一个选题的内容，选择最切合、最能描述清楚的新闻样式，最终呈现出一个吸引人、交互式的报道。

《经济学人》的交互性图表

对报道的“交互性”是否会产生“审美疲劳”的负面作用，业界仍有争论。在理想状态下，每一篇报道都能和每一个独特的个体受众“交互”，这是最难到达的效果，且不会令受众产生审美疲劳。真正会让人们疲劳的是一种没有把关人、毫无编辑技巧可言、千篇一律的山寨呈现模式。如果未来出现 1,000 个完全一样的“雪崩”专题，那结果一定是失败。但是，理想的推广效果是根据受众的需要，出现 1,000 个能像“雪崩”专题一样有良好到达效果的专题，完美贴合每一个受众当下的需求。

所以要想让“雪崩”来得更猛烈一些，国内的网站和官方报纸需要做的是：首先，培养既善于把握内容又擅长数据统计的新型“制片人”，培养专业素质过硬又能玩转多媒体叙事的新型记者，打造不同于以纸质报刊为中心的旧制度的编辑创意体系。② 也就是说，应充分重视编辑意识，在网站和报社中培养对新媒体敏感且具有编辑意识的编辑和记者。

以这几年火起来的制图为例，现在，几乎各个大型报纸都有自己的制图师，一些央媒还有专门的制图工作室。比较有特色的如《新京报》的制图，常见于配套的新闻报道上，且契合度比较好，有时候整版全是制图；

① 转引自张祯希:《业内人士:〈纽约时报〉数字化专题报道“雪崩”难复制》，载《文汇报》，2013-05-21。
② 参见 http://365jia.cn/news/2013-05-17/BD5650E30D4D9B6A.html，2013 年 10 月 21 日查阅。

严肃正统的《人民日报》也经常在一些版面特别是数据比较多的时候，用制图的形式来帮助读者理解。在制图逐渐变成主流的今天，各大报纸竞争的焦点逐渐集中在图是否能制好、是否贴合内容等方面。数据化的图表能够做到先声夺人，而情感化的新闻图片能帮助情感共振、调适等。所以，未来传统媒体的“制片人”仍然是个重要的角色。

其次，新媒体也给记者带来了更多的要求，包括走在多媒体的最前头，积极探索相应的发展方式。有趣的是，中国的一些老记者曾抱怨：“不懂微信，都不知道怎么跟人竞争。”比如，在参加相关会议时，其他新闻单位的年轻记者用“扫一扫”等方式迅速掌握了背景信息、用微博传图发送第一手新鲜资讯，的确让技术落后者感觉相形见绌。这里要注意的是，在技术反哺的同时，也别忘了相应的经验反哺。编辑技巧在于摸准受众需求，这需要一定的经验积累。新闻业是一个永远在跟新、专业、客观、深度等多个维度追求平衡的整体。记者自身的专业素质和新媒体技术的同时打磨，才能让他们更好地适应潮流。

最后，编辑创意体系也要从根本上得到变革。在一些专业门槛较低的领域，应当放手让受众交互、创造内容，用新闻里的“长尾效应”吸引小范围的兴趣群体；而在一些专业门槛相对较高的领域，可以适当引导，加强受众的自我创造力。比如，新浪网的“美食频道”[①]就没有专门撰写内容的编辑、记者，只有自己上传内容的美食博主，博文根据点击量排名，栏目编辑只要做一些日常维护、网站管理即可。内容制作放手给受众，这对编辑技巧而言是新的挑战，要求编辑能够适时对受众加以引导、创造话题和编排整理。

但是，“雪崩”专题的成功也有其不可复制的地方——比如，不同读者对想象力、注意力分配的不同，致使有些读者认为华丽的注脚和完美的阐释让人分心，有些读者可能更喜欢单纯的文本阅读，这些都是基于个人偏好的不同。新媒体改变的只是受众群体，并没有改变“内容为王”这一新闻报道的基本规律，至少目前还没有。但是，不可以轻视用户的体验和需求。正如中国人民大学新闻学院教授彭兰认为的，“内容为王”是否成立，不是媒体自己说了算的，是由用户来评判的。[②]

有趣的是，在“雪崩”专题成功之后，中国的《解放日报》随即推出了类似的“战友”专题。如果和其他中国网站专题对比，“战友”专题做得很成功；但和“雪崩”专题相比，依旧有不小的差距（图 4—6）。

图 4—6 《解放日报》推出的多媒体“战友”专题

① 参见 http://eat.sina.com.cn/，2013 年 10 月 24 日查阅。
② 参见 http://intl.ce.cn/sjjj/qy/201308/03/t20130803_24630861.shtml，2013 年 10 月 24 日查阅。

“战友”专题是为了纪念上海解放64周年特别推出的一群当年参与解放上海战争的人民解放军老兵寻找生死兄弟的特稿，由解放日报报业集团数字传播中心打造。[①] 封面用“岂曰无衣，与子同袍。一群白发老兵的新集结号”高度概括整个主题，全文分为“与妻书、胡团长、奇遇记、致青春、英名墙”五个板块，封面和封底穿插类似冲锋枪、战火连天的背景音乐营造环境。在采访对象出现时，也在右侧同时出现简短的视频。在描述战役的同时，用红色箭头标明某一支队伍的行进路线、作战方案等，在封底滚动播出解放上海大事记等。

“战友”专题并没有大获成功的主要原因有：（1）准备仍然不够完整。“战友”的意义虽得到进一步深化，但是作者囿于时间和资金的限制停留在表层；（2）多媒体的编辑意识不强。在使用多媒体的同时有一些漏洞，比如自动播放的背景材料无法人工进行调节和二度查看，给读者的阅读带来不便；（3）资料缺乏。基于“战友”这个专题本身的限制，一些图片和影像资料的缺失使得整个视觉呈现不够震撼，图片和文字都不够精美。但可以预见，中国未来会出现类似的“雪崩”，以及向交互性的多媒体报道方向做的其他尝试。

三快三慢

如果说“雪崩”专题的成功仅在于优秀的内容和形式上的编辑技巧，就等于忽视了它在更深意义上自然流露出的更高超的编辑水平。这个专题带给我们的最大启发是，在灾难面前，报道如何做到更深、更广、更细致。从心理学的角度上说，人在面临天灾人祸时，对新闻的需求会增加，会迫切想知道其他人怎样在这样的情境下生活、与灾难相处（cope with this situation）。从客观角度来说，在灾难面前，人们对新闻的需求量自然会提高。因此，在报道灾难新闻时，需要唤起受众的心理认同（identity）和通感（empathy）。如果受众能最大限度地“感同身受”到灾难，那么报道产生的后续的认知和行为上的影响就水到渠成了——这是对灾难报道的质的需求。

自然灾难是指来自自然界的、人类不可抗拒的力量或因非人为因素而导致的重大事故或自然灾害。因为灾难事件的突发性、破坏性、不确定性和冲击性等特点，使得自然灾害的新闻价值较高。[②] 步入21世纪后，地震、泥石流、海啸愈加频发。在灾难面前，在更深层次的编辑意识指导下，要求报道应该聚焦于心理层面，具备人文关怀，而不应局限于新闻本身的内容和展现形式。“雪崩”专题的成功就在于它既能在第一眼征服读者，也能经得起慢慢审视。在这其中，体现出了“三快三慢”的趋势。

1. 新闻报道上要做到“快传达、慢报道”

目前，学界也逐渐从业界的报道中汲取经验。现在形成的基本共识是，在灾难报道中不仅要对事实本身进行报道，更应该主动探求灾难发生的原因和避免灾难的方法，以及灾

① 参见 http://zt.jfdaily.com/2007/other/zy/，2013年10月23日查阅。

② 参见郑亚楠：《放开自然灾难报道后媒介权力的实现》，载《现代传播》，2010年第12期，第48页。

难带给人们的思考。这种人文关怀并非抽象的人道主义和空洞的泛爱精神，更不是眼泪和同情，而是对灾难受害者及其家属的尊重。①

从这个角度来说，“雪崩”专题的后续报道也比较符合人文关怀的客观要求。如果在事件发生之后立即采访，幸存者难免情绪起伏比较大，再次采访可能造成二度伤害。但是，如果是在事后半年之内进行采访，不仅幸存者、受害者家属等各方采访对象的情绪已比较稳定，而且事件对他们的影响也能够逐渐显现。正如“雪崩”专题中一名采访对象所说的：“这次事件之后，我感觉我已经死了，剩下的生活是一个活死人在过。”灾难事件的影响会随着时间的推移产生不同的变化，而这样的变化本身就具有极大的新闻价值。

从救援者的角度来说，事件刚刚发生之际，一定处于手忙脚乱的过程中。这时候记者如果长时期采访，可能会占用原本就紧缺的救援资源，可能犯下“采访影响救援”的错误。但是，如果在事件发生一段时间之后再采访，给救援者一些反省的时间，也许能得到更加有力、有意义的引言。所以，从这个角度来看，灾难性新闻的报道并不在于有多快，而在于有多深，在于其从多大的角度上影响了每一个人。

“慢下来”的诉求并不代表不需要“快新闻”。在灾难刚刚发生的时候，无论是身陷险境的受难者，还是在灾难之外的公众，最需要了解的是关于受灾程度及其救助的最新信息。这个时候一旦沟通不畅或者信息不透明，就会引发公众恐慌的情绪，甚至导致对政府的怀疑、埋怨和不信任感。因此，“快新闻”是一种对公众知情权的基本理解和尊重，总体来说，就是要做到慢和快的有机辩证结合。快——在于对一些基本信息（比如第一时间知道伤亡人数、灾难有无影响和蔓延趋势等）应当尽快传达；慢——在于后续的追踪，以及时间对事件的持续影响。

2. 新闻学上要做到心理安慰上的“快”和心理重建上的“慢”

20 世纪 50 年代中期，心理学界开始对心理危机和心理干预进行系统研究，心理学认为，当出现重大事件或生活发生急剧变化并使个体感到难以解决时，个体正常的生活受到干扰，内心的紧张不断积蓄，继而出现无所适从甚至思维和行为的紊乱，进入一种失衡状态，这就是危机状态。②

自然灾害发生时，不仅仅是受害者想要知道更多的信息，处在安全地带的人们也想知道诸如“多少人死亡、多少人受伤、是否蔓延”等基本信息。此时所有人都处于一种轻度的心理危机状态，媒体应当积极地进行心理抚慰。在地震之后，很多人会主动打开电视，查看是否有插播的紧急新闻等，就是要寻求“心理安慰”。媒体的抚慰相对于专业的心理抚慰来说可能不够有力，但是因为其面向大众而非个人，所以其公开性让人有一种“群体作战”的归属感，在心理安慰上的作用不容小觑。

心理重建是针对特定受害者为主要群体的漫长性心理损伤的修复过程。媒体展现故事这一行为本身就带有正能量，相当于告诉受访者“仍有人关注你们的故事”，也给其他人

① 参见叶丹：《浅析灾难报道中的人文关怀》，载《新闻世界》，2010 年第 1 期，第 66—67 页。

② 参见〔美〕B.E. 吉利兰、R.K. 詹姆斯著，肖水源等译：《危机干预策略》，北京：中国轻工业出版社 2000 年版，第 141 页。

一定的心理预期和心理预警。以“雪崩”专题为例，在漫长的采访过程中给受害者、幸存者及其家属的暗示就是，我们认为你们的故事是有价值的，我们希望你们能渡过这个难关——这些积极的心理暗示会帮助他们进行心理重建。而且，借由媒体还传递给受众这样的信息——在滑雪过程中要注意安全，在灾难预警和告知阶段率先给受众打了预防针。

3. 在新闻报道方针上要做到“快评述”和“慢思考”

新闻描述要真实客观，采访过程或许不长，但如果想要从科学的角度系统、客观、深入地挖掘一个现象的原因，则需要相对较长的研究和思考。

比如，在对“雪崩”的发生原因上，就出现了不同的声音，有人认为这是自然因素引发的，有人认为人为的重力等因素才是关键，这也引发了对其他如地震、海啸等自然灾害是人为还是自然因素造成的讨论，这样的讨论其实正是问题的核心。要想做到预防类似事故的发生，只有通过类似的反复讨论和科学论证，才能得出最终的结论。

比如，究竟是“人定胜天”还是“生态中心主义”？王中教授在20世纪50年代曾提出“灾害不是新闻，抗灾救灾才是新闻”，这种观念和灾难报道后常出现的类似“夺取抗灾的最后胜利”等语言有一定关系，在一定程度上体现了人类中心主义倾向。①但是在“雪崩”报道中，从编辑选登的图片到用语上，可以明显看到西方媒体在自然灾难报道中更倾向于生态主导意识和对大自然的敬畏。不管是哪一种观点，在灾害报道上如果想做出深度，就不会是一篇很快的报道。

蕴含其中的高标准

有学者在回顾2008年汶川地震的报道时，整理出了新闻报道的几个误区，包括灾难报道恐怖化（比如各类报道特别是电视报道中出现倒塌的房屋、扭曲的公路、鲜血淋漓的伤员等刺激性画面，甚至是残肢断臂等惨不忍睹的镜头），灾难报道媚俗化（竭力展现灾难奇闻与图景、刻意寻找救灾人员或者救灾领导的悲悯情怀），灾难报道娱乐化（比较典型的如《成都商报》描述一头在地震里“减肥”至不到100斤的猪），灾难报道商业化（在集中搞灾情报道时穿插广告），灾难报道随意化（某些媒体充当了灾区里谣言的传播者和放大者）。②

一条一条对照后可以看出，《纽约时报》的高标准在这次的“雪崩”专题上显露无遗。这个长达万字的专题报道，几乎没有上述缺点。《纽约时报》的编辑和记者肯定不是对照着可能的误区一一提醒自己不能犯错，而是一贯以来的高标准在这个报道里得到了体现。比如，这个报道不恐怖化（如前文所述，不过分描述死者的具体死亡惨状，见图4—7，哪怕是拍摄受害者的家属，也倾向于使用冷静的面孔而非不自然状态下的悲戚面孔）；报

---

① 参见蒋晓丽、王亿本：《灾难报道热传播的冷思考——从多维视角拓展》，载《西南民族大学学报：人文社会科学版》，2012年第5期，第163—167页。

② 参见苏虹：《“灾难报道”背后的灾难——对“5·12汶川大地震”灾难报道的一些反思》，载《新闻大学》，2008年第5期，第20—23页。

道不媚俗（没有过分夸大任何参与方的效用）；报道不娱乐（是一个非常严肃、科学的专题报道）；不商业化（没有应景地穿插运动品牌的广告等）；不随意（对于每一条引言、每一个事实都有人和数据支持，没有谣言）。这样专业化的报道避免了很多后续的问题，比如过分的细节渲染、过分煽情的图片等。

Anne Hessburg at the house she shared with Chris Rudolph in Leavenworth, Wash. Ruth Fremson/The New York Times

Tiffany Abraham at the house she shared with Jim Jack in Leavenworth, Wash. Jack's camper is in the background. Ruth Fremson/The New York Times

图 4—7 “雪崩”专题中的受害人家属照片，面孔平静

思考题

1. 从新闻实务的角度来说，中国的一些报社采取“采编合一”，另一些则采取“采编分离”，你对这两种体制了解多少？分析一下两者的利弊。
2. 阅读完本章内容，你对“记者即编辑”这句话有没有新的理解？能否举例说明记者日常工作中哪些地方体现了编辑技巧的重要性？
3. 请阅读几大中英文门户网站对“索契冬奥会”的专题报道，比较各自体现的编辑方针，并学习各大网站的编辑技巧。

Chapter 5
第五讲　融合编辑的“互动”本质：从一组政治话题的视觉化编辑说开去

- 注意力时代的视觉化趋势
- 联合新闻网与台湾政治新闻
- 新闻标题也能视觉化编辑?
- 融合编辑的基本元素：图片呈现
- 图示动画编辑的视觉趣味性
- 视频编辑应当原生态呈现
- 文字编辑的视觉化呈现方式
- 政治新闻为什么强调视觉化
- 媒介融合与互动编辑
- 新闻编辑互动形式的发展
- 融合新闻编辑的互动形式
- 行为影响式互动
- 融合编辑互动的展望

主案例 联合新闻网 2012“台湾地区领导人选举”报道

联合新闻网对于“领导候选人”的相关新闻从 5 月起就陆续跟进，2011 年 11 月正式将所有新闻整合，建立“台湾地区领导人选举”专题，随着“台湾地区领导人选举”的进展不断更新图片、视频、文字，页面设计简约、朴实、亲民。联合新闻网整个“台湾地区领导人选举”专题页面的设置简约小巧，基本上用鼠标滚轮拖动 2 至 3 次就能浏览完整个页面。整个页面的颜色选择清新适度，除了网站本身的红灰配，内容部分的颜色选择了台湾两大政营的颜色——蓝（国民党）、绿（民进党）作为主要色调。栏目设置自上而下只有“选战聚光灯”、“候选人政策大围观”、“选战影音新闻”、“领导候选人一览”等 6 个专栏，简约明了。同时在台湾地区领导人选举的主要信息发布栏目“选战聚光灯中”中又设置了 13 个针对不同大选议题的小专题，比如针对候选人蔡英文的“小英抛联合政府”、针对两岸的“两岸关系如何走”等。整个网页设计追求生活化、都市性的亲民观感。互联网时代，把严肃的热门政治新闻进行视觉化的包装和编辑，目的是什么呢？难道只是为了吸引眼球？还是另有“图谋”？新媒体的技术特性使得原本具有单向传播特点的编辑工作不得不面临一个新的问题，即怎样才能引起新闻生产者和读者之间的互动呢？这是新媒体所带来的双向甚至多向传播的技术特性所引发的必然趋势。一切为了互动——这就是互联网时代融合编辑的本质与目的。

2012 台湾地区领导人选举

注意力时代的视觉化趋势

这是一个视觉传播的时代。报纸、杂志等平面媒体中图片数量激增，图片选择日趋专业化，电视、电影也越来越注重视觉冲击力，更不用说网络中的图片、视频等图像内容带来的感官刺激。新闻报道视觉化呈现不仅存在于传统的媒体中，因媒介融合诞生的融合编辑视觉化呈现的趋势也越来越明显，媒介融合逐渐成为大众传媒未来的主流选择。明确提出“媒介融合”这个概念的，是美国马萨诸塞州理工大学的浦尔教授，他认为“媒介融合”就是各种媒介呈现出多功能一体化的趋势，就是报纸、广播、电视等传统媒介的融合。[①] 美国西北大学教授戈登则拓宽了这一定义，他认

视觉化
（visulation）
又称可视化模拟或可视化仿真，是指对于特定系统的可视化与计算机模拟同时进行的一种混合过程。视觉化采用的都是交互式可视化技术。

① 参见孟建、赵元珂:《媒介融合：黏聚并造就新型的媒介化社会——兼论电影电视在媒介化社会发展中的地位和作用》，载《国际新闻界》，2006 年第 7 期。

为目前存在五种形式的媒介融合，即所有权融合、策略性融合、结构性融合、信息采集融合及新闻表达融合。[①]

与此同时，媒介融合的急速发展也使得新闻内容本身开启了融合编辑之路，即融合编辑模式开始出现。有着 15 年新闻工作经验的澳大利亚教授斯蒂芬·奎恩（Stephen Quinn）在他出版的著作《融合编辑导论》和《融合编辑：多媒体报道基础》中就提出，融合编辑（convergence journalism）是指利用多媒体手段进行新闻传播活动，通过不同传播介质包括报纸、电台、电视台、网站等的配合对信息进行分类加工，最终呈现在受众面前的作品形态。融合编辑不只是多种媒介报道形式的组合堆砌，更基于互联网的核心报道平台，根据新闻内容的时间和空间特点，以最适宜的媒介手段，融合使用多种技术形态的报道形式。简言之，“融合编辑是使用最合适的媒体来做新闻和报道”[②]。

融合编辑利用多媒体技术将文字、声音、图片、图像和 Flash 集于一体，因此在视觉传达上将更加丰富多样、形象生动。[③] 比如娱乐新闻就积极追逐图片、视频等视觉化感官刺激，除此之外，民生新闻、体育新闻也都特别重视新闻报道的视觉化呈现，而政治新闻的视觉化呈现较少。但随着融合编辑的迅速发展、受众对新闻视觉化的呈现越来越依赖，政治新闻也逐渐借鉴这种视觉表达模式。视觉化报道既有整合整个纸媒、电视、广播、手机、网站等多个传播渠道的呈现，也有基于一个终端平台的呈现，比如网站。这一讲，以联合新闻网对“台湾大选”专题的报道为例，通过对 2011 年 11 月 13 日到 2012 年 1 月 13 日新闻报道文字、图片、图示、视频等几方面的分析，重点探讨台湾政治新闻融合编辑呈现怎样的视觉表达以及为什么会趋向政治新闻视觉化的呈现。

联合新闻网与台湾政治新闻

联合新闻网于 1999 年成立，隶属于台湾四大报系之一的联合报系。2002 年，联合线上股份有限公司成立，网站开始完全脱离母公司独立运营。联合新闻网特别重视网络媒体的互动功能，上线的每则报道都提供新闻论坛、新闻评选功能，开启阅读的受众可以参与新闻传播的回馈机制，其后还会公开发布发烧新闻等反应阅读者浏览行为的讯息，以作为平衡编辑室观点的导览策略。联合新闻网的终极目标是期望“建构一个优质的华人公民媒体”。目前联合新闻网的浏览量稳居全台前三，融合编辑的制作也处于领先水平。

台湾政治是华人政治世界中表现行为和形式最为明显与激烈的地区。在全民政治的台湾，政治新闻的报道怎一个趣字了得。任何政治新闻事件，特别是政治人物言论、生活隐私、“对外”政策都会在媒体无孔不入式的追踪报道中被放大、扩散，并伴有其他关联性人物和事件的发酵。纵观台湾政治新闻报道的内容和模式，不难发现新闻的呈现少了严肃

① 参见蔡雯：《从“超级记者”到“超级团队”——西方媒体“融合编辑”的实践和理论》，载《中国记者》，2007 年第 1 期。

② 〔澳〕Stephen Quinn、〔美〕Cincent F. Filank 著，任锦鸾译：《媒介融合：跨媒体的写作和制作》，北京：人民邮电出版社 2009 年版，第 4 页。

③ 参见徐晓敏：《融合编辑：中国新闻传播业的新转型》，载《新闻窗》，2007 年第 3 期。

性、多了娱乐性，少了说教性、多了互动性，少了播报感、多了现场感。媒体对政治新闻的报道受限较少，政治新闻的报道可以说是“随时随地、随心所欲”。融合编辑模式下的台湾政治报道在保留了传统的报道特征外，还追逐报道的视觉化呈现。

新闻标题也能视觉化编辑?

走进《纽约时报》互动新闻报道部

新闻标题的好坏直接决定了受众的阅读兴趣。政治新闻因其严肃性在新闻标题的选择上往往受限颇多。传统媒体的政治新闻标题以陈述句模式为主，极少富有情感或者带有劲爆字眼。有学者认为时政新闻标题的视觉化，是指通过简练的标题文字让人产生图像联想、增强可读性、突出新闻、画龙点睛。[1] 融合编辑时代的新闻标题撰写在传统新闻标题的特征上有视觉化的趋势，即关键信息齐全的同时配以主观性或者劲爆的字眼。联合新闻网在“大选”新闻标题上的视觉化包括三个模式，一是描述性新闻标题、二是劲爆的标题字眼、三是评论性标题。前两者占整个专题新闻报道的主要部分。

（1）描述性新闻标题。如“蔡英文台南升旗，国歌，第 4 句开始唱”、“马英九南北造势 热情粉丝：我投你”等，标题对当下场景的表述、勾勒的图景，增强了受众的联想性，也增强了时政新闻标题的可读性和易读性。

（2）劲爆的标题字眼。这种劲爆主要包括数字和强烈的感性词汇，如“台商总动员 30 万人回台投票”、“ 腰痛！酷酷嫂下楼 暂停 5 秒”等。“30 万”、“酷酷嫂”等关键数字和特别词汇对于受众的吸引不可谓不大。特别是后者，“酷酷嫂”实为马英九夫人，因长时间拜票导致腰疼在上楼梯时停顿休息，这也成为媒体争相报道的新闻。

（3）评论性标题。如“冷眼集 / 阁揆如鸡肋 绿执政 8 年频频换”、“观察站站 / 政治路线不同 怎组联合政府”，这里的标题带有明显的评论意味，受众从标题上就能看出文章的主题大意。

英国学者赫伯特·斯宾塞指出：“无论作者的才智多么出众，无论他提供的信息多么重要，也无论印刷工人的技术多么高明，印出来没人读的东西，就只不过是一堆废纸和一摊油墨。要衡量印刷品的价值，只有看它被阅读了多少，而不是印了多少。”[2] 新闻标题无疑成为吸引受众的第一道绝技。这就要求标题不仅要用几个短小精悍的关键词把内容表现出来，接近读者，更要在瞬间吸引读者的视线。视觉化正是使标题易读的一种方式。视觉化时政新闻标题注重“炼字”，能简洁生动地表现主题。

新闻标题

是在新闻正文内容前面，对新闻内容加以概括或评价的简短文字，其字号大于正文，作用是划分、组织、揭示、评价新闻内容、吸引读者阅读。按不同的分类标准可以分为不同的种类，包括主题、引题、副题、插题、提要题、边题、尾题、栏目题和通栏题等 9 种。

① 参见田瑾、夏俊:《试论时政新闻标题的视觉化》，载《新闻记者》，2007 年第 11 期。

② 转引自达里尔·莫恩:《报纸编排设计》，艾奥瓦州立大学出版社 1989 年版，第 53 页。

融合编辑的基本元素：图片呈现

德国哲学家海德格尔曾提出“世界图像时代”的概念。他认为，世界图像时代就是指“世界被把握为图像了”。从 2003 年开始,《南方都市报》、《东方早报》等先后成立了专门从事视觉信息研究和传播的视觉中心，强调视觉信息和视觉设计在报纸版面和融合编辑中的突出地位。视觉传播中重要的信息载体——图片成为着重关注点。一张好的新闻图片不仅能包含新闻所要表达的内容，更重要的是还能表达拍摄者的情感诉求。

相比报纸等传统媒体，网站的图片信息容量大、传播速度快，但也存在杂乱、画质不清等问题。网络世界一方面集纳了绝对数量的图片，一方面也给图片的选择搭配提出了挑战。视觉传播要求必须用大量活泼生动的图片来记录或表现新闻，用图片来形象地演绎、解释、说明。就联合新闻网此次“大选报道”来看，这一方面仍存在三个问题：

（1）图片少而简单。联合新闻网由于整体设计为简约风格，图片的选择并非大鸣大放式，整个大专题只有“选战聚光灯”有新闻图片，没有专门的图片集。图片来源多为联合报社摄影，且缺少现场感的图片。

（2）单个人物图片为主。所有子专题的图片和新闻报道图片均以人物为主，如 2012 年 1 月 13 日，主页面只配有一张陈水扁个人图片和马英九、蔡英文头像各一张。“选战聚光灯”13 个子专题每个也只配了一幅图，且均为单个人物图。比如“小英抛联合政府”这一子专题的图片为蔡英文半身个人像，且整个子专题的图片数量只有六张。

跨媒体报道的五个技巧

（3）图片无视觉冲击力。相对于大陆的新闻网站，联合新闻网整体上对于图片不论从数量还是质量上，要求都不高。图片只是作为文字的简单搭配，没有具有视觉冲击力的图片或图片集。观察联合新闻网“台湾大选”的图片选择，忽略了图片传播的重要性，对于选举这类现场感极强的活动来说，图片的数量本应更多、更全。

图示动画编辑的视觉趣味性

面对台湾年轻投票族的不断增多，以及政治人物积极呈现“活力青春面貌”的心态，台湾政治人物形象表达也越来越“卡通”。许多政治人物都有自己的卡通公仔形象，卡通公仔也常常作为政治人物在大众媒介新闻报道中的形象呈现，这是台湾政治和政治新闻传播的一大特色。这种特色也被运用到融合编辑的人物呈现和数据类新闻的报道中。图示动画是联合新闻网视觉传播的一大特色，这些图示动画与传统的新闻摄影大相径庭。主要包括候选人 Q 仔形象、候选人政策 PK 示意图（通过候选人拔河的动画示意图）、吸引受众参与的以候选人为主角的小游戏三大部分。这些图示动画的选择都满足两个条件，一是主题先行，二是创造性的形象设计。

（1）卡通式的形象呈现。台湾政治新闻越来越远离严肃性和直接的宣传感。政治人物的形象塑造告别了威权时代的高高在上，转向公民社会的亲民与个性化；同时政治新闻报道形态则趋于年轻化、娱乐化。

（2）数据的动态图示呈现。联合新闻网的数据呈现也别出心裁。比如对三位候选人的民调数据不是以简单的静态图示呈现，而是以动态的下坠模式一一跳出，给页面增添了动态感，也较能吸引受众眼球。

视频编辑应当原生态呈现

视频作为视觉传播的另一重要内容，有着集图片和文字双重叠加的传播效果，甚至超出双重叠加产生的效果。联合新闻网的视频选择充分考虑了受众的不同需求，既有严肃的政论分析，也有平民化的普通民众大选感受。视频的呈现主要以“主持人播报 + 记者采访 + 专家访谈”的模式进行，每个环节都在 10 分钟以上，其中《选战影音》是 40 分钟的固定视频节目。

联合新闻网的“台湾大选”政治新闻视觉呈现以候选人实地活动为主要内容，报道候选人的近期动作、语言等等，强调候选人原生态的语音画面。针对台湾民众的报道则是以个人感受为主，主要采访基层民众，由民众直述对大选的看法和感受。同时，每个视频左侧均有内容简介，且更注重与受众的互动，充分利用社交媒体，给出视频网络链接，方便网民进行转载。

Planet Money 利用互动手段解释全球经济

报道全球的经济问题听起来像是一个复杂的任务，但是美国全国公共广播电台（NPR）的节目 *Planet Money* 却显得并非如此。

“很多人都认为‘全球经济’特别的复杂。我并不能理解这样的看法，”经济学家、*Planet Money Makes a T-shirt* 节目的顾问皮厄特拉・里奥利（*Pietra Rivoli*）说道。这个节目带领读者体验制作 T 恤的每一个步骤。“但是如果你关注这个非常简单的产品，你可以通过本节目更好地了解它。”

Planet Money 介绍了那些种植棉花、纺线以及裁剪缝制布料的人。节目深入一线，从孟加拉国和哥伦比亚的 T 恤工厂到美国的运输港口，深入介绍每个角色的生活和故事，引导观众关注相关的贸易、关税和劳工问题。

节目通过一系列方式，包括音频、视频、文本、图标和插图表达主题。

“问题是如何让人们观看一段视频、阅读一些文字、再看另一段视频，”项目执行制作人布莱恩・博伊尔（Brian Boyer）在 PBS Mediashift 的一篇采访中说道，“你如何在给人们足够的选择的同时，让他们寻找到关键点而不至于迷失方向？”

从一开始，该节目的故事模式就植根于读者的参与和互动。*Planet Money* 在众筹网站 Kickstarter 上发起了一个活动，为项目寻求资金支持。通过承诺 25 美元或以上的捐助，捐献者将收到 *Planet Money* 的 T 恤，并成为节目故事的一部分。最终共有两万名观众捐赠了超过 59 万美元的资金，10 倍于节目组预计的筹款金额。

Planet Money 节目的编辑亚历克斯·布卢姆伯格（Alex Blumberg）解释了“10,000 Words”推广活动成功的三个因素是：不懈的关注（*Planet Money* 的 Podcast 有 20 万关注者）；建立读者与主播之间亲密联系的音频媒介；节目所提供的产品或“奖励”。

强大的资金支持让 *Planet Money* 与 NPR 的多媒体和新闻 APP 团队合作，完成了重要的报道和制作。博伊尔一直将视频视为在线新闻的核心，将文字和图标作为报道的重要补充。

他告诉 PBS Mediashift:“我们将所有可被利用的媒介用到极致。让我们用那些真正与故事有联系的视频讲故事，不要将文字填鸭式地嵌入视频，要使用真正能推动报道的图表。”

尽管该片具有不同的元素，“叙事过程仍然是线性的，”波恩特数字媒体研究员萨姆·柯克兰（Sam Kirkland）写道，“读者绝对不会遇到粗放式的选择，比如是否继续阅读或停下来观看文字中的视频。互动纪录片的结构有目的地限制了用户选择的数量，但仍给了读者对节奏的把握机会。视频没有设置成自动播放，但是被很自然地放置在每一个篇章的开头，允许读者从视频移动到文字 / 图形，或再回到视频。”

“尽管视频的时长可多达 6 分半，但是考虑到网页的长度，基本上只有 60% 的视频被完全播放。”布卢姆伯格告诉波恩特。

“对那些想说‘网络视频不能超过 2 分 30 秒的人来说’，我想说他们是错的，”布卢姆伯格说，“好的内容一定会产生好的效果。”

那些当初资助报道的读者也在帮助节目进行营销。该项目联络了它在柯克兰的捐献者，邀请他们分享自己穿着 *Planet Money* T 恤的照片。通过使用社交媒体，读者在 Twitter 和 Instagram 上分享自己的图片，这也成为报道的一部分。

“我认为这肯定提高了我们产品的知名度，”博伊尔说，“我们拥有一个内部的营销团队，我们也拥有一群对推广产品有兴趣的人。”

［杰西卡·维斯（Jessica Weiss），国际记者网］

《纽约时报》视频节目在当地电视台开播

文字编辑的视觉化呈现方式

融合编辑的视觉传播不仅涉及新闻图片、图示、视频等内容，文字的视觉化呈现也越来越显著。文字的视觉化，是指用生动形象的语言来描绘新闻内容，营造出一种视觉感强的氛围。对于新闻网站来说，还可以通过对文字字体、颜色等的运用来表达。曾经有实验利用视觉跟踪器在对读者的阅报调查中发现这样一个事实：读者最常浏览的是标题；长的稿件读者一般都不会读完；长的稿件往往引起读者的逆反心理，较难接受；读者一般不会把版面上所有的稿件都读完。这些结果说明，给读者的越多，实际效果越差；给读者的越少、越精，相反越能取得好的效果。联合新闻网的文字主要来源于联合报系，加以编辑后同时配以自己的信息整合，且具有以下特点：

（1）文章短小通俗易懂。联合新闻网选取的文章以短篇为主。比如“小英抛联合政府”小专题中的29篇报道篇幅均在1,000字以内，短的报道只有600余字，符合网民的速读习惯。每篇文章没有晦涩难懂的内容，基本是描述性的文字和候选人或者相关人物话语的白话引用。

（2）抓住一个新闻点。联合新闻网每篇报道的选择都只基于一个新闻点，“超级助选员吸睛”小专题共有66篇文章，主要报道候选人家属或相关人如何帮助候选人拉票。每篇报道的新闻点基本上只有一个，比如“周美青拜票频捶腰 民众心疼”、“李远哲又站出来 挺蔡挺宇昌”。前者集中在周美青腰疼这件事，后者集中在李远哲挺蔡、挺宇昌这件事，两篇报道均只围绕一个新闻点。

政治新闻为什么强调视觉化

为什么以联合新闻网为代表的台湾政治新闻如此强调视觉化报道，且在融合编辑背景下愈演愈烈呢？

首先，这与台湾社会的整个政治经济生态发展息息相关。台湾1987年社会政治制度的转型，必然推进台湾的新闻传媒市场格局重构、传播方式发生根本性转变。“当局”对新闻事业的限制有所放宽，解除了报禁，报刊、电台、电视台等大众传媒发展迅速，新闻报道限制逐步减少，报道阻力不断减弱。2006年无国界记者组织发布的全球新闻自由指数指出，台湾地区的新闻自由超越了美国和日本，普遍享有多元的新闻。[①] 2008年无国界记者组织发布的“2008年世界新闻自由指标”中，亚洲区中国台湾地区排名第二，仅次于日本。20多年来，台湾政治新闻的报道模式从集权主义理论转向自由主义理论和社会责任理论并行，新闻报道在强调客观中立的同时强调大众化和民生性。想提供给受众通俗易懂的呈现方式，视觉化无疑是最优选择之一。

其次，是媒体竞争激烈。一方面新闻报道环境宽松，台湾政治新闻报道尺度较大；另一方面又受限于台湾本土媒体激烈的竞争。在3.6万平方公里、受众仅2,300万的台湾岛上，目前有20多家电视台、200多家广播电台、100多家报社及各类刊物。为了获得市场、

① 参见中国国情咨询网：《台湾新闻自由超美日》，http://www.chinaelections.org/newsinfo.asp? newsid = 97893。

拉住受众，各路媒体八仙过海，各显神通，严肃的政治新闻逐渐被娱乐化、视觉化，政治人物的言谈和政治事件的爆出往往能成为媒体狂欢。

最后，是由于传播技术的发展，特别是以互联网为基础的新媒体的发展。就以新闻生产的过程而言，因为得益于互联网的发展，使得这种融合编辑最后可以在一个终端平台上展现，受众可以在网络世界中获得集文字、图片、视频、音频等各种传播载体为一体的立体式享受。互联网技术的发展带来的还有受众阅读方式和阅读习惯的改变，越来越多的受众对于新闻报道视觉化呈现青睐有加，追求图片、视频，甚至文字的视觉化。

联合新闻网的融合编辑模式已经明朗清晰，即通过符合受众阅读习惯的页面设计、以个性化的信息整合形式、通过短小简单的文字和现场视频、动态的图示演绎，配以少量的新闻图片完成对“台湾大选”这一政治活动的报道呈现。这一呈现方式集中凸显了联合新闻网在媒介融合时代追逐新闻报道视觉化的特点。可以预见的是，未来融合编辑的模式将会进一步被拓展，通过对各种传播载体的有效整合的融合编辑模式已经成为未来新闻报道的主攻方向。而随着受众越来越倾向于追求视觉感观刺激，即使是严肃的政治新闻报道也希冀于视觉化呈现，但融合编辑时代的新闻视觉化呈现依旧必须注意曾经传统的大众媒介追逐视觉化带来的负面效应。

众包互动地图显示伊拉克的记者袭击问题

媒介融合与互动编辑

随着信息技术的进一步发展，媒介形态变得更加多元，各个媒体单打独斗的局面也被突破，实现了在同一平台的融合。在同一终端上可以将报纸、电视等传统媒体和以网络、手机为代表的新媒体结合起来，各种媒体取长补短，形成了一种跨越地域的实时型媒体。文字、图形、图像、动画、网页、声音和视频等多种媒体资源共享，通过广播、电视、音像、电影、出版、报纸、杂志、网站等不同媒介形态集中处理，再由融合的广电网络、电信网络以及互联网进行传播，最终通过新终端实现用户的融合接收。这样媒介融合的现实基础，是融合编辑产生的背景。

融合编辑

是基于互联网的核心报道平台，根据新闻内容的时间和空间特点，以最适宜的媒介手段，融合使用多种技术形态的报道形式。

融合编辑，是基于互联网的核心报道平台，根据新闻内容的时间和空间特点，以最适宜的媒介手段，融合使用多种技术形态的报道形式。① 它的目标是，利用不同媒介的优势最有效地报道新闻。国内有学者认为，融合编辑具有全时性、开放性、互动性这三大特征。② 网络新闻编辑在全时性方面还无法与广播电视拉开差距，在深度报道方面难以与纸质媒体相抗衡，而互动性，正是网络新闻最突出的竞争优势。

① 参见龚瀛琦、张志安:《融合编辑的特征及生产机制》，载《新闻界》，2011 年第 3 期，第 11—14 页。
② 同上。

互动（interactive）有广义和狭义之分，广义互动指社会互动，狭义互动特指媒介传播过程中的互动。媒体的互动性或曰交互性主要分三个层次：一是控制内容的“交互性”，二是作为反馈的“交互性”，三是新旧媒体的“交互性”比较。[①] 媒体中的新闻互动是指在新闻传播过程中传受双方依靠现代的技术对新闻中的信息或其他要素进行的沟通和反馈。[②] 网络媒体的出现，为新闻互动提供了更加广阔和有效的平台，让新闻互动打破了时间、空间的限制。有学者说，19 世纪是新闻的世纪，20 世纪是评论的世纪，21 世纪是参与和互动的世纪。[③] 可见，互动是互联网时代新闻发展，特别是融合编辑发展趋向的核心。

互 动

有广义和狭义之分，广义互动指社会互动，狭义互动特指媒介传播过程中的互动。

新闻编辑互动形式的发展

1. 单向、非实时——传统媒体的互动

互动并不是新媒体独有的，而是随着媒体的进化而不断发展着的，从单向线性传播，走向双向、更深层次的互动。传统媒体采用的是一种单向线性传播方式，即受众是被动地接受信息，即使有互动，也是滞后于新闻的传播。如报纸、杂志的“读者来信”栏目，这样的互动得到的反馈非常有限，并经过“把关人”的多重编辑，本质上仍旧是为刊物服务的，这种互动方式属于媒体互动的第一阶段。电视、广播的出现，产生了以现场电话连线、短信平台实时滚动为代表的部分实时新闻互动模式。短信平台的效用，在《超级女声》等真人秀节目中达到了顶峰。除此之外，群众提供新闻线索，电视栏目在解决问题中产生新闻，这样的新闻互动也已出现，如广东南方电视台的《今日一线》、江苏卫视的《南京零距离》，这种模式是媒体互动的第二阶段。

2. 双向、实时——网络媒体的互动

网络媒体的出现，为新闻互动提供了有效的平台，新闻互动实现了在时空上的突破。一方面传统媒体利用网络进行互动，如在电视台节目中增加网友参与，东方卫视在《幸福魔方》节目中加入“网友九宫格”，网友通过网络发表自己的看法，给出自己认为合理的建议，不仅扩大了受众的参与层次，同时也使节目形态更加多样化。另一方面，全媒体终端的出现，如移动终端手机、iPad，更进一步打破时空的界限。在时间上，可以实现文字、图像、视频的随时发布。尤其是在新闻发生的第一时间，任

① 参见黄楚新主编：《媒介融合背景下的新闻报道》，浙江大学出版社 2010 年版，第 141 页。
② 参见范叶妮：《全媒体的新闻互动模式探析》，载《新闻爱好者》，2011 年第 21 期，第 12—13 页。
③ 参见高波：《政府传播论——社会核心信息体系与改革开放新路径》，中国传媒大学出版社 2008 年版，第 255 页。

何信息都能共享到新闻的平台上。同时，受众可以随时点播感兴趣、想看的文字或视频新闻。在空间上，受众可以通过这些终端平台，与新闻的制作者实现新闻栏目的异地实时互动，第一时间实现跨区域的新闻传播。

《大西洋月刊》向读者公开新闻编辑室

作为读者，你觉得新闻编辑部应该增加互动性吗?

美国媒体《大西洋月刊》(*The Atlantic*)向读者开放其新闻编辑室。和以往与读者讨论当天的新闻议程不同,《大西洋月刊》的记者和编辑将与读者分享所有的新闻制作过程。

在这个名为"开放通讯社"(Open Wire)的项目中，读者将被邀请就当天的新闻提交评论。例如，读者可以就国际货币基金组织（IMF）前主席卡恩的丑闻和在西班牙进行的连续抗议活动等提供报道角度的建议。

"同很多网站的在线新闻一样，大西洋在线的内容大多是在聊天室中通过简洁的语言编辑完成的，"编辑加布里埃尔·斯奈德（Gabriel Snyder）说，"编辑和记者每天花费大量时间构思新闻想法，交换资源，并让所有人同步了解当天所发生的新闻。然后，我们有了一个想法：为什么不让这个过程公开化，让所有感兴趣的人都能参与讨论?"普通读者也可以通过这个方式仔细阅读编辑和记者之间的对话，了解哪些新闻值得报道、哪些新闻欠缺价值。

这个办法是从读者身上获得更多有价值内容的一次尝试——无论是用户提交新闻还是在线纠错系统。这将是一个有趣的想法，因为读者现在不仅仅是新闻内容的消费者，他们也成了新闻故事的提供者。

[尼克尔·马蒂内利（Nicole Martinelli)，国际记者网]

融合新闻编辑的互动形式

融合编辑是基于互联网的核心报道平台，包括文字、图片、视频、动画等多种呈现形式，又不只是多种媒介形式的组合堆砌。现在基于互联网的新闻分为两大类，一是传统媒体的电子版本、网站，二是商业网站的新闻频道。其中融合编辑报道按报道整合形式可以分为粘贴集纳式的新闻编辑和整合重构式的新闻编辑。①

1. 粘贴集纳式的新闻编辑

网站把来自各处的传统媒体信息，按照一定的分类集中在一起，在网站的主题下，显示标题链接，打开链接后出现的则是原媒体的内容。粘贴集纳式的新闻编辑报道存在两个问题。一是各个网站同质化现象严重，各大网站特色不明显；二是这样的海量新闻，受众

① 参见黄楚新主编:《媒介融合背景下的新闻报道》，浙江大学出版社2010年版，第141页。

只能通过标题进行海量选择性阅读，在每个新闻停留的时间紧缩，易形成浅阅读的习惯。

2. 整合重构式的新闻编辑

这种编辑方式则是将某一主题下众多单篇报道的内容进行重构、分层，发挥网络特长，把文字、声音、视频等符号系统集合于一身，甚至利用计算机和网络技术形成优质的三维画面。这样就将传统媒体的信息加以整合、重构，并在一定程度上实现各种信息形态的相互转化，从而使报道效果最大化。这种整合重构式的新闻编辑常以网络小专题的形式出现。如澳大利亚公共广播电视 SBS（Special Broadcasting Service）网站的 Multimedia 频道就将资讯通过专题的方式整合成多个小专题。在一些比较重要的报道中，网站越来越多地采用这样的形式来提升报道的吸引力。

新闻游戏应用的互动效果：激发年轻人参与选举

一个国家如何让本国年龄在 18 至 19 岁的年轻选民参与投票？南非《星期日时报》的一个团队认为他们有一个解决方案。在南非，只有一小部分符合资格的年轻人注册投票。

这款"约会游戏"应用旨在通过帮助寻找符合个人兴趣的政党，鼓励南非青年人参与投票。该款名为"Party Match"（政党匹配）的应用在上周获得了撒哈拉以南地区第一届"编辑实验室骇客松"大奖。

《星期日时报》团队在由南非最大数字媒体出版商"24.com"主持的长达 48 小时的头脑风暴后，设计了这款应用。该活动由非洲媒体倡议（AMI）、全球编辑网络（GEN）和谷歌组织。有 14 支由 3 人组成的团队——每队包括一名记者、一名设计师和一名开发者——都来自于南非主要的新闻机构。

"Party Match"的团队成员洛尼•普林斯罗（Loni Prinsloo，记者）、菲奥娜•克里施（Fiona Krisch，设计师）和卡拉•戈尔茨坦（Carla Goldstein，开发者）获得了约 2,000 美元的现金大奖，并参加了在西班牙巴塞罗那举行的 GEN 峰会和全球数据新闻奖的颁奖仪式。在那里，他们的团队与来自 18 个国家的"编辑实验室"比赛获奖者在"全球新闻骇客松"进行了角逐。

"Party Match"展示了新闻游戏和幽默在建立围绕'诸如政治等无聊话题'的读者参与度时所具有的本地潜力，"评审委员会成员和 AMI 首席数据策略家贾斯汀•阿伦斯坦（Justin Arensteins）说，"'Party Match'的创意执行也超过了其他 13 支队伍。"阿伦斯坦也是 GEN 的全球数据新闻奖评审。

该应用的原型专为平板电脑设计，随后将推出智能手机和桌面设备版本。新闻媒体可以通过应用收集的数据来帮助跟踪用户的民意趋势。

"我们团队的成员从未一起合作过，也未曾参加过骇客松，甚至没有人从事新闻应用的研发工作，"克里施称，"我们刚开始很畏惧，但后来决定采用简单的方式。我们将注意力集中到一个问题上：如何让南非萎靡的年轻人参与政治？如何让他们考虑每个政党的政策，这将如何影响他们的生活？”

“City Press”获得了第二名，他们在“Code for Africa”的帮助下设计了一个跨媒体应用程序，旨在帮助南非每天平均3,600名强奸受害者。这款名为“Life Coach”的应用尝试引导强奸受害者通过法律程序指控施暴者，并将受害者与周围的辅导员和支持网络联系起来。

（国际记者网）

另外，越来越多的网站将粘贴集纳式、整合重构式的新闻编辑方式结合起来，各取所长。

1. 意见发表式互动

互动最原始的目的，就是让受众参与并表达自己的意见。融合编辑中比较简易的意见发表式互动是在报道、专题的下侧设置留言区板块，例如腾讯网“温州动车追尾脱轨”网页最下端的网友留言区。当网民读了新闻并发表留言，就开始了新闻互动行为。网友的发帖安排在热帖后面，更能激起网友表达的欲望。这样的设计虽然给网友发言提供了方便，但如果能在网友的发言后面安排一些评价性信息，选择几条缩编在一侧，则会丰富互动的内容，同时也能刺激更多的网友浏览页面后发言。

除了留言板，还有投票、网上调查等比较浅层次的意见发表式互动，这种互动表面上看是传者与受者的双向互动，实际上还是传者对受者的意见收集。即使有网友间的相互留言、评论，亦由于网络匿名、新闻时效等因素的存在，而变成单次的、短暂的互动。

2. 分享式互动

分享式的互动，是基于社交网络的产生而形成的互动模式。在融合编辑的网络页面中，常常能看到在视频或报道的顶端有分享的小标识。如外国SNS阐释中国家庭教育理念的专题报道“龙的孩子”，七个层层递进的页面精简了信息，每个部分又都保留着分享至SNS中文论坛、Facebook、Twitter等社交媒体的按钮。同样，国内网站，如腾讯网的“温州动车事件”，也有“微博关注”、“分享至QQ空间”、“转播到腾讯微博”等分享式的互动。

社交网络是人类社会关系的网络延伸，人们可以将现实生活中的人际关系搬至网络。这意味着人们与新闻报道的互动可以通过“转发”等分享模式，把自己的观点发送到微博、人人网等社交网络的个人界面，与相互关注的好友分享、即时交流并引起新一轮的讨论和分享。这种互动比单纯的意见表达更能得到回应，会形成回环多线性的意见交流。

除了SNS社交网络，还可以通过即时聊天工具、线上聊天室、讨论区、论坛来对新闻进行沟通和交流。这种新闻互动最大的特点是完全的实时性，即刻就可以呈现、表达自己的意见。平台相对开放和自由，中间没有把关人。只要拥有电脑和网络，就可以拥有发言权，甚至拥有发布新闻的权利。单向被动传播时，信息的一般走势是递减的；而双向互动传播时，信息的走势则是递增的。每一个读取信息的人都可能成为下一个信息的提供者，而每一个信息提供者又都可以提供新的信息。

博客、播客、微博的出现增加了新闻互动的形式，也为公众发布信息提供了平台。在网络中，每一个公民既是受众，也是传播者。新闻的发布已经不再局限于由传统新闻机构集体发布，而是每一个在博客、播客中的信息发布者都有可能成为新闻的源头和参与者，同时兼具传播者和受众两重身份。从 1998 年的“克林顿绯闻案”最初是由德拉吉在博客中报道，抢先于美国的任何一家报纸杂志，到 2011 年我国发生的温州动车事故的微博发布、“郭美美事件”等舆论事件的源头，许多新闻事件都起于网友的爆料。CNNIC《第 28 次中国互联网络发展状况统计报告》显示，2011 年上半年我国微博用户数量从 6,311 万增长到 1.95 亿，半年增幅达 208.9%。越来越多的网民开始使用微博，其中很大的原因是由于其能在即时参与互动的同时，形成一个庞大的新闻信息源，能让受众参与到新闻生产中来。受众在接收信息的同时，也可以对媒体发布的内容进行选择和重新加工，形成新的新闻价值。

3. 交互应用式互动

上述两种互动是线上人与人的互动，更多侧重于精神层面，是形而上的互动。而交互应用式互动则是人与用户界面的互动。诺贝尔经济学奖的获得者赫伯特·西蒙说：“随着信息的发展，有价值的不是信息，而是注意力。”为了吸引受众，融合编辑专题的共同特性是内容简洁明了、一目了然，在以图示为主的界面上加入动态制图，让枯燥的数字、文字描述更形象直观。这种形式，在数据的表现方式上应用得较为广泛。同样以 SNS“龙的孩子”专题为例，图示可以选择不同的指标呈现，这样的“界面与受众”的互动，增加了页面的趣味性，用户可以根据个人偏好来获取感兴趣的信息（图 5—1）。

用新闻游戏与读者互动

用地图来表示空间、用时间轴来表示时间，都是比较常见的新闻交互图像（图 5—2）。这种界面的转型，从单向信息的传播、注重新闻信息的“可看性”，到数据的可视化、注重新闻信息的用户体验，即新闻信息的“可用性”，体现了传播者互动意识的递进。另外，个性化的搜索也是交互应用式互动的一个部分。网络媒介的信息超负荷，让受众面对海量的信息无所适从。融合编辑把符合主题的文字报道、视频、图像等形式进行重新组合，也是一种信息筛选的过程。在新闻网站中，一般都设有本站搜索、相关新闻等搜索工具。网民只要输入自己所需信息的关键词，系统便会将本站所有相关新闻信息呈现在网民面前。有些网站还开通了新闻订阅服务，每天或一定周期就会把网民感兴趣的新闻信息发到网民定制的电子邮箱中。交互应用式互动通过界面的互动，让有效的信息显而易见，并附带必要的信息搜索栏，以便用户可以搜寻到所需信息。

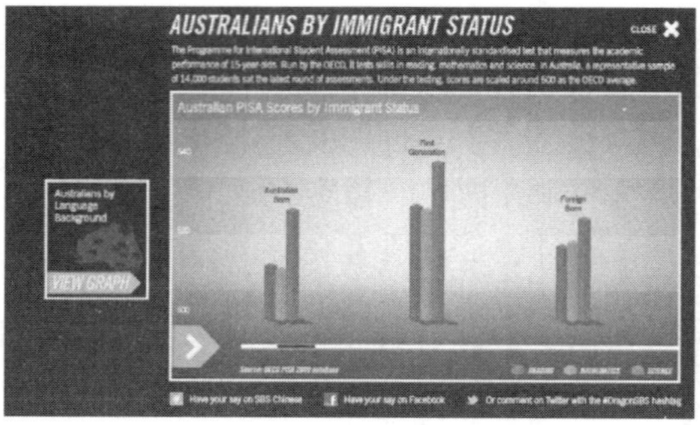

图 5—1　SNS“龙的孩子”专题界面

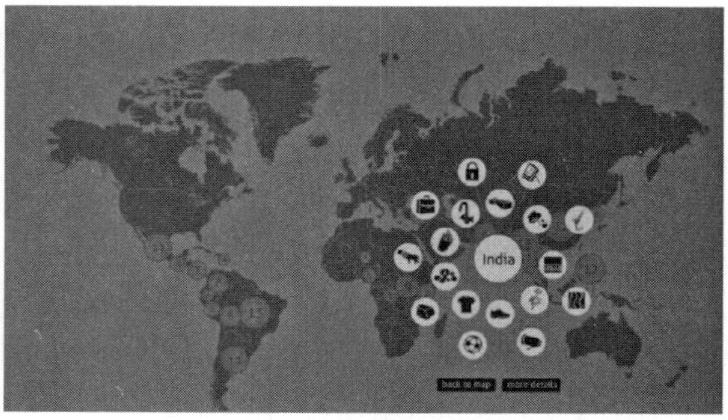

图 5—2　地图式的视觉界面

融合编辑新闻实现可看、可用后的下一步，应当是做到“好用、易用”，以此提高画面与受众的互动关系。以日本 NHK 的气象灾难报道为例，日本是个地震多发国，灾难频繁，因此当地的气象、灾难报道均位于各大媒体的显著位置。NHK 的气象灾难报道可以根据不同的地域来了解所在区域的地质情况、气候情况。此外，NHK 还通过新闻播报员颇具生活化的着装和背景图片，让受众对当地的气候状况和着装需求一目了然。这种形式如果拓展到网友通过手机等方式发布各地的气候景象，应该会大大增强报道的互动效果（图 5—3）。

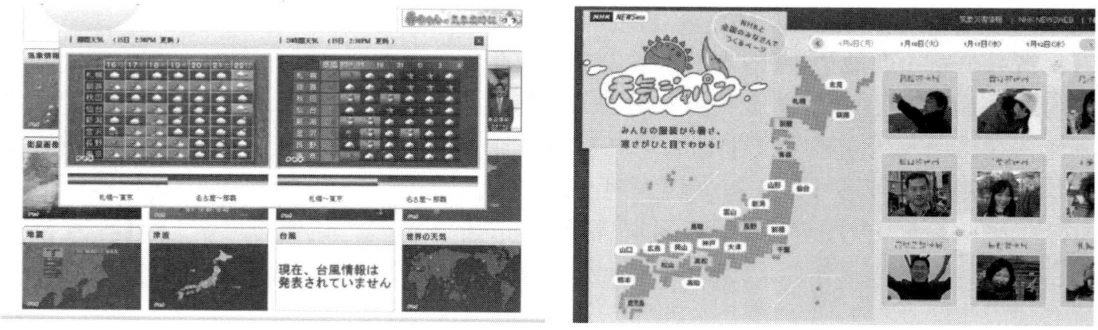

图 5—3　日本 NHK 气象报道的视觉界面

行为影响式互动

我们一般情况下提到的新闻互动指的就是传受双方的互动，是传受双方的相互交流与沟通。除了新闻传播内部诸要素之间的互动外，还有新闻传播与环境的互动。新闻传播与环境的互动主要是指新闻媒介、传受双方与社会的互动，是融合编辑从线上到线下，从思想到实际行动的行为影响式互动。比如，在温州动车事故的新闻后，事故发生的当晚，受众通过媒体新闻得知温州血库告急，网友在新闻媒体的影响下，立即自发参加赈灾、献血、捐款等活动。受众参加这些活动后，又产生了大量的救援新闻和救助信息。新近发生的新闻会对社会风气有改变作用，能形成一个同一的新闻环境，这就是新闻传播与环境的互动。

融合编辑互动的展望

综合上述四种现阶段融合编辑的互动机制，可见互动功能应兼具参与性，应能汇聚意见，也应具有服务意识，为传者与受者的相互信息交流服务。新闻网站要利用互动提高传播效果，充分利用网络互动的功能，改善功能单一的不足，需要重点做好以下几个方面的工作。

1. 整合数字渠道，发挥网络载体的技术特性

网络互动的手段多种多样，如前文所述的留言板、即时通信、微博、博客、论坛、E-mail 方式的读编往来等。但是现在的一些新闻网站利用的网络互动只局限于一种或两三种方式，有的报道仅仅设置了单向更帖功能的留言板，或者是没有结果显示的投票。其实网络互动的手段各有其特点，如网上调查简单快捷，BBS 论坛交流充分、具体，E-mail 方式的读编往来则便于控制、易于反馈等。这些手段如果只是单一应用，就不能充分利用网络互动的特点。另外，用户总是根据自己的需要上网，因而网络互动的方式要满足各种用户的个性化需要。

2. 善用多媒体平台，与传统传播手段相结合

多媒体数字平台比目前的网络平台具有更深刻的交互性，给受众提供更多的选择和控制机会的同时，也吸引用户把兴趣直接作用于产品的内容和功用上。传统媒体的新闻报道更具有公信力和影响力，如果将传统媒体与新媒体相结合，比如在平台上进行电视播放的同时，就可以让受众参与博客的互动评论。新闻报道可以通过网友的个性化偏好，进行个性化信息的特殊定制，让“大众的报纸”真正变成“我的报纸”，满足新闻传播的个性化互动。

3. 提高网络互动的技术水平，追赶技术潮流

网络技术是网站发展的瓶颈。新闻网站的管理人员一般都了解网络互动的作用，但往往由于网络技术的局限，难以充分地利用网络互动。好的可视化设计和互动模式，都因技术所限而成为水中月，只有掌握了过硬的技术，才能呈现更多互动性更强的作品。

如何使用在线互动视频

观看在线视频曾经意味着被动地盯着屏幕，现在观众参与成为网站新的目的，交互式视频越来越受到欢迎。

《华尔街邮报》通过这段 4 分钟的互动视频展示了美国《平价医疗法》(Affordable Care Act) 生效后对美国医疗保健状况的改变（图 5—4）。

如何使用在线互动视频

思考题

1. 有人说像科技类、医学类、健康类的话题比较容易从视觉手段进行网络编辑，但政治类、军事类、环保类的话题则难以入手。你怎么看？你有什么好的建议么？
2. 2012年3月29日，奥巴马宣布将投入2亿多美元立即启动“大数据发展和研究计划”（Big Data Research and Development Initiative），从而引起了产业界、科技界和政府部门的高度关注。你认为，大数据时代的融合编辑将面临怎样的机遇和挑战？
3. 2012年，美国奈特基金会的一个报告总结了新闻培训的最近状况。报告对660名参加奈特培训项目的校友和记者进行了问卷调查，其中61%的参与者来自美国

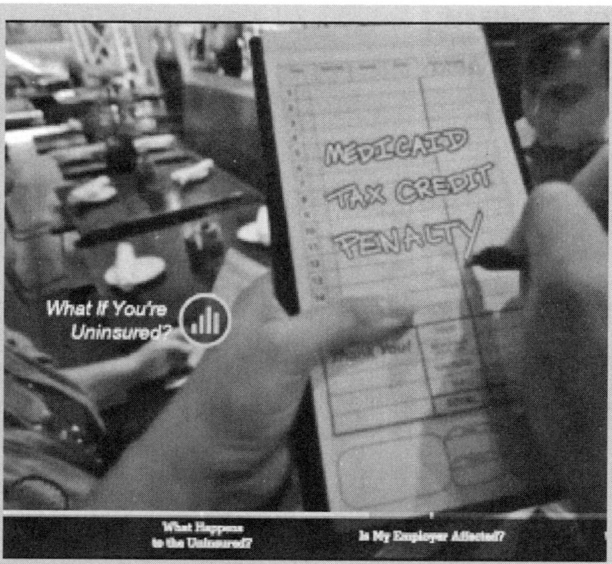

图 5—4 《华尔街邮报》《平价医疗法》相关视频

通过使用一个头顶摄像机，记者从第一人称视角拍摄视频。观众将从不同人——餐厅服务员、自行车邮递员、上班族的眼中了解法律对不同人的影响。

视频的制作者还添加了很多弹出式的图形，例如按种族、地区和年龄划分的美国非保险人数；还链接到《华尔街日报》医疗政策编辑的不同视频，鼓励观众去关注那些对他们而言最重要的话题。

通过使用多层次的故事讲述方法，视频制作人将事实、互动视频和其他资源整合起来，延伸了典型视频故事的范围。

“特别是在新闻视频中，我总是将令人难以置信的复杂问题压缩成一个非常简短的视频，”《华尔街日报》的多媒体创新编辑尼尔·曼（Neal Mann）告诉“journalism.co.uk”网站，“交互性允许我们做的是扩展故事讲述的范围，允许观众延伸到他们需要获得额外背景信息的地方。”

BBC制作了一个关于美国墨西哥湾沿岸深水地平线石油泄漏的交互式视频。这个长度为3分钟的视频以一个受漏油影响的当地居民的视角，通过可以点击的热点来展示石油泄漏的路径，用地图显示石油的蔓延范围，用图片展示石油蔓延对海鲜的影响，甚至还使用了大量的数据。

新媒体用户已经适应了与屏幕互动，他们通过点击平板电脑和移动设备来浏览网页。因为用户体验的心态发生了改变，记者为网页设计视频的方式也需要改变。

“我们需要重新思考并重新设计手机和互联网时代的视频，”曼说，“我们过去使用的传统方式是为电视机制作视频，但是现在在不同的网络平台可以随时随地地与我们互动。”

BBC 的视觉新闻编辑阿曼达·法恩斯沃思（Amanda Farnsworth）在这个播客中解释了为何不同的媒体需要不同风格的视频：“一些记者将‘适合电视的视频放在网上’，在线视频往往更适合第一人称、更加简短和非正式的视频，”法恩斯沃思说。

［玛格丽特·鲁尼（Margaret Looney），国际记者网］

之外，大多数的记者来自于拉丁美洲。报告显示：记者希望得到更多关于数字工具运用的培训，例如多媒体、数据分析和技术。从融合编辑的“互动”角度，谈一谈当下新闻编辑亟待提高的工作技能。

Chapter 6

第六讲　大数据时代来了：社会科学研究方法在大数据编辑中的应用

- 大数据与新闻编辑
- 数据调研：大数据编辑的第一步
- 数据呈现：大数据编辑需要“浅”表达
- 传统媒体如何做到大数据编辑的“巧”应用

主案例　英国《卫报》网站2011年“解读骚乱”专题

在大数据时代，如何通过科学的调研获得一手数据为复杂议题报道的新闻编辑增色，以及如何在编辑过程中最佳地呈现数据结果，是一个值得研究的问题。2011年英国发生骚乱，有传媒称为“伦敦之炎”、“伦敦暴动”，这一系列2011年8月6日晚上在英国首都伦敦开始的社会骚乱事件，一直持续到8月10日才平息。骚乱的导火索是2011年8月4日在伦敦北部的托特纳姆（Tottenham）一名29岁的黑人男性平民马克·达根（Mark Duggan）被伦敦警察厅的警务人员枪杀，之后民众就上街抗议警察暴行。

骚乱发生后，人们对于骚乱的起因以及应该采取何种政策应对骚乱进行了激烈的辩论。当地人认为英国的经济不景气，加上政府撙节支出，冲击了托特纳姆等高失业率地区，才是引发社会不稳定的主要原因。但是《卫报》网站认为现阶段的这种讨论更多的是一种凭空想象而缺乏实实在在的证据，特别是缺乏与骚乱参与者相关的证据。比如是什么导致了骚乱？为什么他们要参与制造骚乱和抢劫？他们做这些事情的时候头脑中在想些什么？这场骚乱与以前发生的骚乱是相似的还是有本质上的不同？骚乱还会持续下去么？为了填补这些信息空白、充实自身融合报道的原材料，2011年9月，《卫报》网站宣布将研究一个月前发生的英国骚乱并进行实时跟踪。这项名为“解读骚乱”（Reading the Riots）的网站专题旨在运用大数据编辑策略回答为什么骚乱从伦敦北部托特纳姆蔓延到英国六大城市。期间，《卫报》网站编辑组与伦敦政治经济学院合作，通过了解人们参与骚乱的动机、态度和他们在骚乱中的经历来理解骚乱发生的原因。专题成功地利用大数据编辑策略解读了这一复杂议题，并借助多媒体手段深入浅出地表达和呈现了调研数据的分析结果。

英国《卫报》网站主页

大数据与新闻编辑

最早提出“大数据”（big data）一词的是全球知名咨询公司麦肯锡。近期，全球最具权威的IT研究与顾问咨询公司高德纳发布了一份涉及1,900种前沿技术种类、92个生产领域的《2012—2013年技术曲线成熟度报告》。报告指出，大数据将在2013年“成熟且大热”。[①] 数据已渗透到每

① 参见《2013年热门技术趋势分析：3D生物打印上榜》，载新浪博客，http://blog.sina.com.cn/s/blog_7336fc2d01014uya.html，2012-12-27。

大数据

指的是所涉及的资料量规模巨大到无法通过目前主流软件工具，在合理时间内达到撷取、管理、处理，并整理成为帮助企业经营决策更积极目的的资讯。

大数据的4V特点：volume（大量）、velocity（高速）、variety（多样）、value（价值）。

一个行业和业务职能领域，逐渐成为重要的生产因素。而人们对于海量数据的运用，预示着新一波生产率增长和消费者盈余浪潮的到来。新闻报道是一种具有经济属性的消费品，其生产过程受到了大数据时代的影响。牛津大学教授维克托·迈尔·舍恩伯格认为大数据具备三大特性：第一，我们可以获得和某个现象相关的所有数据，而不只是少量样本。第二，由于有了更多的数据，我们可以接受更多的混杂、更多数据上的不精确。第三，我们分析大数据主要为了判断现在“为什么”、预测未来“是什么”。[①] 由此可见，大数据时代对于复杂议题的新闻报道有着重大启示，而大数据时代的三大核心技术（移动互联网、便携智能终端、云计算）使得复杂议题的新闻生产呈现出融合报道的趋势。

基于各种多媒体手段，应用大数据策略进行复杂议题报道的方式在2012年国际新闻业界大放异彩。2012年年初上线的数据新闻项目“信息亚马逊”（InfoAmazonia）对南美洲亚马逊雨林进行了热点标注，保持对毁林和野火的监测。该项目为全世界最原始的生态系统提供了一个具备西语、葡语、英语三种语言阅读功能的互动地图。这个即时更新的地图提供新近的数据和报道，读者也可以自行上传内容。该项目历经3个月开发，由专业记者、NGO组织和公民更新，通过视觉和图像工具来记录森林发展、森林砍伐、森林火灾、采矿等危险的一手数据信息。[②] 此外，另一个名为“腐败监视器”（Monitor de Corrupción）的数据新闻项目为记者和公民提供在数字地图上标注全球范围内政治腐败行为的机会。该项目于2012年7月底成立，记者已经在地图上标注了60多个报道（图6—1）。[③]

然而，复杂议题报道在使用大数据策略时也要注意几个问题。首先，为了排除传统报道可能含有的个体性和偶然性，不仅要面对数量巨大的社会调查样本，还要设计出使数据准确可靠的调查形式。其次，对所搜集到的大量数据进行深入分析，记者要能克服因个人经验的局限而导致的主观成见。再次，应思考当数据成为报道的基本内容和核心价值所在后，如何避免信息的简单堆砌和数字产生的枯燥感，使复杂议题报道变得生动和有吸引力。

① 参见《Viktor：大数据时代的记忆与遗忘》，http://news.5ipr.cn/talk/20121227/7097.html，2012-12-27。
② 参见《InfoAmazonia：数据新闻保护热带雨林》，http://ijnet.org/zh-hans/blog/122254，2012-06-30。
③ 参见《数据新闻项目如何跟踪哥伦比亚腐败现象》，http://ijnet.org/zh-hans/blog/129017，2012-07-30。

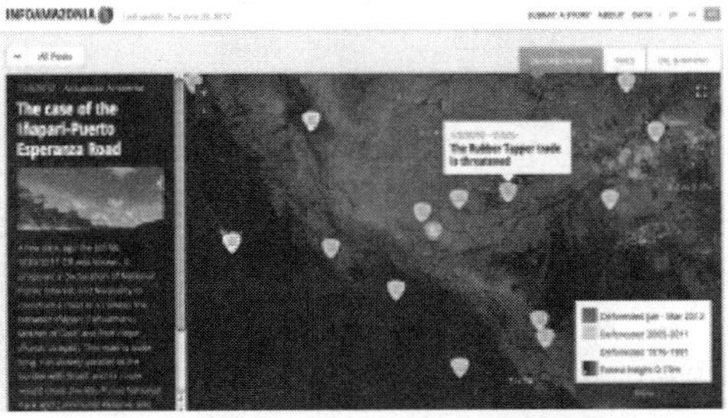

图 6—1 “信息亚马逊”“腐败监视器”数字新闻项目的数据视觉图

“全球编辑网络”数据新闻大赛奖项

数据调研：大数据编辑的第一步

作为骚乱发生后对骚乱趋势判断和发生原因的唯一一次调查，“解读骚乱”（见图 6—2）获得了约瑟夫·朗特里基金会和开放社会基金会的资助。这是从 1967 年底特律骚乱研究——由《底特律自由报》和密歇根大学社会研究学院合作完成的调查中获得的灵感，它采用问卷这一定量研究的方法，通过对居住在骚乱地区的人与居住在外围地区的人进行比较，对骚乱发生的原因提出了质疑。这是采用大数据策略完成复杂议题报道的第一步。

研究人员由保罗·路易斯领衔的《卫报》记者编辑们、蒂姆·纽伯恩教授领导的伦敦政治经济学院的研究人员和特别招募的数据调研小组组成。研究采用定性研究为主并结合定量研究的方法，对参与骚乱的人进行深度访谈和问卷调查。研究计划分为两个阶段：第一阶段用 3 个月的时间对 6 个城市中直接参与骚乱的 270 人进行秘密采访，采访主要在社区里进行，同时请曼彻斯特大学的专业人士对 250 多万条与骚乱有关的 Twitter 进行分析。第二阶段进行了 300 个深度访谈，采访了警察（130 名）、法官和司法官员等公务人员，分析了大量与骚乱相关的社区数据，并于 2012 年 7 月 1 日在线上发布了调查结果。[①] 本文仅就该研究第一阶段进行分析。

访谈指南
参与人第一次听到“出事了”是什么时候 听到英国出事的时间？ 知道自己所在区域出事的时间？ 最初是怎么听说骚乱发生了的？听谁说的？是通过电视、打电话、短信、微博、黑莓信使还是 Facebook ?

定性研究（qualitative research）

也称质化研究，是指通过发掘问题、理解事件现象、分析人类的行为与观点以及回答提问来获取敏锐的洞察力。几乎每天在每个工作场所和学习环境下都会进行定性研究。定性研究与定量研究相对，是社会科学领域的一种基本研究范式，也是科学研究的重要步骤和方法之一。

深度访谈（in-depth interview）

是一种无结构的、直接的、一对一的访问形式。访问过程中，由掌握高级访谈技巧的调查员对调查对象进行深入的访问，用以揭示对某一问题的潜在动机、态度和情感，最常应用于探测性调查。

① See Paul Lewis and Tim Newburn, *Introducing Phase Two of Reading the Riots: Police, Victims and the Court*, Retrieved July 1, 2012, from http://www.guardian.co.uk/uk/2012/jul/01/introducing-phase-two-reading-riots.

访谈指南
参与人听到他所住区域或者他所处的地方发生骚乱后的第一想法是什么 他们感到惊讶吗？ 他们马上的反应是什么？ 他们想看看发生了什么吗？ 他们想去骚乱现场吗？ **大体谈谈骚乱，问参与人为什么认为人们都参与了这次骚乱** 个别地点发生了骚乱？抢劫？袭警？ **提及参与人的经历，问他们最初是想去哪儿** 为什么他们特地跑到骚乱现场？ 是计划好的吗？ 他们是怎么过去的？ 他们和谁一起去的？ **参与人到达目的地后是怎么想的** 震惊？惊讶？兴奋？恐惧？ **他们第一个“看见”的东西是什么** 他们看到后感觉如何？ 帮助他们进行回忆：“接下来发生了什么？” 帮助他们在脑海中重构曾经发生的场景。 **要求参与人详细介绍他们的经历** 他们和谁一起？ 现场他认识多少人？ 他们在那儿有使用电话、短信、微博或者黑莓信使进行传播吗？ 他们还和其他什么人联系了吗？ **要求参与人解释他们是“怎样”卷入到正在发生的事情当中的** 他们乱跑了吗？ 他们看见警察了吗？ 他们大喊大叫了吗？ 他们“拿”什么了吗？ 他们进去过什么地方吗？ 他们扔过什么吗？ 有必要提醒他们这些都是保密的吗？ **如果可以话，请他们详细叙述这些经验** 做这些事情时心里是什么感觉？ 他们担心被抓吗？ 他们想过会被闭路电视录像吗？ 他们的行为持续了多久？ 他们当时在想什么？ 现在又是怎么想的？ **你要想象自己经历了他们参与的整个过程，从听到第一声踢撞声开始，到他们离开或者被捕** 参与人为什么认为骚乱或抢劫结束了？ 为什么他们停下了正在做的事情？ 为什么他们离开了现场或回家了？ 为什么他们认为其他人停止了所做的事情？

访谈指南
参与人在骚乱发生期间是否还在其他时间“外出”过
他们在同一晚上有去到好几个不同的地方吗？原因是什么？
他们在第二或第三晚还外出了吗？为什么？
告诉参与人有些人说骚乱某种程度上是黑帮行动，他们觉得呢
他们对“黑帮”（gang）这个词怎么看？
他们认为黑帮参与了这次事件吗？
黑帮参与了什么？什么帮派？他们做了什么？
参与人认为自己也属于哪个黑帮吗（可以的话尽量寻求是或否的答案，但要解释原因）
他们说的“黑帮”是指什么？
这个“黑帮”是做什么的？
告诉参与人有人说社交媒体在组织这场骚乱当中起了重要作用，问他们怎么看
他们认为人们如何利用了社交媒体？
他们如何使用社交媒体？
参与人现在对参加这次事件是怎么看的
他们在行动当中被抓过吗？
他们卷入这起事件时自己感到惊讶吗？
感觉很不好吗？
为什么他们认为自己开始卷入这起事件？
其他人对他们参与这起事件怎么看
他们的朋友怎么看？
父母怎么看？
当地的人怎么看？
问参与人还有什么其他愿意告诉我们的

1. 招募调查者，秘密采访骚乱参与人

2011 年 9 月，《卫报》网站刊登广告招募擅长采访并与骚乱发生社区有良好关系的研究人员。最后 450 多人中有 30 人入选，并接受了专业培训，其任务是在 2011 年 10 月份对伦敦、利物浦、伯明翰、诺丁汉、索尔福德和曼彻斯特这 6 座城市中卷入这场骚乱中的人进行采访：了解谁参与了这次骚乱、他们的动机是什么，以及黑帮和社交媒体在这次活动中所起的作用（图 6—2）。

《卫报》网站首先给因参与骚乱而被判刑的 1,000 个人写信请求其参与调研，并对这些人进行了家访。司法部还给了“解读骚乱”研究组特权——准其进入监狱，采访 13 个已被判刑的人。但调研人员主要接触的仍是那些参加骚乱却没有被抓的人。因此，调研人员的一项重要任务是在社区里辨认出潜在受访者（即参加过骚乱的人），并说服他们接受采访。“因为保证匿名，居然有很多人同意参与调查，因为他们想让别人听到他们的故事。”①

① The Guardian & LSE, *Reading the Riots: Investigating England's Summer of Disorder-full Report*, Retrieved December 20, 2011, from http://www.guardian.co.uk/uk/interactive/2011/dec/14/.

图 6—2 《卫报》网站的“解读骚乱”专题界面

《卫报》网站给每个调研人员发了一本访谈指南，其中包括了他们对参与骚乱人群采访过程中所应谈到的主要问题，怎么知道这次骚乱的、怎么卷入这场骚乱的、做了什么、为什么他们认为骚乱停止了、现在怎么看当初的行为。

此外，调研人员还要收集被访者的基本资料，包括住址、年龄、种族、学历、犯罪史和是否就业，甚至涉及对骚乱的看法、对警察的态度等。调研报告里写道：“每个问题都设计得很中立。我们不鼓励问有引导性的问题。每次采访至少进行 45 分钟，这样能让双方进行长时间的讨论，也便于获取关于人们在这次骚乱中的经历和对骚乱的看法这些一手材料。”①

调研由深度访谈和访谈式问卷调查两部分组成。从问题设计来看，深度访谈按照新闻的 5 个要素（时间、地点、人物、原因、过程）展开，注重询问受访者的经历和想法。问卷调查则从事实的量化上出发，着重调查受访者眼中发生骚乱的原因。总的来说，其主要有以下四个方面的特点：

① The Guardian & LSE, *Reading the Riots: Investigating England's Summer of Disorder-full report*, Retrieved December 20, 2011, from http://www.guardian.co.uk/uk/interactive/2011/dec/14/reading-the-riots-investigating-england-s-summer-of-disorder-full-report.

（1）按照事情发生的时间顺序，引导受访者回忆参与骚乱的经过。

访谈提纲里要求调研员想象自己经历了受访者参与骚乱的整个过程，“从听到第一声踢撞声开始到他们离开或者被捕”[①]。同时按时间顺序帮助受访者在脑海中重构曾经发生的场景，还原详细经过。比如询问受访者“最初想去哪儿”、“到达目的地后的想法”、“第一个‘看见’的东西”、“接下来发生了什么”、“详细的经历”（和谁一起？现场认识多少人？还与谁联系？）、“怎样”卷入到骚乱当中（乱跑？看见警察了？大喊大叫？“拿”了什么？进去过什么地方？扔过什么？）、后来还有没有“外出”再参加此类活动。

（2）注重细节，特别注意询问人们参与的“渠道”。

比如询问受访者最初是怎么听说骚乱发生了的（听谁说的？是通过电视、打电话、短信、Twitter、黑莓信使还是 Facebook 知道的？），以及受访者是如何跑到骚乱现场的（是计划好的吗？怎么过去的？和谁一起去的？）。前者为了了解媒体在早期骚乱信息传递过程中所起的作用，后者则希望推测参与者到达骚乱现场的路径图，因为已有调查显示大多数参与者的家并不在事发地附近而是跨越了一个或几个社区。

（3）了解参与主体特征，特别是人的心理反应、想法和态度。

除询问受访者的年龄、性别、就业状况和种族之外，还询问受访者的心理反应，如：“听到所住社区或者所处的地方发生骚乱后的第一想法是什么”“到达目的地后是什么反应？震惊？惊讶？兴奋？恐惧？”“做这些事情时心里是什么感觉”“担心被抓吗”“当时在想什么、现在又是怎么想的”。这类问题被频频问起，通过主体在参与过程当中的情绪和心理反应了解受访者对参与此次骚乱事件的主要态度，即骚乱发生的主观因素。

（4）着重调查骚乱发生地英国的社会现实背景。

尤其是着重调查黑帮、社交媒体、失业、社会不公、警察体制、种族等因素在此次骚乱中所起的作用和重要程度，从客观方面来了解骚乱发生的根本原因。

调查问卷
填写性别：男 / 女
1a. 你多少岁了？
1b. 8 月份的时候你也是这么大吗？骚乱发生的时候多大？
2a. 你有工作吗？还是在读书？
□有工作　　□在上学　　□失业　　□培训　　□有人照顾
2b. 你 8 月份的时候也是这个状态吗？骚乱发生的时候呢？
3.（如果有工作）你做这份工作多久了？追问：你以前失业过吗？
4.（如果失业）你上一次拥有付薪水的工作是多久以前？追问：这份工作一周至少工作 10 小时吧？
5. 你有什么资格证书？
□ GCSE　　□ A-LEVELS　　□学位证书　　□其他（请说明）

① *Rioters in Their Own Words*, Retrieved December 21, 2011, from http://www.guardian.co.uk/uk/interactive/2011/dec/05/rioters-in-own-words-interactive.

调查问卷

6. 你住在哪？

□城镇　□郊区　□市中心

7. 你在那儿住了多久？

8. 你跟谁住在一起？

□母亲　□父亲　□兄弟　□姐妹　□配偶

□朋友　□当地政府照顾　□没有固定居所

9. 你觉得自己是英国社会的一部分吗？

□强烈同意　□倾向同意　□倾向不同意　□强烈反对

□不知道　□拒绝回答

10. 想想你整个人生，你觉得以下说法如何：我觉得人生充满机会：

□强烈同意　□倾向同意　□不同意也不反对

□倾向不同意　□强烈反对　□不知道

11. 我现在想谈谈警察执行工作的水平：将所有情况都考虑进来，你认为这个区的警察做得怎么样？（这个区指的是住所 15 分钟步行路程以内的区域）

□非常棒　□还不错　□一般　□有点差

□很差劲　□不知道

12. 你同意还是反对以下说法呢：未来在英国还会发生骚乱？

□同意　□不同意　□不知道

13. 如果同意的话，你认为英国什么时候会再次发生骚乱？

□明年　□未来三年内　□至少四年或更长时间　□不知道

14. 如果将来你身边再次发生骚乱，你会参加吗？

□会　□不会　□不知道

现在我们想问问你过去与警察和法院的关系：

15. 过去 12 个月当中，你有被警察拦下来要求搜身，把口袋或包里的东西都倒出来让他们检查过吗？

□是的（多少次）　□没有　□不知道　□拒绝回答

16. 过去 12 个月你有被警察拦下来问你带了什么东西，但是没有搜身吗？

□是的（多少次）　□没有过　□不知道　□拒绝回答

17. 你被警察抓到过吗？

□是的（多少次）　□没有过　□不知道　□拒绝回答

18. 你有被警察警告、训斥或发出最后通牒过吗？

□有过（一次）　□有过（多于一次）□没有过　□不知道　□拒绝回答

19. 你有因被起诉犯罪上过法庭，包括少年法庭吗？

□有过（一次）　□有过（多于一次）□没有过　□不知道　□拒绝回答

20. 最近一次发生这种情况，是多久以前？

□去年　□ 1 至 5 年以前　□至少 5 年以前　□不知道　□拒绝回答

21. 如果有的话，你有多少次在法庭上（包括少年法庭）因犯罪被宣布有罪？

□从没有　□一次　□ 2 或 3 次　□ 4 或 5 次　□ 6 次或更多

□不知道　□拒绝回答

22. 你认为以下哪个是英国 8 月骚乱发生的主要原因（有 6 个评判等级）：

	一点也不重要	不重要	一般	重要	非常重要	不知道
道德衰退 种族关系紧张						
犯罪						
社交媒体						
社会不公						
贪婪						
媒体报道						
政府政策						
黑帮						
贫困						
厌世						
警察体制						
家庭教育糟糕						
枪杀马克						
失业						

23. 以下哪个选项最符合对你的描述?

亚洲人或亚裔英国人：□印度人 □巴基斯坦人 □孟加拉国人 □其他亚洲地区

白人：□英国人 □爱尔兰人 □其他

黑人或非裔英国人：□加勒比人 □非洲人 □其他

中国或其他种族：□中国 □其他（请说明）

混血：□白人和加勒比黑人的后代

□白人和非洲黑人的后代

□白人和亚洲人的后代

□其他

2. 主动与研究机构合作，进行专业化数据分析

调研小组从骚乱参与者那里收集到总共 130 多万字的一手录音整理材料。受邀加入此次调查的伦敦政治经济学院负责对文本进行综合分析。成立于 1895 年的伦敦政治经济学院是一所专注于社会科学并在该领域享有国际声誉的大学，将自己定位为“世界领先的社会科学教育及研究机构”，成为一个中立、无偏见的研究中心。这种直接服务于社会政治经济领域的办学宗旨使其被《卫报》评价为与政治进程联系最为紧密的大学。

此次，伦敦政治经济学院召集了 5 位分析师。他们需从阅读每一个采访文本、了解大致内容开始，阅读数遍文本后再对每个文本进行主题编码。在产生了一系列的编码标签后，一个采访中出现了“主题”和“次主题”。为保证客观性，分析师要确保主题是直接

来自于文本而非先入为主的观念或事先设定的类目。研究组通过定期对它们进行复审，不断地更新对于这些主题和次主题之间关系的认识，例如政府不公、骚乱动机、警察、社区以及社交媒体的作用。这为理解骚乱发生的原因提供了前所未有的细节。

BBC 编辑：使用数据易犯的最大错误

无论是普查数据、预算赤字，还是体育数据统计，对数字进行报道将会是一项复杂的工作。BBC 财经编辑鲁伯特・帕斯顿（Robert Peston）、经济学编辑斯坦芬尼・弗兰德斯（Stephanie Flanders）和国内新闻编辑马克・伊斯顿（Mark Easton），在 BBC 的博客上编撰了一个记者在处理数字时最容易犯的一些常见错误。

脱落上下文

作者称记者经常报道一些天文数字，但是却没有提供上下文进行说明。当政治家讨论资金拨款时，那些高达百万甚至千万的金额应该和任务本身的大小联系起来。尽管英国前首相布莱尔承诺的免费托儿服务高达 3 亿英镑，但文章指出每个儿童每周只能获得 1.15 英镑。“因此，当一些数据显得很大时，从现实角度来讲，却显得非常的小，” BBC 专家称。

报道“震惊的数字”

记者很容易被那些极端的数字所震惊，而不是去做足够的研究。一些看似具有新闻价值的金额可能预示其准确性存在问题或对其意义有误解。

专注突出值，忽略平均数

当报道数据时，避免报道集合内那些突出但不能准确表现整体的数字。例如，在一篇标题为“全球变暖可能导致气温上升 11 摄氏度”的文章中，引用了一个气候预测模型。但是该模型在 2,000 次测试中只有一次预测气候上升 11 度——这个标题具有很强的欺骗性。

报道但不解释波动

大量的报道提到数字的上升或下降，但是后面往往缺乏支持它的解释。“例如，使用手机增加风险，饮酒让乳腺癌发病率提高四倍。这些数据往往有一个令人沮丧的遗漏：任何有用的说明信息。”在报道中提到变化的原因和数量变化的出发点十分重要。

［琳赛・卡尔特（Lindsay Kalter），国际记者网］

在“解读骚乱”之前，英国内政部、司法部的调研已得出一些结果，比如认为 Facebook 和 Twitter 是煽动骚乱的社交媒体中的罪魁祸首；黑帮成员参与了许多起骚乱，并在其中扮演重要角色等等。而“解读骚乱”研究则与这些调查结果存在一定出入，且数据分析更具专业化。比如受访者反映，黑莓信使才是真正在骚乱中发挥巨大作用的社交工具。这款软件向所有黑莓手机用户开放，只要用户之间互相交换个人识别码，就可以互发信息了，而且只要按下“广播”按键，就可以向通讯录上的所有人群发信息。花 40 英镑就可以买一部手机，一个月花 5 英镑就可以与朋友保持 24 小时的联系。黑莓手机因此成为许多人特别是低收入家庭的选择。这就形成了一个特别有效而安全的传播网络，成为骚乱参与者传递信息的重要工具，比如哪儿在抢劫、安全回家的路线以及警察的举动。事件发生之初，托特纳姆的居民就是用黑莓信使广播相互传播有关马克·达根死亡的情况的，这甚至引发了最初的骚乱。而研究发现，没有证据证明 Twitter 曾经煽动人们参加骚乱。相反，人们在回应这类煽动微博的时候持压倒性的否定意见，有些人甚至发微博辱骂这些煽动者。同时，Twitter 用户还广泛运用这一工具发起社区清理计划，即发动人们在骚乱发生后的第二天早上去清理那些被破坏的街道，超过 12,000 人成为微博用户“@artistsmakers”发起的清理运动的支持者。此外，对于骚乱发生时 Twitter 上的谣言扩散，研究显示尽管微博助长了谣言的快速传播，但它也同样具有驱逐谣言的反作用力——在这种作用力强大的情况下，大约两三个小时内就可以完成辟谣。

最后，这些主题之间的关联被呈现在一张主题图上。在分析过程中，分析师也要检验采访本身的可靠性和有效性。每篇采访文本作为一个整体被研究，分析师在对每篇文本进行阅读和编码的过程中会注意上下文的连贯性。如果提问具有明显的倾向性，则回答不被采用，并在文本中标记出来。

数据呈现：大数据编辑需要“浅”表达

在完成了使用科学的调研方法进行基础数据调查并分析的第一步后，《卫报》网站建立了“解读骚乱”的融合报道专栏，以文字报道、视频、音频、照片、图表、动画等多种形式将研究结果呈现出来。

1. 暴徒故事的形象化呈现

技术组从 270 个采访对象当中选取了 87 个，并将其深度访谈做成了互动的新闻幻灯《暴徒的自白》。[①] 一个每边由 5 张照片构成的长方形是主界面，中间是一张幻灯，照片里的是采访对象描述的相关场景。点击照片中间的幻灯就会显示采访对象说过的一句话、对骚乱的看法、对自己当时的经历的描述。每一条引语的下方还用一个“阅读更多内容”的链接指向对该采访对象更为详细的文字报道。幻灯左下角会出现受访者的性别和参加骚乱的地点，右下角则是并排的两幅地图，右边的地图用红色圆圈标示出该地点在英国地图上的位置，左边的地图则标示出该骚乱发生地在城市的具体区域位置。主界面下方还有 12 个关键词：消费主义、目击者、黑帮、女性、男性、社会不公、年满 18 岁、未满 18 岁、警察、种族、拦下搜身、社交媒体，这些词或是总结引语中提及的同类事物，或是描述受访者的相同特点。每点击一个关键词，主界面就会显示与该关键词内容相关的所有照片（见图 6—3）。

从视觉呈现上看，新闻幻灯简洁明了。一方面，以引用受访者一句话的形式将故事最

① See The Guardian & LSE, *Reading the Riots: Investigating England's Summer of Disorder-full Report*, Retrieved December 20, 2011, from http://www.guardian.co.uk/uk/interactive/2011/dec/14/.

精彩的内容和受访者最核心的观点勾勒出来，避免受众淹没在大量的故事中找不到重点。另一方面也吸引感同身受的读者阅读自己最感兴趣的内容。而关键词标签看似分类简单，实则已将《卫报》对于骚乱发生原因各个方面的思考呈现在读者面前，比如年龄、警察、种族、社交媒体与骚乱发生的关系。同时，照片和地图的运用使内容一下子变得形象生动（图 6—3）。

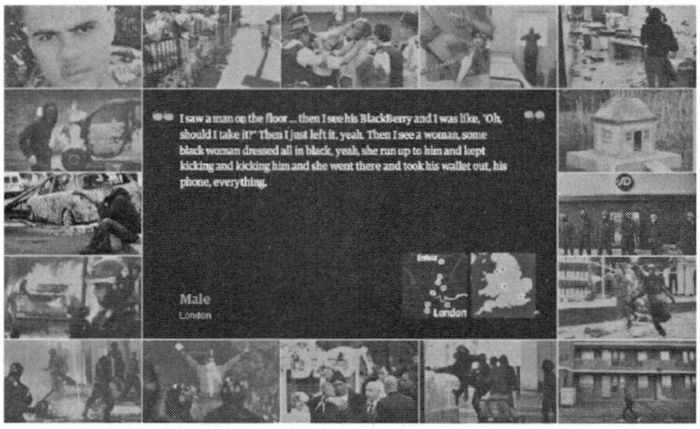

图 6—3 “暴徒的自白”暴徒民调结果的视觉化互动呈现

2. 谣言传播的可视化呈现

《卫报》网站请曼彻斯特大学的研究者对 Twitter 数据进行内容分析，并调查骚乱发生期间社交媒体所起的作用，特别是 Twitter 如何进行辟谣。Twitter 提供了与这次骚乱有关的微博信息源。研究者们首先根据每条微博的“标签”(比如 # 英国骚乱 #、# 伯明翰骚乱 #)，抽取出与骚乱相关的微博，获得了一个由 260 万条微博组成的数据库。然后，他们与曾经报道过骚乱的记者合作，找出 7 个影响最广的谣言，并把它们从最像玩笑的“伦敦已经部署了坦克武装”，到最容易误导人们的“骚乱发生是因为警察打了一个 16 岁的女孩”依次排列下来（图 6—4）。最后，研究团队把整个数据库分解为一系列与各个谣言相关的子数据库，并动手从中找出最能反应各个谣言的微博。

图 6—4 《卫报》研究选定的 7 个传播最广的谣言

然而，如何将谣言传播研究结果通过可视化报道呈现出来的确是一大难题。技术人员表示：“我们遇到的第二项挑战是当一个谣言扩散后，如何使它的传播可视化。我们决定把它展示成小圆圈聚合成更大圆圈的形式，这种聚合会形成一个集群，每一个集群都包含对某个特定微博的转发。要做到这点，我们需要确定哪些微博属于同一集群。研究人员告诉我们用一种莱文史特距离参数法可以找到某个‘距离’内的所有微博。区分了所有集群后，我们研发了一种系统可以使圆圈和集群随着时间变化的伸缩可视化，并增加了一个‘消失’(decay)的功能，这样它们就可以随着时间慢慢缩小直至消失。随着其他观点的加入，集群就不断地扩大或缩小。”①

谣言

是某些人（或者某一个群体、集团和国家）根据特定的动机和愿望，散布一种内容没有得到确认的、缺乏事实根据的、通过自然发生的、在非组织的连锁性传播通道中所流传的信息。1947 年，Allport 与 Postman 给出了一个决定谣言的公式：谣言＝（事件的）重要性 ×（事件的）模糊性。

最后可以看到，这 7 个谣言用 7 张照片陈列在一张表上，点击每一张照片即可进入该谣言的动态传播过程图。以“暴民袭击了伦敦动物园并放出动物”为例，点击相应照片进去后即可看到由上下两部分构成的主界面，上面是一个交互时间轴，下面是由不同圆圈组成的动态图表。每个圆圈代表一个人的微博，点击圆圈即可在图表下方看到该微博的内容、发表时间和转发数量。圆圈越大代表微博被转发和被评论的次数越多，影响力也越大。圆圈有红、黄、绿、灰 4 种颜色，分别代表微博作者对谣言持反对、质疑、支持和评论 4 种态度，这 4 种颜色还依深浅划分为四个维度，代表态度的强弱程度。在动态图上还出现了不同的集群，它把对同一微博的转发和评论“圈”在了一起（图 6—5）。这样，当点击上面的时间轴，从 2011 年 8 月 8 日 4 时 5 分，推特用户 @Twiggy_Garcia 发起第一条谣言起，圆圈和集群就开始此消彼长，显示出各个时间点对谣言持各种观点的人的数量和影响力分布情况。而各种观点占上风的时间点也被标示出来，比如直至 2011 年 8 月 8 日 8 时 7 分出现影响较大的反对意见集群，Twitter 自身的辟谣机制也突显出来。时间轴还有个“播放”功能，点击后就能像动画一样生动地演绎出整个传播过程，使谣言各方力量的此消彼长一目了然。

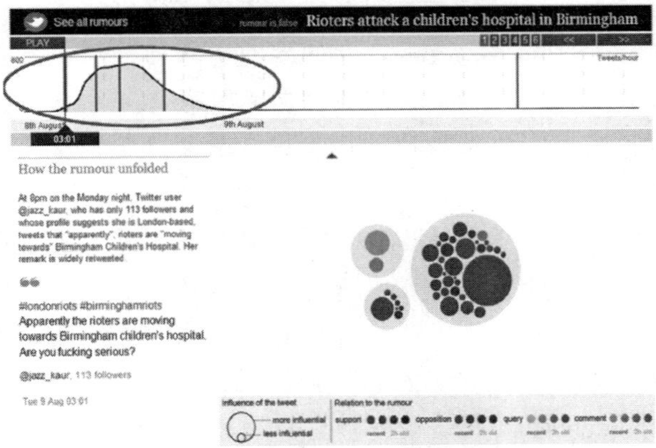

图 6—5 《卫报》制作的谣言微博传播机制交互图

① Lorenz, Mirko. & Kayser-Bril, Nicolas, *Media Companies Must Become Trusted Data Hubs*, Retrieved December 21, 2011, from http://owni.eu/2011/02/28/media-companies-must-become-trusted-data-hubs-catering-to-the-trust-market.

DataViva：巴西政府数据可视化工具

“用可视化的方式开放数据，是进行数据公开最重要的方式。数据可视化使人们可以真正利用数据，”恺撒·伊达尔戈，麻省理工大学媒体研究所（MIT Media Lab）的宏观项目研究组组长在介绍DataViva时这么说道。

DataViva是伊达尔戈和他的伙伴们在2013年年底推出的米纳斯吉拉斯（巴西北部一州）利用政府公开数据制作的经济数据可视化工具网站。DataViva有一个宏伟的目标：将巴西过去十年来的经济状况用超过一亿个互动数据可视化呈现出来。所有的这些可视化应用只需要读者在特定分类下点击一次就能够找到。

之所以要建立这样一个网站，一方面顺应了世界各国政府不断进行数据开放的努力；更主要的是虽然各国政府都在不断公开各种数据，复杂冗余的一张张Excel表格对于大多数人来说仍然过于晦涩。比如美国家喻户晓的政府数据网，虽然提供给民众大量数据，但几乎不做任何帮助民众读懂数据的可视化努力，而将这一工作交给了私人应用开发者们。纽约市政府的数据网进行了一些开放数据的可视化努力，但结果却不太令人满意。

“大多数对我们在DataViva上进行可视化的经济数据感兴趣的人，都是缺少能够读懂机器语言能力的非专业人士，”伊达尔戈说。这些人可能是年轻的企业家，或者公司决策的制定者。“他们需要读懂这些数据，才能真正利用数据做更多的事情。”

DataViva包括多种不同数据的可视化应用，给读者提供同一组数据不同的展现方式，包括叠状曲线图、地图、树形图等。一些应用能够让读者比较工作地点、薪水，并且过滤不同的领域。另外一些可视化将不同的职业联系起来，找到其共同点，或者显示在某些产业及地区哪些工作正在成为热点。无论是表格、图表，都旨在用最简单的方式将数据呈现出来。

一个非统计专业人士利用DataViva的应用，可以将自己的收入同其他州同僚们的薪金水平进行比较，也可以看到生物学家们是如何成为医生的。商业人士们则可以利用DataViva来扩大商圈，找到新的商机（米纳斯吉拉斯是巴西与中国进行外贸交易最主要的城市之一）。

DataViva上的绝大多数数据都会依据政府公开的最新数据进行一年一次的更新。就像网站的名字一样。伊达尔戈和他的伙伴们希望将这个数据可视化应用网站一直做下去，让数据拥有生命，生生不息。

（杜怡译，数据新闻网）

《华盛顿邮报》2013年可视化新闻作品集锦

数据新闻：专家推荐的三个工具

记者现在可以免费阅读一份高价值的指南，而你可以使用其来启动一个充满雄心的数据新闻项目，或发现新工具，将它们引入日常工作中。

最近建立的《数据新闻手册》集合了来自全世界 70 多名合作者的共同作品，合作者包括来自美国 ProPublica 网、英国《卫报》和《纽约时报》的数据新闻记者。

这个手册将自己定位为“为每个有兴趣成为数据新闻记者，或是不经意接触数据新闻的人”提供有用的来源。该书深入探讨了如何获取、处理、分析和传送数据的技巧。

本文选择三个适合进行数据新闻实验的可视化工具加以介绍。

Tableau Public

这个可下载工具对于制作互动数据视觉化内容十分有用。它不需要任何操作技能，免费版为单个文件提供了 10 万行的数据限制。

缺点：现在这款软件仅适用于 PC，Mac 版正在制作中。

这款工具的网站还提供了很多的教程和免费的现场培训。

Google Spreadsheet Charts

这款工具允许你从谷歌文件的账户中建立柱形图或饼图、地图、树形图等。它的操作很方便，使用起来就像 Excel 一样。

Piktochart

这款在线增值软件可以让你在很短的时间内建立个性化的信息图表。免费版提供三个免费的模板，用户可以通过拖放来增加元素或个性化你的图表。

缺点：免费版只允许你将图表作为图像下载下来。专业版（每月 14.99 美元）为你提供 30 多个模板，你可以通过 HTML 或原始数据格式下载图表。

［马尔特 • 费尔南德斯（Maite Fernandez），国际记者网］

传统媒体如何做到大数据编辑的“巧”应用

通过对《卫报》网站“解读骚乱”研究的分析可以看出，要使大数据编辑策略对复杂议题报道发挥最大的助力，一要注意数据的准确性和分析结果的可靠性，二要采用视觉化的数据表现形式，避免报道方式的单一和枯燥。

1.“公信力市场”需要准确可靠的数据

网络使海量信息的快速传播成为可能，人们可以通过网络轻松快速地分享信息，但海量信息也使得辨别其真假和审核需要花费成本。当信用成为一种稀缺资源后，也为传统媒体提供了新的机会，即从注意力经济转向“公信力市场”（trust market）[①]——通过深入调查事实、剖析事情发生的原因和趋势来为公众筛选出具有价值的信息、提供具有公信力的融合报道。因此，如何设计科学的调研方法以确保数据准确可靠便成为一大挑战。第一步是要寻找合适的调研方法，《卫报》网站负责人解释：“如果想阻止骚乱再次发生，我们首先必须明白它为什么会发生。一个好的入手点是访问那些参与了骚乱的人们并了解他们参与骚乱的原因。”[②]由于参与的人、参与动机和诉求都模糊不清，对于骚乱发生的原因又有很多有争议的说法，采用定性分析对大样本做深度访谈的方法能帮助我们认识参与者——“人”这个不确定的因素。但深度访谈作为定性研究方法，本身具有不可避免的主观性。这就要求调查人员对所调查内容采取客观态度，同时掌握很高的访谈技巧。这也是“解读骚乱”报道专题在招募调研人员时，选择有良好社区关系的人员并对他们进行专业培训的原因。因此，在选取了合适的研究方法后，要最大限度地克服该方法自身的局限性。

2. 与专业研究机构的合作促使研究结果客观中立

《卫报》新闻与媒体总编艾伦·鲁斯布里格尔说：“《卫报》网站将在数字新闻领域继续前进，自从骚乱爆发以来，我们所收集的信息量十分庞大，作为一份报纸，我们能从这些数据获得客观的结论，但是与伦敦政治经济学院的合作将使我们能把这些事实放到更广阔的社会图景中去考察，并就什么引发了这些事件提供一个更为全面的观照。”[③]

3. 多媒体手段的可视化呈现造就精彩“故事”

2009年，《卫报》网站创办了数据博客专栏，通过从大量数据中筛选有价值的信息进行分析来挖掘新的故事。数据新闻开始成为《卫报》着力发展的重点之一。著名的全能记者米尔科·洛伦兹提出数字新闻的工作流程包括深度挖掘数据、筛选重要信息、可视化和编故事。[④]《纽约时报》总结其数据可视化主要用于四个方面：提供背景、描述过程、展现模式、分析地理因素，[⑤]也即米尔科所提到的“编故事”的方式。举个例子，最常进行可视化操作的是时间和地点，它们是复杂报道中最重要的元素，但是在文本阅读时很难看得非常清楚，如果做成图表就能清晰显示出主体的具体位置，或者什么时候故事达到高潮，把它们放在一起就能最好地呈现一个故事。以“微博的谣言传播”为例，通过时间轴上的顺序播放，谣言的扩散、抑制和消失的过程在读者面前一一展现，整个事情的发展变成了流

---

① See The Guardian & LSE, *Reading the Riots: Investigating England's Summer of Disorder-full Report*, Retrieved December 20, 2011, from http://www.guardian.co.uk/uk/interactive/2011/dec/14/.

② Lorenz, Mirko, "Data driven journalism: What is there to learn? ", Presented at IJ-7 Innovation Journalism Conference, Stanford, CA, 7 - 9 June, 2010.

③ Gunter, Joel, *Lessons in Data Journalism from the New York Times*, Retrieved December 21, 2011, from http://blogs.journalism.co.uk/2011/04/16/ijf11-lessons-in-data-journalism-from-the-new-york-times.

④ See Lorenz, Mirko, "Data driven journalism: What is there to learn? ", Presented at IJ-7 Innovation Journalism Conference, Stanford, CA, 7 - 9 June 2010.

⑤ See Gunter, Joel. Lessons in data journalism from the New York Times. Retrieved December 21, 2011, from http://blogs.journalism.co.uk/2011/04/16/ijf11-lessons-in-data-journalism-from-the-new-york-times.

畅的动画，有开端，有高潮，也有结尾。因此，面对研究结果，首先要将其中的“数据”变成“故事”，再运用多媒体手段深入浅出地表达出来。

卫报数据博客的编辑流程

当我们启动数据博客的时候，并不知道是否会有人对这些原始数据、统计和可视化感兴趣。就像我办公室里一些颇有地位的人问的一样：“为什么会有人想要这玩意儿？”

《卫报》数据博客（Guardian Datablog）——目前由我编辑——曾经是一个小小的博客，专门提供我们新闻报道背后的完整数据集。现在，它包括一个首页、各国和全球范围的发展数据搜索引擎、网络上的和《卫报》的视觉艺术家们的数据视觉化作品，以及探索公共开支数据的工具。每天，我们使用谷歌电子表单（Google spreadsheets）来分享完整的数据。我们分析这些数据，并将之可视化。之后，我们用这些数据为报纸和网站提供新闻故事。

2014 年数据新闻新趋势

积累数据集，与数据“搏斗”，使它可以让当天的新闻报道变得有意义。作为一名与图形打交道的新闻编辑，这是我一贯工作的合乎逻辑的延伸。

之前那个被问及的问题已经有了答案。对于公共数据而言，这几年的发展简直是不可思议。奥巴马将公开美国政府的数据错误列为其第一个法案的内容。紧随其后，一系列的政府数据网站如雨后春笋般在全世界建立起来：澳大利亚、新西兰，还有英国政府的 Data.gov.uk。

我们已经有了整个不列颠最非比寻常的数据新闻报道——议员开支丑闻案。这一事件的余波使得威斯敏斯特决意每年都发布海量的数据。

我们已经有了一次大选数据，大选中所有的主要政党都同意数据透明化，要将我们的数据“金库”向全世界开放。我们还有报纸发表的专栏文章，为督促财政部发布综合在线信息系统（COINS，Combined Online Information System）数据库作坚持不懈的努力。

与此同时，网络上涌现出越来越多的数据也说明了更多的人开始对新闻背后的原始事实感兴趣。我们启动数据博客的时候，以为读者应该是那些制作应用程序的开发者们。实际上，恰恰是广大的普通读者更想深入了解各种数据，包括碳排放、东欧移民、阿富汗发生的死亡事件，甚至是甲壳虫乐队在他们的歌里面使用“爱”字的次数（613 次）。

渐渐地，新闻报道中开始反映并加入数据博客的工作。我们众包了 458,000 份与议员花销相关的文档，并详尽分析了议员们所声称的那些数据。我们帮助用户们仔细探索财政部的开支数据库，并发布新闻报道背后的数据。

不过真正改变数据新闻的事情发生在2010年的春天，它开始于一份电子表单：92,201行数据，每一行都包括一条发生在阿富汗的军事事件的详尽信息。那是维基解密战争档案，以上内容便是它的第一部分。它还有两部分：伊拉克和密电。档案的前两部分有个官方的名称：美国重要军事行动数据库（SIGACTS: the US Military Significant Actions Database）。

新闻机构一贯讲究“地缘”，也就是跟编辑部的接近程度：如果离编辑部近，你就更容易提出想法并参与进程；与之相反，如果人家看不到你，也就不会想到你。在维基解密之前，我们与图形部门在一起，跟编辑部在不同的楼层。维基解密事件之后，我们就跟编辑部做起了邻居，待在同一个楼层。这意味着我们能够更容易地向编辑提出想法。新闻室另一端的记者们也会想到让我们为新闻报道提供帮助。

不久之前，记者还是官方数据的看门人，记者们会撰写跟数字相关的报道，发布给对原始的统计数据毫无兴趣的公众。而今天我们会想着让原始信息进入报纸，这在过去简直就是诅咒。

现在的情况已经截然不同。我们的角色正在向解释者转变——帮助人们理解数据。有时候我们发布数据仅仅是因为数据本身很有趣。

但是，没有经过分析的数字仅仅是数字而已，这恰是我们的价值所在。当英国首相声称2011年8月发生的暴乱与贫困无关时，我们在有贫困指数的地图上标注骚乱者居住的地址，以此来揭示这份声明背后的真相。

所有的数据新闻背后都是一系列的作业流程。随着新的工具与技术的出现，它也在不断变化。有些人说这项工作要跟超级黑客一样，自己编写代码，然后被淹没在SQL中。

你确实可以这么干，不过我们的很多工作其实仅仅使用了Excel。

首先，我们定位数据，或者从不同的渠道获取数据，比如说突发新闻、政府数据、记者的调查等等。接着，我们开始考虑用这些数据我们能做什么——我们需要把它跟另外一个数据集整合到一起么？如何展示数据随着时间的变化？电子表单通常会被整理得非常规整——无关的数据栏和奇怪的合并单元格没有丝毫价值。我们通常还期望数据文档不是PDF版本的——对数据来说，这可谓人类已知的最差的格式。

通常官方数据会附带官方代号。每所学校、医院，每个选区和当地政府，都会有独一无二的识别代号。

国家同样也会有代号（比如说，英国的代号是GB）。它们非常有用，因为当你想将不同的数据集整合到一起时，你会惊奇地发现它们的单词顺序与拼写方式居然会如此不同。比如说，Burma、Myanmar都是缅甸。又比如说，从佐治亚州到西弗吉尼亚州，美国一共有11个费耶特郡（Fayette County）。代号可以让我们在比较数据时避免牛头不对马嘴。

流程的最后部分是输出结果。它最后是一篇报道？图形？亦或可视化信息？要使用什么工具？我们最为常用的工具都是免费的，它们简单易用，让我们可以很快就有所产出。更为精心设计的图表则由我们的开发团队制作。

我们通常使用 Google charts 来制作小型的线形图和饼图，用 Google Fusion Tables 来快速创建地图。

这一切看上去是新奇事物，但其实不是。

1821 年 5 月 5 日，周六，曼彻斯特《卫报》发行了它的第一期报纸。就跟当时的所有新闻报纸一样，新闻被印在封底——头版头条是一则寻找走失的拉布拉多犬的广告。

在故事和诗歌摘录中间，“事实”居然占据了封底三分之一的位置。那是一个署名“NH”的表格。该表格全面地、“前所未有”地向公众呈现了就读当地学校的各项花费。

NH 希望他能够公开发布他的数据，要不然其中的内容就要交给没有受过训练的事务员来报道。他认为：“它所包含的信息极具价值；假如不知道受教育的普遍程度，不清楚当下环境和未来的社会进程，我们哪怕最好的观点都会有所纰漏。”也就是说，如果人们连发生了什么都不知道，我们的社会如何变得更好？

曾经只是在封底的东西，如今可以成为头版新闻。

［西蒙·罗杰斯（Simon Rogers），《数据新闻手册》］

思考题

1. 你对在多媒体编辑前展开科学的实证调查有什么看法？分析这种调查的利弊。
2. 有人说，要展开如此规模的数据可视化编辑，媒体需要聘用一定数量的交互设计人员或者对原来的新闻编辑进行数据可视化业务的培训。你觉得哪一个方法更实际？为什么？
3. 如果你是《卫报》网站总编辑，你会从哪些角度寻找具有新闻价值的数据进行多媒体编辑？

Chapter 7
第七讲　为什么这些报道能获奖？美国普利策新闻奖作品的多媒体编辑

- 图文影像的立体式呈现
- 数码工具的视觉交互展示
- 综合叙述语境中信源的全面考察
- 形式：多种适当媒介传播符号的使用与融合
- 不同题材多媒体编辑的媒介选择

主案例 第95届普利策调查性报道奖作品“佛罗里达州保险危机”

2011年4月，第95届普利策新闻奖在美国哥伦比亚大学揭晓。比较2010年、2011年14个奖项的分类定义，2011年共有12个奖项定义在原有评判标准上增加了“采取任何可使用的新闻手段，包括文字报道、视频、数据库、多媒体、互动演示或结合上述手段的任何形式”的表述。普利策新闻奖一直是美国新闻业发展趋势的缩影和导航。这种“新的评判标准”的出现体现了调查性报道方式的多元化以及采用视觉化、交互式多媒体编辑手段日趋重要。其中，“佛罗里达州保险危机”（Florida’s Insurance Risk）的报道成为第95届普利策调查性报道奖获奖作品，其线上专题报道的多媒体编辑在获奖作品中大放异彩。

“佛罗里达州保险危机”是由佛罗里达州一家地方日报《萨拉索塔先驱论坛报》（以下简称《论坛报》）记者佩奇·约翰独立完成的调查性系列报道。报道详细披露了对佛罗里达州业主有重要影响的财产保险体系的黑幕，提供了便利的保险公司可靠数据，并促使监管部门采取行动。佛罗里达州州民交付着世界上最高的财产保险金，而这一笔笔保险金却蚕食着国家经济，摧毁着房地产交易，使很多家庭背井离乡。佩奇花了两年时间调查了佛罗里达州的财产保险市场，其获奖作品（表7—1）①包括截至2010年年底有关佛罗里达州的财产保险体系黑幕的9篇新闻报道和1个线上数据库。

表7—1　“佛罗里达州保险危机”系列报道获奖篇目及数据库

2/28, 2010	羸弱的保险公司使百万名佛罗里达州民面临危机
4/18, 2010	监管者如何使佛罗里达州住户置于险境
4/19, 2010	监管机构下赌保险折扣
5/14, 2010	保险公司如何暗地里赚取百万保金
	线上数据库
10/24, 2010	几十亿保金由财产保险公司流向海外
10/25, 2010	百慕大如何操控保险金价格
11/14, 2010	制造一个82亿美元的威胁
11/15, 2010	飓风预测模式：依赖可笑的计算机数据
12/5, 2010	国有农场保险公司如何发灾难财

普利策奖

包括新闻奖和艺术奖两大类，其中新闻奖主要有：公共服务奖、报道奖、社论奖、漫画奖、批评评论奖、通讯奖、特写奖、新闻摄影奖等；文学艺术奖有小说奖、戏剧奖、诗歌奖、美国历史作品奖、自传或传记奖和非小说作品奖；音乐作曲奖项。另外，还会颁发两项特别奖。

第95届普利策调查性报道奖作品“佛罗里达州保险危机”

① 参见 http://www.pulitzer.org/works/2011-Investigative-Reporting。

自2010年2月28日首篇报道发布后，随着佩奇的一步步揭露，佛罗里达州涉嫌保险欺诈的公司与投保人重签合同并归还了数百万美元。佛罗里达州八家平日相互竞争的报纸也摘登了佩奇的系列报道以呼吁州立法（不少法律已通过，部分仍在立法过程中）。

在获得本届普利策新闻奖之前，美国调查性报道记者与编辑奖（Investigative Reporters and Editors Award，IRE）对佩奇的系列报道给出了如下评语："无论从线下还是从线上，读者可以看到百余家保险公司的详细财务信息、用以承担灾难保险的资金数额、被媒体曝光的举债经营程度。对于正面临保险赔偿危机的投保人来说，这是唯一一个公共信息来源。"佩奇·约翰的与时俱进与她的多面手能力息息相关。她是一位有着30余年新闻工作经历的已婚女记者，在南伊利诺伊州立大学毕业后曾在美国犹他州甘尼特新闻社、底特律新闻报、美联社等单位供职。在其新闻职业生涯中，她一直沿袭了大学里新闻多面手（Multi-faceted Journalism）的教育传统，擅长数据库应用项目、图表绘制、网站设计、叙事写作和调查性报道。

多媒体新闻编辑的重要元素

多媒体新闻编辑利用了每种媒介的优势

视频用于显示动作（青少年滑板、高中生摔跤或厨师进行烹饪），捕捉重要的话（事故现场的证人、讨论病痛的癌症幸存者），将读者带到他们不能访问的地方（演出的后台）或他们想要访问的地方（迪士尼乐园、世界杯）。

照片用于捕捉强烈的情感或关键时刻（母亲与失散多年的孩子相见、讲述失去家园的不幸的人），图片往往胜过千言万语。

音频用于捕捉引人注目的话（讨论战争生涯的老兵、讨论子女的母亲），或讲述"现场"的声音（在拥挤餐厅中的晚餐、音乐、体育馆的欢呼、建筑噪音和枪声）。

图像使用易于理解的方式展示繁琐的过程（议案如何在国会获得通过、一个新的手术是如何进行的）或复杂的数据（就业率、城市人口比例）。

闻所未闻的多媒体新闻编辑手段及案例

视频和照片

在加州橘郡当地报纸*Register*关于当地危机的报道中就较少地使用文字。摄影师为故事写了一段简短的导语，接着使用视频的方式让读者"坐上"观光车——专门为潜在买家提供的参观那些被收回抵押权的房屋视频。这个报道还包括一个展示被遗弃或破坏房屋的系列图片，用于展示这个加州社区房屋抵押危机的真实情况。报纸同时提供了多个涉及相关报道的文章链接。

链接：http://www.ocregister.com/articles/photos-17815-slideshow-gallery. html#article-comments

音频和互动元素

第一人称视角的报道具有很强的吸引力。在这个例子中，《纽约时报》让34名被中医治疗所折磨的人来讲述自己的故事。《纽约时报》采访了不同的人，每个人都有自己的音频幻灯片：照片配上受访者的声音。影片没有旁白——记者是无形的。

链接：http://www.nytimes.com/interactive/2009/09/10/health/Patient_Voices.html

地图 / 文字 / 图像

《迈阿密先驱报》提供多个相对简单的图形，以视觉化和易懂的方式帮助读者掌握复杂的问题。在该报的网站上还有很多的例子，例如你可以查看这个由系列图片组成的报道，它向读者展示了2007年经济衰退如何影响了南佛罗里达地区；这个时间表讲述了美国对古巴的禁运历史和一些关键人物；这些图片展示了政府试图组织英国石油公司对墨西哥湾石油泄漏事件采取的不同方法，并详细描述了每种方法的细节内容。

《新奥尔良时报》(*Picayune*) 用图像记录了卡特里娜飓风如何在2005年席卷新奥尔良市，点击这里可以看到互动地图。你可以在《新奥尔良时报》关于这个历史性飓风和后续报道的网站上找到更多的多媒体互动内容。

（黄金源译，国际记者网）

图文影像的立体式呈现

通常来说，法律、经济和政治新闻都属于调查性报道的关注范畴。① 而这里所说的“佛罗里达州保险危机”系列报道的核心关键词就是保险，是经济关系与法律关系的统一，使其成为融合多种宏观背景的调查性报道。这类调查性报道要想吸引读者、抓住事件的实质性内容，必须将新闻编辑的呈现更深入几步。在多媒体时代开展调查性报道，新闻编辑不仅要关注图文、影像等线上形式的立体呈现，还要利用线上数码工具进行数据、图表的视觉化交互展示。对于调查性报道来说，我们需要思考：在挖掘到问题最根部以后，如何还能进行编辑呈现呢？《萨拉索塔先驱论坛报》在其网站上围绕“佛罗里达州保险危机”系列报道设计了九大专题板块和两大数据图表的交互展示。板块包括介绍（introduction），州民面临危机（Floridians at risk），保险公司赚取百万（insurers made millions），监管者下赌折扣（regulators gamble on discount），几十亿美元流向海外（billions sent overseas），可疑的计算模型（a dubious model），赚取钱财（cashing in），深重的伤痛（pains deepen），应用、回应等（application，interaction

调查性报道

又称“揭黑”报道，是一种特殊的深度报道形式，专门用来揭露社会阴暗面、政府里的黑幕、大企业的罪恶勾当以及黑社会的内幕等等。

调查性报道的报道者通过自己比较长期而完整的积累、观察与最近的调查研究，对某一或某类社会事实或社会现象所进行的深入、系统或详细的报道。

① 参见〔美〕凯利·莱特尔等著，宋铁军译：《全能记者必备：新闻采集、写作和编辑的基本技能》，北京：中国人民大学出版社2005年版，第267页。

and more)。

九个专题板块呈重叠式排列，鼠标移动至相关板块框条目，板块内图文视频等内容就会以视觉化、交互式的多媒体形态立体地呈现出来，包括相关细节报道、金融数据分析、法律合同解析、重要关联信息、视频报道等。读者可根据不同板块内容选择新闻阅读："纵向"可选择不同侧重点的板块信息，"横向"可在板块内选择不同角度的信息（图 7—1）。

图 7—1 《萨拉索塔先驱论坛报》网站"佛罗里达州保险危机"9 大专题板块

譬如"几十亿美元流向海外"板块主要介绍不良保险公司如何将保金以"再保险"形式输出海外洗钱。板块左侧标注配大图的标题《保险业的新游戏：几十亿美元被输出海外》及其核心概要，阐述保金输出海外的事实（该报道仅线上发布）。右侧上方标注配小图的标题《百慕大如何在佛罗里达州垄断保险金额》及其关键事实，调查了海外洗钱的途径和方法。右侧下方则罗列了三个解释性报道《百慕大保险记录并非白璧无瑕》《布什·杰布呼吁联邦政府解决问题》《我们如何计算》，细致介绍了保金海外记录、前佛罗里达州州长呼吁政府介入以及如何专业地计算分析上千页报告并形成强大的数据库（图 7—2），以帮助读者寻找复杂调查背后的真相。可见，一篇调查性报道涉及的事实往往与其他事情有着复杂的、网络般的关系，还涉及过去、将来等不同时期、领域。读者要面对事情真相，更要了解事实背后的意义，这就要求媒体提供横向、纵向的图文影像立体式呈现。

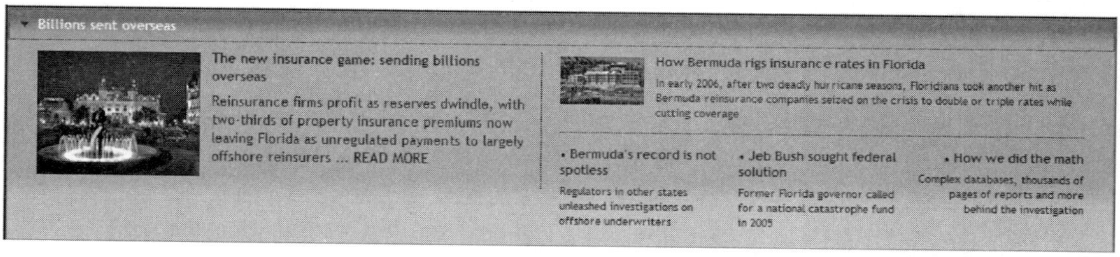

图 7—2 《萨拉索塔先驱论坛报》网站"佛罗里达州保险危机"数十亿美元流向海外专题

数码工具的视觉交互展示

普利策奖管理人、哥伦比亚大学教授西格·吉斯勒在第 95 届普利策新闻奖揭晓仪式上强调了“新的评判标准”，即“使用数码工具在内的其他因素”[①]。而该“佛罗里达州保险危机”系列报道的线上编辑充分利用了数码工具，采用“数据库、多媒体、互动演示和结合上述手段的形式”，便利地为读者提供了保险公司可靠的数据。图 7—3 中便是两幅佛罗里达州保险情况数据图表的视觉交互展示。

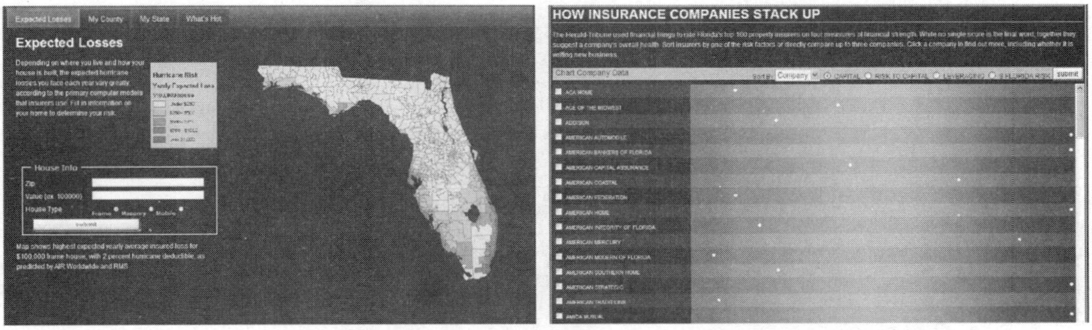

图 7—3 《萨拉索塔先驱论坛报》网站“佛罗里达州保险危机”两个数据图表

图 7—4 左边是一幅可视的交互数据地图，包括预期损失（Expected Losses）、我所在的县（My County）、我的状况（My State）和热点（What's Hot）四个横向子集。“预期损失”图建立在佛罗里达州州民居住点及其房屋搭建方式上。此图根据保险公司最主要采用的电脑模型计算得来，预测出飓风灾后损失每户、每年变化较大。图例中标出了飓风危机带来的每年每户（房价市值 10 万美元）预期损失。在地图右侧，拥有房产的投保人还可以提交自己的房产信息，包括邮编、房价、房型（木结构、砖瓦结构、移动式）查看年预期损失。根据美国 AIR 环球公司和 RMS（Risk Management Solutions）风控公司预计：尽管有 2% 的飓风免于赔偿，对于房价达 10 万美元的住户来说，每年平均的预期保险金额是最高的。

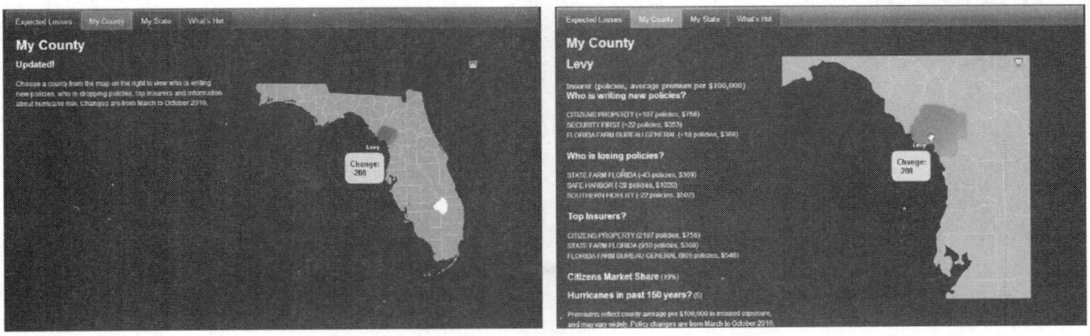

图 7—4 数据图表交互展示（1—a）我所在的县

① 展江：《2011 年普利策奖：女星闪耀网站崛起》，载《新闻记者》，2011 年第 5 期。

点击“我所在的县”一栏，交互数据地图便转为图 7—5 左侧图幅。读者可点击图中任何县所在色块查看签订新保单或失去保单的公司，以及最强保险公司和飓风灾害信息（数据从 2010 年 3 月起至 2010 年 10 月结束，期间实时更新）。如图 7—5，点击利维县（Levy）后读者可浏览地图左侧出现的保险公司保单数、平均保险费 10 万美元、市民市场份额和遭袭飓风次数链接：

谁签订了新保险合同？

CITIZENS PROPERTY：新签 197 条保单，756 美元 /10 万美元

SECURITY FIRST：新签 22 条保单，353 美元 /10 万美元

FLORIDA FARM BUREAU GENERAL：新签 18 条保单，369 美元 /10 万美元

谁失去了保险合同？

STATE FARM FLORIDA：失去 43 条保单，369 美元 /10 万美元

SAFE HARBOR：失去 28 条保单，1,020 美元 /10 万美元

SOUTHERN FIDELITY：失去 22 条保单，502 美元 /10 万美元

最强的保险公司是哪些？

CITIZENS PROPERTY：共签 2,197 个保险合同，756 美元 /10 万美元

STATE FARM FLORIDA：共签 910 个保险合同，369 美元 /10 万美元

FLORIDA FARM BUREAU GENERAL：共签 805 个保险合同，546 美元 /10 万美元

市民所占市场份额：19%　　**过去 150 年间遭飓风袭击有：5 次**

民族日报的六个新媒体策略

图 7—5　佛罗里达州利维县保险公司近况图[①]

值得一提的是，点击“热点”一栏后，记者借助 CityMind 工作室的编程，[②]融合了谷歌地图和 IBISEYE 飓风分析网站（图 7—6a 左图），它为读者呈现了佛罗里达州 19 世纪以来所有飓风的详细情况（路线、受灾城市、雨量、风量等）和各县保险赔偿情况（图 7—6b）。

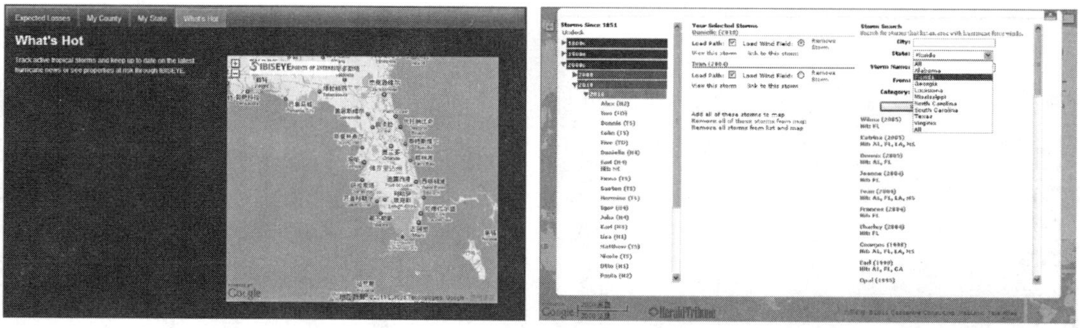

图 7—6a　数据图表交互展示热点

① 参见 http://cf.htcreative.com/insurance2/insuranceriskhome.html#。

② 参见 http://www.citymind.com/pages/。

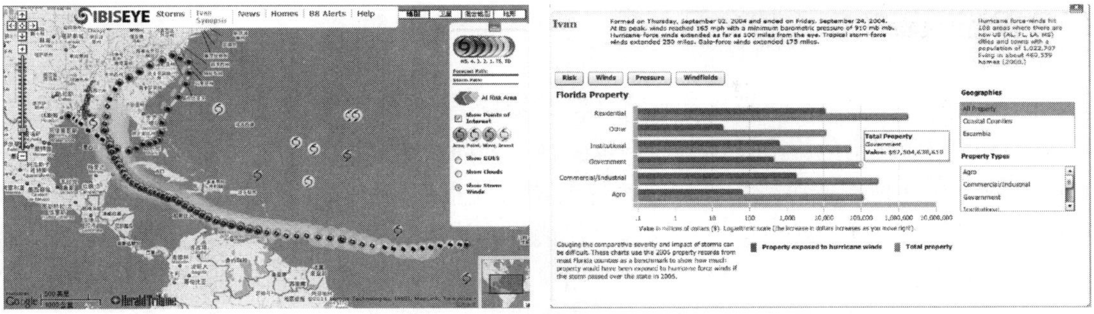

图 7—6b 数据图表交互展示热点①

此外，记者从财务能力方面的测量标准（资金、抗风险资金、保险赔偿状况等），根据财务档案评估了佛罗里达州百强财产保险公司，并制作了交互展示数据表（图 7—7）。虽然这些都不是最终数据，但说明了一个保险公司的整体运营是否良好。读者可以从四个危机测量选项中任选一个或者直接比较三家公司，而且点击每一家公司都能看到更多的详细信息，包括其新签订的保险合同。

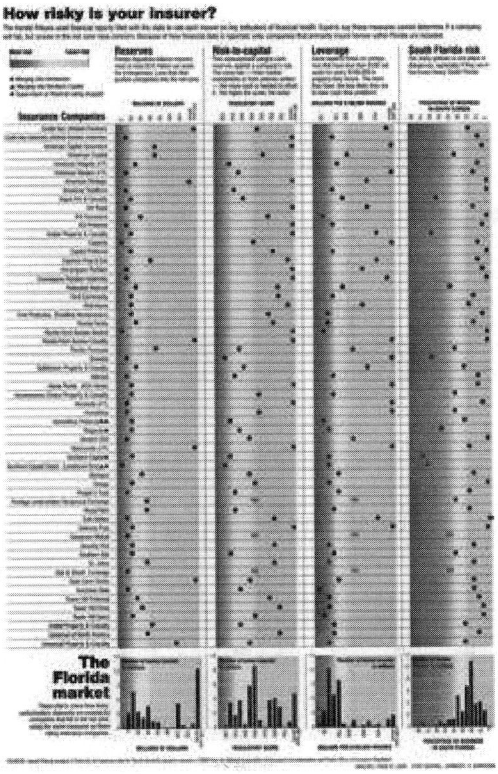

图 7—7 数据图表交互展示一热点②

① 参见 http://www.ibiseye.com。
② 参见 http://www.heraldtribune.com/article/20100228/article/2281082。

综合叙述语境中信源的全面考察

调查性报道所揭露的黑幕往往具有社会背景复杂、时间持续较长、利益相关者较多等特点。体现在呈现出的报道文本方面，读者往往要面对数篇篇幅长、文字多、信息量大的叙述语境。在这种叙述语境中，传统媒体的调查性报道往往简单地根据五 W 模式呈现出线性的组织结构。这已然不适应多媒体时代读者碎片化的阅读习惯。更为重要的在于，调查性报道不仅要呈现一个故事过去如何开始、现在如何被揭露、今后又将如何发展的线性语境；还要以一种更加深刻、广博的形式表现出来，包括人物的动机、外貌特征、个人经历和其他超越头衔和观点的特征；它发生在与人物个性、经历密切相关的地方。[①] 在这种新变化下，不妨借鉴美国学者尤 · 布朗芬布伦纳提出的一系列嵌套结构模式，[②] 建立起一整套调查性报道多媒体编辑的线性与非线性综合叙述语境（图 7—8）。出色的调查性报道应讲出关于“人”的好故事。[③] 而在调查性报道中，涉及新闻事件的个人通常处在从直接环境（如家庭、社区、团体）到间接环境（如宽泛的文化、政策、经济）的几个语境系统的中间或嵌套于其中，每一系统都与其他系统以及个人交互作用，影响着新闻事件发展的许多重要方面。

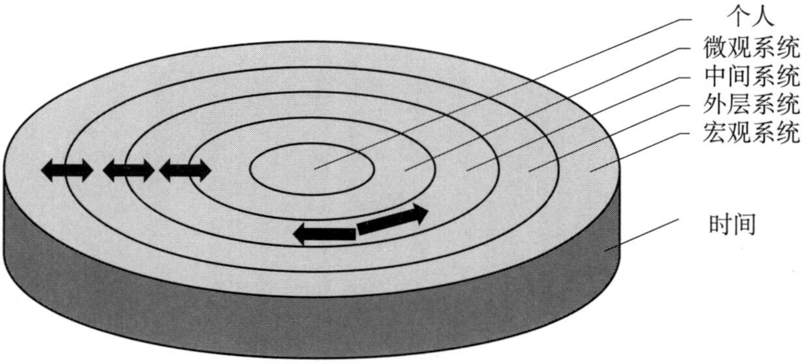

图 7—8 调查性报道多媒体编辑的线性与非线性综合语境

本次线上编辑的九大专题板块及内容便呈现出这种语境的报道模式。其中，编辑的核

① See Lee Hunter, M，eds.（2009）, *Story-Based Inquiry: A Manual for Investigative Journalists*[online], Available from:http://www.google.com/url?sa=t&source=web&cd=1&ved=0CBkQFjAA&url=http%3A%2F%2Fportal.unesco.org%2Fci%2Fen%2Fev.php-URL_ID%3 sg=AFQjCNFF7A2Ey0q-fRuo0uuUkbM3hP3Elg. [2009-12-19].

Bronfenbrenner，U.（1979）, *The Ecology of Human Development*, Cambridge，MA: Harvard University Press. D29032%26URL_DO%3DDO_TOPIC%26URL_SECTION%3D201.html&ei=5LTdTbuWGYncvwPKlMzbBQ&usg=AFQjCNFF7A2Ey0q-fRuo0uuUkbM3hP3Elg. [2009-12-19].

② See Bronfenbrenner，U.（1979）, *The Ecology of Human Development*. Cambridge，MA: Harvard University Press.

③ See Deborah，P.（2006）, *Handbook of Independent Journalism* [online]. Available from: http://www.america.gov/publications/books/handbook-of-independent-journalism.html:[2006-07-15].

心就是购买住房保险的“州民”。在保险活动中，个人交往的直接环境则包括住房、保险公司、保金、飓风灾害等微观系统。而这些微观系统之间的关系也在九大板块的报道中体现出来，比如住房受损后保险公司需要赔偿、保险公司自行设计受灾预测系统并哄抬保金、住房因飓风灾害而需保金担保。外层系统则是指那些佛罗里达州州民并未直接参与但却对他们的状况产生影响的系统，比如保险业监管部门、保险行业协会、用以洗钱的海外地区（百慕大）以及操作洗钱的国有农场保险公司；宏观系统的九大板块中大量涉猎了佛罗里达州关于保险业的法律法规，对该州的地理位置（导致飓风危机的客观条件）也有详细披露。而九大板块之一的“介绍”便是线性地全面梳理了“佛罗里达州保险危机”的来龙去脉。因此，在应用图文、影像等形式进行多媒体编辑以呈现调查性报道的事件时，可列出如图 7—8 所示语境模式中各系统的所有相关者，然后进行线上图文、影像的立体编辑。这种新闻编辑模式不仅丰富了线上编辑的呈现形式，更能让读者从各种层面、各种角度解读事实真相。

普利策奖得主：优秀新闻写作的元素永远不变

新闻业的版图在不断演变，总有不断扩张的平台和不断更新的工具带来叙述方式的变化，而杰奎琳·巴那金斯基 (Jacqui Banaszynski) 作为一名拥有 30 多年经验的新闻记者和编辑，目睹了这一切。

杰奎琳曾以一篇与艾滋病相关的专题报道获得 1988 年的普利策新闻奖。她目前是美国密苏里新闻学院的“奈特”教授、波恩特新闻研究中心的编辑研究员。

数字新闻时代，读者感兴趣的新闻叙述方式是什么？

新闻中某些工具总是能够发挥更好的作用：音频让人有亲密感、图像捕捉到时间和时间的片段、视频记录了动作、文字则是深度连接人类心灵的最好方式。

优秀新闻叙述的基本元素是永恒的：

- 寻找事件中人性的一面。
- 寻找存在于个体中的普遍主题和意义。
- 尽可能具体和生动。
- 让故事连贯，让读者知道故事的背景、年代和相关状况。

那些容易侵入的深度报道，对故事平衡性有什么建议？

如果记者都是怀着真诚的同情、敏感的意识和真正的好奇心，我们可以和采访对象进行深入的交流。关键是抛弃成见和预先的判断，进入对现实进行了解的渴望状态。

从更加实际的层面来讲，向采访对象进行简短的自我阐述。告诉他们你为什么感兴趣，解释一下你的工作和谈判条件，询问他们的关注点。

最后一个建议：以适当融入受访者生活的方式接触采访对象。

- 官员和名人知道记者是怎样工作的；你需要诚实和遵守道德，并不用向他们解释太多。
- 发现自己置身于聚光灯下的普通百姓需要更多的解释。如果他们是成年人，并能做“知情同意”，尊重他们的选择。

- “脆弱人群”包括年幼的儿童、具有精神和感情障碍的人群、受到严重打击的人群，和因为药物与酒精的作用致使其判断受到影响的人群，他们可能无法理解和记者交谈的结果，因此记者需要评估状况，试问自己受访者是否知道他们在做什么。

最后，坚守你的诺言。

［琳赛·杰奎琳（Lindsay Kalter），黄金源译，国际记者网］

荷赛获奖者：数字手段看监狱

形式：多种适当媒介传播符号的使用与融合

除了本文主案例外，第 95 届普利策新闻奖其他作品在多媒体编辑的形式、叙事、互动性和延展性等方面具有哪些特征？而不同新闻报道题材在这些特征影响下，媒介该如何选择呢？

什么是多媒体编辑？多媒体编辑并非简单地等同于“全媒体编辑”，它不只是多种媒介报道形式的组合堆砌，而是基于互联网的核心报道平台，根据新闻内容的时间和空间特点，以最适宜的媒介手段，融合使用多种技术形态的编辑形式。[1] 美国背包记者先驱人物简·史蒂文斯（Jane Stevens）也说“多媒体编辑是文本、图片、视频、音频、图表和互动性的集合体，它以非线性结构呈现在网站上，各种媒介的内容相互补充而不重复多余……一篇报道的不同部分可用不同的媒介阐述，关键是这些媒介是以最吸引人、最有益的形式来展示报道的每个部分的”[2]。

从以上的定义中我们可以发现，多媒体编辑的最大特征就是将文字、图片、视频、幻灯集、数据库、图表、互动演示等多种媒介符号融合使用，但是这种使用并不是简单的添加堆砌，多媒体编辑要求每种媒介的作用都得以发挥，从而使整个报道更为立体化。

第 95 届普利策解释性报道奖《十亿分之一》，主要讲述一个用基因技术治疗患有怪病的 4 岁男孩尼古拉斯的故事。这是个医学与温情故事相结合的报道。这篇报道使用了文字、图表、视频、互动演示、幻灯集等多种编辑方式，用简单易懂的方式解释了大量的专业医学知识，也挖掘了许多人性情感。打开《十亿分之一》的网站，一个大大的视频在最上方，下面分别有尼古拉斯、医生、尼古拉斯母亲的相关视频，5 个治疗与康复期间的照片集，以及 4 个针对性的医学名词解释、DNA 定序、恢复免疫系统

---

① 参见龚瀛琦、张志安：《多媒体编辑的特征及生产机制》，载《新闻界》，2011 年第 3 期。

② Jane Stevens，*Multimedia Storytelling*，May 17，2011，from http://multimedia.journalism.berkeley.edu/tutorials/starttofinish/storyboarding/.

和手术过程的 PDF 格式的下载链接。如图 7—9，受众可以选择不同内容进行选择性阅读或观看。其中视频（日记音频加幻灯）、图片让报道更生动立体、富有感情，而图表、互动演示让枯燥的病理、治疗过程等知识更形象易懂，同时又注意到用 PDF 的下载，以方便人们离线学习了解。如点击其中的“外科手术”（Nicholas’s many surgenies）窗口可弹出一个演示图，这个手术分为五步，每一步有不同的治疗过程和作用，读者可以通过点击“下一步”，来看到整个手术过程，从而加深对治疗的理解。

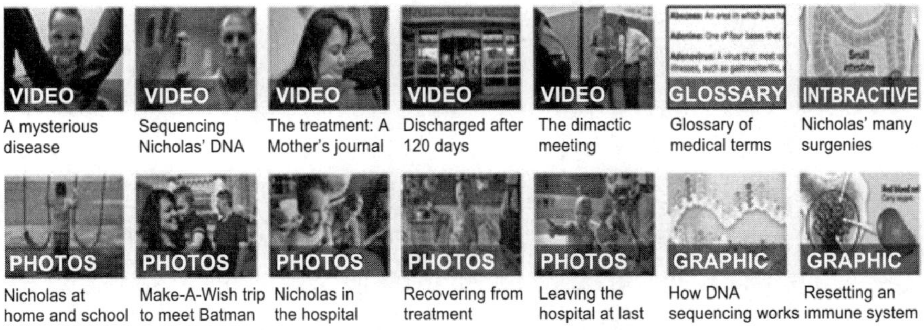

图 7—9　解释性报道奖《十亿分之一》视频界面

解释性报道

又称解释性新闻、分析性报道，是运用背景材料来分析一个新闻事件发生的原因、意义、影响，或预示发展趋势的一种新闻报道。

解释性报道侧重于说明新闻事实的来龙去脉，阐述事实发生的原因、结果以及相关事物之间的联系。

这种报道形式起源于 20 世纪 30 年代的美国，直到 20 世纪 50 年代后才在美国新闻界占统治地位。

在第 95 届普利策地方新闻报道奖《芝加哥社区暴力事件》中，主要采用的是音频加幻灯集同步播放做成的视频图集。在媒介手段的使用上，这篇报道并不多，但是它恰恰是多媒体编辑要求采用恰当媒介的表现，并没有“为了融合而融合”。这篇新闻主要是详细记录了芝加哥社区的暴力事件，并综合调查了受害者、罪犯及侦探们的生活。这样的报道由多个采访组成，每个采访都很长，而每个故事之间又不具有特别的连贯性。所以，用视频图集的方式可以减少冗余信息，加上原生音频，使得现场感也很强，这样反倒会使读者既看到整个暴力事件，又不至于费时过久。

多媒体技能：从全能记者到全能团队

数字时代的新闻报道是跨平台、多媒体、多形态的。“全能记者”是否存在虽还有争议，但“全能团队”则早已遍布各媒体机构。媒体专业化程度越高，越要依靠团队，需要拥有不同技能的人紧密合作，将内容以合适的形态分发到不同的平台。

现在单纯针对报纸版面生产内容的记者已经很少存在，每个人都处在一个或紧密或松散的团队之中，处在新闻生产的某一环节并相互衔接。无怪乎美联社对应聘文字记者的人说：“应聘者需明白多媒体新闻生态系统越来越重要，并能够与生产其他形态产品的同事合作。”甘尼特报业集团要求商业记者要能与生产互动数据数字内容的多媒体合作；《纽约时报》则告诉数字编辑一职的申请者，工作内容将涉及与程序员、设计师、产品经理以及编辑部内其他同事的合作。

业界需求影响新闻教育。在美国，纽约大学、哥伦比亚大学等都推出了新闻学和计算机科学的双学位。纽约大学新闻学教授杰伊·罗森（Jay Rosen）表示，这种新创的双学位制度是迎合市场需求的尝试。他说："新闻从业者，尤其是纽约的新闻从业者一直不断给我们打电话、写邮件，询问我们是否可以推荐有编程能力的人去他们编辑部工作。所以，这种双学位制度是对此以及对如今的新闻业需要更多技术创造型人才这一现实的一种回应。"①

美国西北大学的奈特新闻创新实验室行政主任米兰达·穆里根认为，未来的记者不仅仅需要挖掘新闻信息然后撰写一个引人入胜的导语，还需要掌握编程技能或至少学一学基础的编程知识。他的理由是："HTML 不是魔法，编程也不是什么巫师的技能，只要努力都能学会。学会编程可能无法成为新闻事业的救星，甚至不会改变我们写新闻故事的方式。但懂得运用电脑是能破译并解析我们的内容的，这会为网络记者带来很多乐趣。"其实编程不仅能带来乐趣，也能促进团队的合作。记者可能不需要亲自去剪片子或写代码，但理解相应的运作机制就能提高效率、创造价值。②

也可以说，对新闻从业者来说，技术本身固然重要，但更重要的是有开放的思想和广阔的视野，以及快速学习的能力。新闻从业者需要掌握新闻传播体系的全景，明白自己的角色定位，清楚支撑这一角色的技能体系，然后记住两句话："技不压身"和"学不厌精"。

（王武彬，《中国记者》）

进入第 95 届普利策国内报道奖《华尔街金钱机器》的网站页面，可以点击页面最左面纵向排列的不同板块，页面最右面就会出现链接。每篇文章以"文章加图表"的概括形式呈现，可点击查看详细文章。而在页面的最上方横向排列的是我们的调查、工具与数据、揭发丑闻等标题，可点击进入。例如在点击数据与工具这一栏时，我们随机选取了"解剖迈格尼塔贸易"，进入后，可看到一个简单易懂的互动演示，解释这场危机的起因：将房贷比成葡萄，借贷银行比成酒杯，当葡萄是好的，可以榨成酒将每个杯子填满（即还贷）；而一旦葡萄是坏的，榨不出酒来，那么酒杯就会空置（坏账），最后导致经济的危机（图 7—10）。

图 7—10 国内报道奖《华尔街金钱机器》网站页面

① 转引自〔美〕吉恩·赫斯科维兹著，江海伦译：《新闻学教育：生存还是繁荣？——来自美国新闻学院的报告》，载《新闻记者》，2011 年第 10 期。

② 参见 http://gigaom.com/2012/09/05/want-to-be-a-reporter-learn-to-code/。

不同题材多媒体编辑的媒介选择

多媒体编辑的特点决定了不同新闻题材有不同的媒介报道选择。下面将第 95 届普利策新闻奖的几个获奖作品按政治、经济、医学、社会四个方面分类，来探寻多媒体编辑中的新闻题材与媒介手段的选择。

1. 政治类新闻：图片、视频、图表

政治丑闻是美国公共领域一大重要特征。在美国的政治环境中，负面政治新闻满足了新闻媒体作为舆论监督者的角色扮演欲望。《贝尔城的高薪问题》便是一个政治的揭丑式报道，揭发政府官员的贪污行为。在这样的题材中，事实与证据是最重要的，所以大量的图片、经济数据图表被呈现给受众。受众可以轻易找到整个案件的关键证据，并及时跟进案件的进展。

这些图片中，涉案的各方包括涉案官员、检察机关、法院、律师、民众的情绪、其他城市等，都得到了充分呈现。从具有现场感的照片里，人们可以清楚地看到整个案件的进展。经济数据中对贝尔城的税收、养老金、金融、债务等各项问题的出现与后续情况都进行了文字报道。页面同时将整个贝尔城的各项人口与经济数据以图表形式展现，使受众能够客观且直观地看到贝尔城贪污问题的来龙去脉及其带来的影响。

2. 经济类新闻：数据图表、数字工具

经济新闻报道是一种专业性很强的报道。在对经济领域发生的情况进行报道时，往往要涉及一些业务性问题、经济述评等深度报道。报道不仅要介绍较丰富的专业知识，还须具有一定的理论色彩。在许多经济观察的背后，往往是一系列的经济政策问题和经济理论问题。

经济新闻报道一般情况都有复杂庞大的信息、数据。如果单纯以图表或者文字等其他形式展示的话，受众在阅读、理解以及一些涉及自身问题的应用上都会十分麻烦。所以，首先要让信息简单化、数字化、服务化。这些信息既包括市场行情、物资供求状况和生产状况，也包括经济决策、法规、管理状况等，还包括自然资源状况、科技发展和规划状况、不同地区人们的消费心理及习惯等。而对数据的处理则首先要以服务性为前提，以方便受众自身问题的解决。其次要在庞大的数据及信息中进行分类分块，有不同需求、兴趣的受众可以进行自由选择，不要全部无序排列，这会使得报道空洞枯燥。在媒介手段的选择上，兼顾以上两点的最佳选择便是数据图表和数字化工具的结合。

《佛罗里达州保险危机》和《华尔街金钱机器》都是对经济事件的报道，两者的共同点也正是在数字化工具的使用和可选择阅读模式的内容组合上。《佛罗里达州保险危机》中，设计了 9 个下拉新闻专题、两个数字化工具应用；《华尔街金钱机器》用了 5 个选择新闻专题，并有多个数字化工具。

3. 医学类新闻：视频、互动演示、图片

让受众有兴趣阅读并获取一定的医学常识，是医学类新闻报道的首要追求。那么，如何让枯燥的新闻通俗易懂且具有趣味性呢？首先，情感诉求是受众阅读新闻时的一大需求。在枯燥的医学报道中，增添人性温情的情节、人物等，会使得新闻更具可读性，提高受众的阅读兴趣，并引发共鸣与关注。其次，就是将复杂的医学知识形象化与简单化。互动演示、图片等媒介手段在这方面就发挥了应有的作用。

如在普利策解释性报道奖《十亿分之一》中，记者并没有大篇幅简述患怪病男孩尼古拉斯是多么难受、他的母亲是多么饱受煎熬，而是利用大量的视频、图片，让人们亲自去听、去看他们的生活，去看孩子、医生和母亲是怎样战胜病魔的，这是最能打动人心的情感点。特别是尼古拉斯母亲的那段视频是关于母亲的日记，母亲边读边哽咽着。视频内母子二人往日的幸福模样、治疗期间的种种担忧、治疗后的兴奋感激，随着视频的播放，会引起人们的情感波动。而报道中的医学知识对于非专业领域的人来说，既是枯燥难懂的，但同时也是有用的。所以，记者采用了图片加互动演示的方式呈现这些医学知识，用生动易懂的语言、简单明了的图片告诉受众关于这种怪病的有关知识。同时，链接采用的是可下载的 PDF 格式，更是极大地方便了人们日后的离线学习。

两款多媒体编辑工具

多媒体编辑是用多媒体编辑软件将文本、图像、动画、视频、声音等元素组合在一起，并赋予其生命力——交互功能，进而编辑成为一套完整的多媒体系统。传统的多媒体编辑是一些编程语言，如 C 语言。用 C 语言能创造一切，包括应用软件和多媒体作品，其中出现的 Vc，Vb 也有很强的多媒体创作功能，特别是包含数据库的多媒体。但要掌握它们可不是一件容易的事，所以现在流行用一些功能强大的多媒体工具，如用 Authorware、Director、ToolBook、方正奥思等来编程。下面，我们介绍一下多媒体业界的领导者 Macromedia 公司的两款多媒体开发软件。

Authorware

Macromedia 公司的 Authorware 自 1987 年问世以来，获得的奖项不计其数，其面向受众、基于图标的设计方式，使多媒体开发不再困难。Authorware 成为世界公认的领先的开发互联网和教学应用的多媒体创作工具，Authorware 的版本不断更新，功能不断增强，当前的最新版本是 Authorware5.1Attain。现把 Authorware 的主要特点作一些介绍。

- 基于图标的创作方式，创作者能够方便地看到程序设计的整个流程，并可拖动图标调整其在流程中的位置。
- 支持丰富的媒体，可直接调用各种格式的文本、图片、电影、声音等文件，并将其集合成为独立播放的多媒体程序。
- 可以使用带阿尔化通道的图形，在画面中改变图形的透明度，可产生平滑的动画透明效果。

- 支持 FLASH4：FLASH 是互联网上标准的矢量图形和动画制作软件，现在 Authorware5.1 可以直接使用 FIASH 文件，并保留其小巧的、自由缩放、交互等功能。
- 直接支持 QuickTime4.0（互联网上最新的数字视频标准）文件，甚至 QuickTime VR（虚拟现实），使用 QuickTime4.0 可以在 Authorware 内集成新的视频、音频和图形文件格式，使 Authorware 能调用更多种类的文件。
- 智能化模块向导的运用，开发效率大大提高：Authorware 预先编写好的模块，提供某种功能、交互、课程结构或学习策略。用鼠标把知识对象拖放到流程线上，会自动弹出相应的使用指南。用户根据提示一步步进行操作，即可完成复杂的编程，大大加快了交互式学习应用的开发进程。
- 针对互联网运用了知识流技术：知识流是一种智能流式技术，它能预测并在适当时间预先下载即将需要的应用片段。这意味着在慢速的互联网上也能完全再现丰富的媒体。
- 学习情况跟踪和报告：内置的数据跟踪变量可以捕捉学生的学习进度和成绩。自动集成工业标准学习管理系统。

Director

Director 是 Macromedia 公司的又一重型武器，可以说目前世界上最好的多媒体产品多是用 Director 开发的，不论是多媒体设计专家，还是教师、工程师以及艺术工作者，都会发现 Director 是一套非常理想的创作工具。使用 Director 不但可以创作多媒体教学光盘，而且可以创建活灵活现的互联网网页、多媒体的互动式简报，以及制作出色的动画。现在 Director 已经发展到了 7.0 版本，功能比以前更加强大了，使用起来也更加方便了，下面对其主要特点进行简单的介绍。

- 可以不费吹灰之力就把动画、声音、图像等多媒体元素合成到一起。如果我们只是制作线形播放的电影，那么要做的就是在舞台上排好演员，然后播放即可。
- 若要使之具有交互功能，拖放设置好 Behaviors 就可以了。如果再精通其自带的 Lingo 语言，那么就可以生成顶极多媒体——游戏了。即使有近 100 个设置好的 Behaviors，只要拖放 Behaviors（“行为”或称“动作”）就可实现交互功能。
- 最多可设 1,000 通道，也就是可在这些通道放置 1,000 个媒体元素，并可分别控制它们。就好像在舞台上有 1,000 个演员在表演。
- 无数量限制的演员，Director 7 支持无限多个演员（也就是各种媒体元素，如文字、图片、动画、声音、动画等），使用者能创作出更加多彩的作品。
- 强大的声音控制能力，在时间轴上有两个声道，再通过 Lingo 语言，最多可同时控制八个声音。
- 开放体系结构（MOA）允许任何一位 Director 开发者使用 Lingo、JavaScript、或 C++ 来制作 Xtras，实现对 Director 能力的扩展。这些被整合的 Xtras 被用来建立新的转场效果，进行数据库的连接和对某些设备的控制等。
- Director 不但在多媒体的制作上独领风骚，并且在互联网的网上游戏的创作上也有“一统天下”的势头。

- 在虚拟现实创作方面，Director也有它的独到之处，国际上许多公司已经开始利用Director中的虚拟实现技术在互联网上制作广告。
- 可将访问数据库及网络链接等技术集成在一个多媒体应用软件中。

寻找新闻工作？互联网、多媒体技巧是关键

4. 社会类新闻：图片、视频、音频幻灯集

社会类新闻一般主要围绕一个事件，在时空上跨度也不会特别长。对于受众来说，对事件全貌的了解，现场感与情感诉求比较多，对细节要求也较高。人们看社会新闻既不同于阅读政治类新闻，也不同于看经济类新闻，主要是想通过它了解新闻事实的社会性。而凡是事实都是具体的，又都有它特定的环境。因此，社会新闻在贴近社会时就要在“特定”、“具体”四个字上下功夫。而要实现这样的效果，在媒介手段的选择上，现场图片、视频、音频的报道则会成为受众所喜爱的报道模式。

《芝加哥社区暴力事件》便抓住现场感、情感、细节等方面，用文字、图片、音频幻灯集支撑起整个报道，让报道不显冗余，又很有现场感。同时图片更震慑人心，成为集案发现场、受害者、嫌疑犯、警察等生活细节图片的详细报道。任何一张图片都会让人们感叹暴力的残酷与血腥，进而希冀和平与祥和的社区生活，这种对于暴力事件的报道也更促进整个社区的稳定。

从第95届普利策新闻奖来看，多媒体编辑是大势所趋。多媒体编辑在具体操作上虽存在很多亮点，但也有不足。从本质上说，多媒体编辑虽采用多种媒介手段，使其能够更赢得受众的欢迎，但这些都是建立在新闻报道基础之上的，只是媒介表现方式有所变化，这种变化是顺应了经济、技术、环境、人文等各种条件的变化而变化的。所以万变不离其宗，将新闻报道的“硬件”做好之后，才可以努力追求“软件”——媒介融合上的匹配。而对于“软件”的学习和探索，普利策新闻奖给我们很多启发。我们可以看到很多的多媒体编辑能够以受众需求为出发点，将时空结合，运用适合的媒介手段来呈现新闻。其中的细节与奥妙值得我们学习。

海地的多媒体报道

在2008年的海地地震发生后，全世界的媒体第一时间对此进行了新闻报道。回顾这次灾难报道经历，最引人关注的还是多媒体数字技术在新闻报道中的运用。来自世界各国的记者们通过不同的信息传播手段，向读者讲述了这场让人痛心的灾难。

思考题

1. 尤·布朗芬布伦纳提出的一系列嵌套结构模式为多媒体编辑的线性与非线性表达提供了新视角，你赞同这一编辑模式吗？为什么？
2. 第95届普利策新闻奖提出了“采取任何可使用的新闻手段，包括文字报道、视频、数据库、多媒体、互动演示或结合上述手段的任何形式”的评奖标准。你怎么看？传统媒体的新闻编辑应该如何应对？
3. 如果佩吉在报道“佛罗里达州保险危机”前向作为编辑的你咨询，你认为应该从哪些选题展开

下面是一些在海地地震报道中出色的多媒体报道实例，这些报道通过视频、互动事件轴、新闻内容图像化和各种社交网络工具来辅助新闻内容，非常具有独创性。这些实例有的来自主流媒体，也有一些来自新兴媒体。

地图

位于美国北卡罗来纳州夏洛特的当地媒体 WBTV 发布了一个 Google 地震地图程序。通过这个程序，用户可以关注在海地过去一个月发生的所有地震活动。美国地理调查也同时提供在线的地震细节和即时的内容更新。

洛杉矶时报网站“LATimes.com”利用谷歌地图来报道地震，并用 FLASH 技术制作地震知识入门。

Ushahidi 充分利用网民的优势，从民众之中收集关于地震的新闻报道。它提供了不同种类的“海地报道地图”以供读者和记者使用。

英国《卫报》(*Guardian*) 的地震互动是被广泛接受的一个地图报道方式，它将地震援助救援的信息传达得更加清晰和易于理解。

照片库

一些媒体通过图片的方式展示了海地地震前后的对比。《纽约时报》网站“NYTimes.com”使用了 GeoEye 提供的卫星图片，为读者展示了海地首都太子港地震前后的直观对比。此外，“NYTimes.com”还有效利用对比成像工具对图片进行展示。很多媒体，包括电子杂志，也使用了地理标签和其他类型的卫星图片，这些图片不仅为读者提供了信息，也为媒体提供了可比较的图片资源。

[艾米·韦伯 (Amy Webb)，国际记者网]

报道？从更能进行视觉化编辑的角度，你会提供怎样的建议？

4. 请查一查第 96 届、第 97 届普利策新闻奖作品中运用多媒体编辑的新闻报道，你有什么新发现？

5. 现在，很多传统媒体仍将幻灯片、音频或视频作为印刷报道编辑的额外补充，而对多媒体初创公司 Newsmotionn 而言，这是他们的“主菜”。展示这种格式在国际报道中的影响的新闻还包括 Agata Pietron 的“War songs: youth rappers in Eastern Congo (战歌：刚果东的青年说唱家)”，这包括了一系列摄影作品、文字、纪录短片和音频。你认为，在多媒体编辑过程中，是文字内容本身重要，还是幻灯片、音视频等多媒体呈现重要？

Chapter 8
第八讲　你的手机能编辑新闻吗？突发事件中公民新闻的编辑要义

- 人人都能当记者
- 表现形式：重点在于内容互动
- 生产模式：关键是移动终端
- 实践策略：核心在于新闻交易
- 智能手机新闻内容的特点
- 智能手机新闻生产的特点
- 内容生产创新机制的建构
- 编辑应更加注重客户端的阅读体验

主案例 公民网站“Blottr. com”在2011英国骚乱中的表现

2011年8月初，英国首都伦敦遭遇了“这个国家数十年来最严重的一次骚乱”①，英国、欧洲乃至整个西方世界都受到了巨大的冲击。而欧洲其他国家接二连三地爆发类似骚乱，更引起了社会各界的担忧。此次英国伦敦骚乱的导火索是2011年8月4日在伦敦北部的托特纳姆（Tottenham），一名29岁的黑人男性平民马克·达根（Mark Duggan）被伦敦警察厅的警务人员枪杀，民众上街抗议警察暴行。根据英国通讯行业独立监管机构Ofcom的《沉迷智能手机》（*Smartphone Addiction*）报告，该国超过四分之一的成年人和过半数年轻人拥有智能手机，他们使用手中的移动设备参与记录了这次骚乱，并上传了文字、音频、视频等到本土公民新闻网站。②随着骚乱席卷了伯明翰、利物浦、利兹、曼彻斯特的城市街头，渴求新闻报道的读者络绎不绝地涌入本土公民新闻网站寻求信息，这些网站的浏览量从骚乱爆发开始，便不断刷新纪录。③

由此可见，当今社会发展的剧烈变化使得反映社会现实的新闻生产也相应地迅速改变。如今，社会化的公民新闻网站已经不满足于传统媒体网站“把新鲜事告诉读者”的新闻生产理念。尤其是关乎社会福利、劳动保障、种族歧视等问题所导致的社会骚乱，其突发性、复杂性、破坏性也使得读者对本土公民新闻网站的新闻生产提出了更高的要求。而此次骚乱正是由英国长期的移民问题造成的种族矛盾与世界性经济危机相互交织而引发的一次剧烈的社会动荡。④在此背景下，本土公民新闻网站如何找准自身定位、突破传统的新闻生产？如何“多立场”、“全媒体”地完善即时报道（real-time journalism）的表现形式？如何健全普通公民“随手”报道突发事件的生产模式并取得与传统媒体网站的互动？如何把握本土公民新闻网站新闻生产变化背后的实践策略？对于社会骚乱中的谣言，我们还需要思考：本土公民新闻网站在专业主义和市场规律的夹缝中，如何才能进行客观、准确的呈现呢？当下，智能手机对于新闻生产到底产生了怎样的根本性影响？在骚乱爆发后的24小时内，国际新闻记者网（IJNet.com）对The-Latest、Instagram等5家英国本土公民新闻网站进行了实时观察。其中，以“让每一位公民都能报道新闻”⑤为创办宗旨的“Blottr.com”（下简称Blottr）在反映此次骚乱的本土公民新闻网站中大放异彩，在传播技术、传播机制方面有所突破，形成了自己对社会骚乱这一复杂议题的新闻生产特点。

---

① *England Riots: Maps and Timeline*, BBC, http: //www.bbc.co.uk/news/uk-14436499.

② See Lindsay Kalter, “Five Websites Where Citizen Journalists are Documenting Riots in London,” *International Journalists Network*, http: //www.ijnet.org/zh-hans/blog/uk-riots-citizen-j, 2011-08-08.

③ 参见乔希·哈利迪:《英国骚乱致当地报纸发行量和网站浏览量攀升》，载《中国报业》，2011年第9期（上），第74页。

④ 参见高麦爱、陈晓律:《伦敦骚乱的历史渊源》，载《光明日报·理论版》，2011-11-17，第11版。

⑤ Rebecca, *60-Second Start-up*: Blottr, Smarta, http: //www.smarta.com/blog/2011/3/60-second-start-up-blottr, 2011-03-10.

人人都能当记者

公民记者记录英国骚乱的五个网站

Blottr 于 2010 年 8 月推出，是根据用户需要应运而生的一项专业化的本土公民新闻服务平台，旨在让各个角落的英国人随时捕捉和报道新闻。目前，它在英国的 7 座城市——伯明翰、布里斯托尔、加的夫、爱丁堡、利兹、伦敦和曼彻斯特提供服务。该公司在 2011 年 5 月获得了 100 万美元的投资资金。Blottr 对那些经验尚不足的“公民记者”尤其有用。用户可以随着事态的发展，从多个观点、多个立场合作报道新闻。因此，一旦有一个人报道了一则新闻，就会有人添加更多的新闻细节。还有人会与网站主编一起检查和校对，确保新闻质量。在某种意义上，Blottr 与维基新闻类似。

公民新闻

产生于 20 世纪 90 年代的美国，即“公民（非专业新闻传播者）通过大众媒体、个人通讯工具，向社会发布自己在特殊时空中得到或掌握的新近发生的特殊的、重要的信息”。

公民记者

是指在新闻事件的报道和传播中发挥记者作用，却非专业新闻传播者的普通民众。“公民记者”背后所体现的是“参与式新闻”的理念，即“民众在收集、报道、分析和传播新闻、信息的过程中发挥主动作用”。

Blottr 在创建之初便形成了自己的新闻生产特点，具体体现在新闻服务项目（Terms of Service）和新闻生产规制（Guidelines）两个方面。其新闻服务项目主要包括用户内容（User Content）、社区互动（Community Interactivity）、第三方内容合作（Third Party Content）。任何人都可以通过 Blottr 发布本地新闻事件，上传文字、音频、视频等用户内容。对于这点，Blottr 还建立了强大、有效的垃圾过滤系统，增加了投票等功能。此外，Blottr 以第三方身份使服务于媒体机构的新闻记者通过这个公民新闻网站就可以获得信息，然后进行本地化加工。媒体机构亦可通过 Blottr 发布要获得的本地信息，并标明支付给公民记者的报酬等。在新闻生产规制方面，Blottr 在网站中明确了隐私原则（Privacy Policy）、版权所有（Copyright Ownership）、审核纠错（Moderation）、广告及促销办法（Advertisement & Promotions）。①

值得一提的是，在此次英国骚乱前一周（亦即 2011 年 7 月底），Blottr 推出了自己的 iPhone APP 应用 Paparappzi，在苹果线上应用商店可以免费下载（图 8—1）。同时，Android 应用版本在 2011 年 8 月初也成功推出。通过这个应用平台，公民记者可以在现场实时报道新闻。这个新应用为骚乱席卷城市的公民、本土媒体、国际媒体以及 Blottr 本身提供了一次社会化新闻生产绝佳的练兵机会。这一讲，我们主要以 2011 年英国骚乱中该网站的新闻生产为个案，从动态的编辑过程来考察复杂议题中本土公民新闻网站新闻生产在表现形式、生产模式及实践策略方面的特点，探求智能手机时代社会化新闻生产的变革方向。

① See *Terms of service*, Blottr, http: //www.blottr.com/content/terms-service.

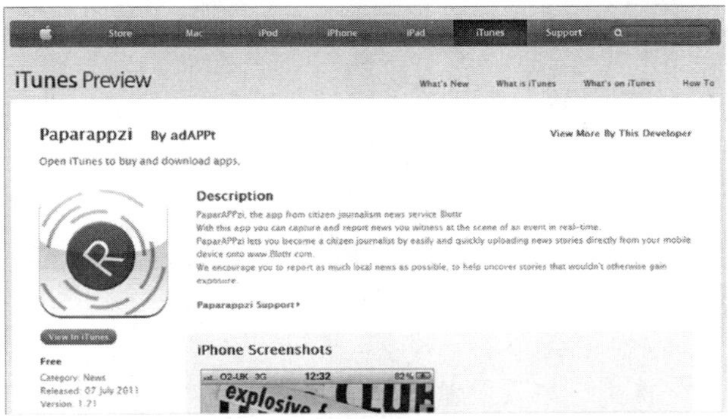

图 8—1 **Paparappzi** 在苹果线上应用商店的免费下载页面①

如何利用网络传播可信的突发新闻信息

在 2011 年 1 月 8 日美国亚利桑那州枪击案出现的一系列误报，使得美国媒体开始重新审视自身应该如何加强新闻报道的准确度。你所在的新闻机构在面对突发新闻时，是否尝试根据实际情况不断修正采访方针或者标准？媒体执行编辑联合会（APME）于 2009 年发布的一项研究发现，很多传统媒体在针对新闻采访时得心应手，但在通过数字手段报道新闻时却捉襟见肘。

苏城（Sioux City）报社编辑米奇·普（Mitch Pugh）通过他发起的一个名为“APME 在线新闻可信度调查”，研究媒体在线发布突发性新闻事件所采取的方式。他希望媒体在新闻发布之前都能很好地思考以下的一些问题：

新闻道德

“官方信息”和独立报道，媒体应该如何选择？

应急通讯：你会报道在警方电台或者其他应急通讯频道上听到的信息吗？

何时公布有关的名字？如何提供名字的来源？你会在官方发布正式内容之前公布你所知道的名字吗？在哪种情况下会公布？如果对方是未成年人该怎么办？

在报道突发性新闻事件时，使用什么类型的图片或者视频是适当的。你是如何处理涉及未成年人、犯罪受害者等人物信息的？

读者将如何看待媒体处理新闻事件中的未成年人，特别是在网络盛行的时代？

新闻可信度

对于突发新闻，你的新闻最快能在什么时候更新对事件的报道？

你的信息来源可靠吗？你的在线新闻的来源与传统媒体有什么不同？读者的看法有什么不同？

在突发性新闻事件中，媒体应该如何衡量新闻的准确性？你所知道的消息被证实了吗？

将新闻事件第一时间报道出来会影响媒体的可信度吗？“及时报道”和“准确报

① *Paparappzi By adAPP*, iTunes Preview, http: //itunes.apple.com/gb/app/paparappzi/id447411321 ? mt=8.

道”，哪个更能提高读者对于媒体可信度的认同。

社交网络和数字传播

读者是如何看待你报道其他媒体正在报道的事件的？

读者对于多渠道来源的新闻内容期待值高吗？以这些方式收集的信息可信度高吗？

如何衡量用户自行提交的突发性新闻报道的可信度，特别是照片和视频？有标准和规范吗？

从社交网络收集到的关于个人或是组织的信息可靠吗？它们与新闻相关吗？

［维基·克鲁格（Vicki Krueger），国际记者网］

表现形式：重点在于内容互动

英国骚乱发生的社会背景复杂、卷入事件中的人和故事繁多，对本土公民新闻网站的报道表现形式提出了挑战。从内容表现的“原材料收集”方面看，由于此次骚乱的突发性，普通公民记者的专业素养不高，本土公民新闻网站不具备传统媒体“深度”、“扎实”、“专业”的业务优势，公民记者本身很难在较短的时间内高度集中地发掘事件背后的人物故事。本土公民新闻网站新闻生产的表现形式多以不同人的眼光分散描述事件内容，文字信息简单，视频拍摄仓促，内容的整体连贯性、逻辑性无法尽善，强调谁（who）、什么时候（when）、做了什么（what）三个“W”，而往往忽略如何发生（how）、产生什么结果（what effect）这两个“W”。从内容表现的“原材料加工”方面看，此次骚乱具有巨大的破坏性，与公民生命、财产安全密切相关，本土公民新闻网站强调公民的现场感、切身体验和信息第一时间分享（而非“发布”）。加之“让每一个人都能做记者”的定位，注重个性的张扬，囿于资源、技术限制，本土公民新闻网站在图片、视频的专题整合、原因剖析和背景再现的数据可视化呈现等方面的表现形式也极为匮乏。然而，Blottr 在此次骚乱中就仅仅抓住“内容互动”这一个重点，力推用户内容及社区互动，多立场、全媒体地完善了即时报道的表现形式。具体体现在以下三个方面：

1. 注意全面整合，突出个性化、本土化的表现板块

在 Blottr 网站搜索带有“Riots”（骚乱）标签的文字、视频、音频，我们可以发现，在骚乱爆发后 24 小时内的用户内容共有 489 条，内容分享的相隔时间短、信息量大。为此，Blottr 在首页设计了一个正版的专题呈现。版头为突发新闻板块，主要放置两种类型的文章：一类是具有深度报道性质的公民新闻内容，另一类则是由网站编辑整合多个公民记者观察、观点的综合评论。这便于普通民众或媒体机构工作者对与骚乱有关复杂信息的捕捉和整合。然而，Blottr 坚守“人人都能当记者”的定位，围绕突发新闻板块，设计了“近期编辑”（Latest Edits）、“添加图片影像”（Add Images or Videos）、“选择城市”（Choose City）、“转发推特”（Connect Twitter）四大突出个性的本土表现板块。如图 8—2，“近期

编辑”板块呈现的是本站1小时内搜索点击、互动评论、Twitter转发、内容更新频次最高的5条公民新闻，鼓励公民记者制作高水平、强互动的新闻报道。“添加图片影像”板块位于头版正下方，以草根的个性口吻征集暂缺的重要图片、视频等电子资料。“选择城市”板块利于当地公众和媒体机构工作者选择贴近自身需求的即时消息列表，而非“眉毛胡子一把抓”，将信息全盘“推送”（Push）给公众。

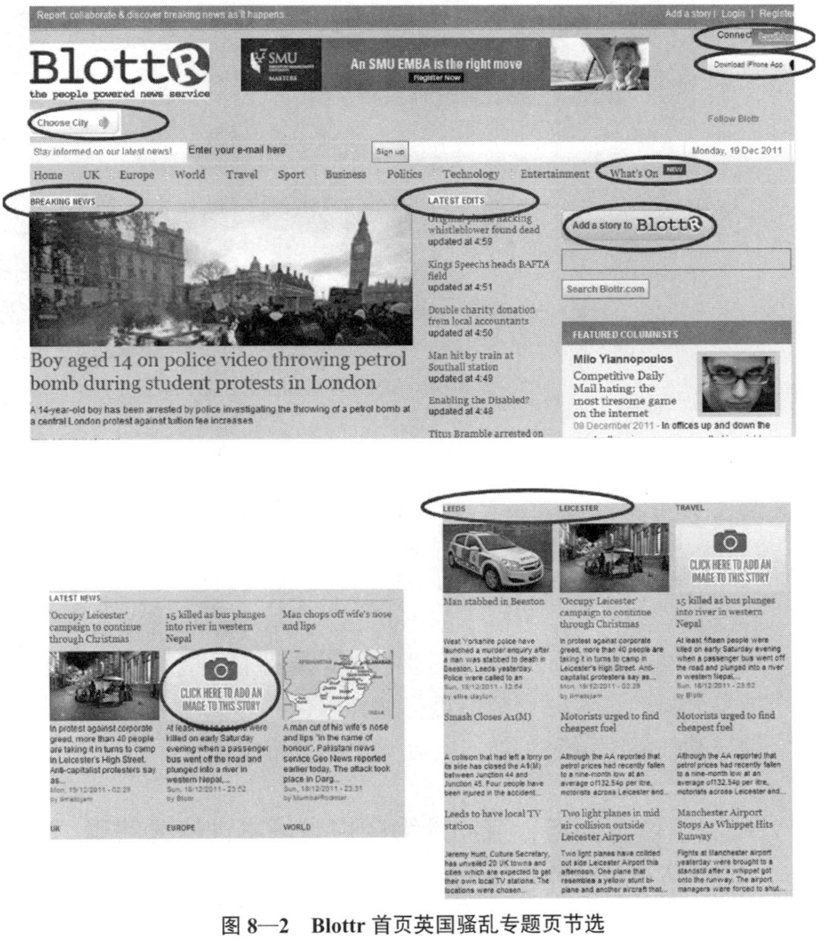

图 8—2 Blottr 首页英国骚乱专题页节选

2. 注意扬长避短，重在信息准确与实时性互动更新

相比国际新闻记者网所观察的其他4个网站，Blottr不仅在首页注意内容互动，在每一条公民新闻网页中更加注重实时互动更新，以确保信息的质量。如上所说，由于技术、人员、业务等方面先天不足，短时间内进行复杂议题的深度挖掘往往成为本土公民新闻网站的“阿喀琉斯之踵”。因此，Blottr注意扬长避短，将谁（who）、什么时候（when）、做了什么（what），三个“W”的准确做到极致。点击此次英国骚乱的公民新闻报道页面，在页面右侧设有“信息共享参与者”（Contributors）、“编辑这个故事”（Contribute to this

Story)、“可信度验证条”(Authentication Bar)三个板块(图 8—3)。

图 8—3 Blottr 英国骚乱公民新闻一则

“信息共享参与者”板块呈现了参与这条公民新闻首发报道、实时更新(包括补充、纠错等)的所有公民记者。由于 Blottr 网站要求注册者进行后台实名登记，且要求进入这个新闻服务平台的公民记者遵守社区原则(Community Guidelines)。因此，通过标出信息共享参与者的头像、姓名及前台信息，公众可以了解不同的人为这条信息进行了哪些方面的补充或纠错，从而确保信息准确。“可信度验证条”板块则是由 Blottr 通过后台技术分析验证实时更新的可信度，以供读者参考。而编辑这个故事板块更是鼓励任何一位公民加入内容互动的过程中来。

3. 注意位置服务，互动地为用户过滤本地新闻线索

此次英国骚乱在爆发当日就有约 300 人聚集在伦敦托特纳姆路警察局附近抗议，晚间便演变为暴力事件。100 多名青年在夜色中焚烧警车、公共汽车和沿街建筑，切断交通，占领高速路，劫掠数十家店铺。此类社会骚乱事件的发生地点、暴乱趋势、席卷路线都使得公众极为关注。Blottr 利用 2011 年 8 月初推出的 iPhone APP 应用 Paparappzi，使用 GPS 功能，可以自动识别出新闻报道出自的地理位置。这种基于位置的服务(LBS，Location Based Service)让 Blottr 用户每次连接到 3G 都可以自动更新，不仅能让用户在网上阅读最新的新闻报道，还能够自动为用户过滤和分析本地新闻以及提供线索等。

基于位置的服务 是指通过电信移动运营商的无线电通讯网络或外部定位方式，获取移动终端用户的位置信息，在 GIS 平台的支持下，为用户提供相应服务的一种增值业务。

不仅如此，用户登录 Blottr 网页之后，Blottr 会自动根据 IP 位置推荐信息和显示信息(图 8—4)。据笔者了解，Blottr 网站在此次英国暴乱后

的三天内做过一次网页应用更新。这些更新包括用户上传的新闻报道的精确位置以及其他地理特征，并在此次暴乱升级阶段、暴乱高潮阶段的公民新闻中“小试牛刀”，颇受公众欢迎。

公民记者应用使用众包决定头条新闻

图 8—4　基于位置的服务（LBS）过滤新闻线索

生产模式：关键是移动终端

移动终端

又叫移动通信终端，是指可以在移动中使用的计算机设备，广义上包括手机、笔记本、平板电脑、POS机，甚至包括车载电脑。但是大部分情况下是指手机或者具有多种应用功能的智能手机以及平板电脑。

在此次英国骚乱前一周 Blottr 推出 iPhone 应用 Paparappzi 时，其应用开发团队组长约翰·安森（Jon Anthon）表示：“这个 Blottr 应用有能力从根本上改变新闻的发掘和报道方式。彼时，英国有 1,100 万智能手机用户，是使用智能手机用户最多的国家。[①] 随着时间的推移，我们希望英国的智能手机用户都会使用 Blottr 应用报道他们在现场目睹的新闻。我们希望通过这个 Blottr 应用，让数以百万计的英国公民成为公民记者。我们希望创造出一个强大的新闻社交网站，使得新闻能够及时、准确地报道。”[②] 由此可见，Blottr 所推崇的是一种移动终端技术“即时、高效、便利”地服务于公民记者的新闻生产模式。而此次骚乱事出突然，对公民的新闻现场感、第一手信息共享的要求提到了首要位置。因此，Blottr 在微观应用、宏观流程两个方面紧紧把握“移动终端”这个关键环节，健全普通公民“随手”报道突发性复杂议题事件的生产模式。

1. 微观应用上的两个重要细节

在智能手机、iPad 等移动终端上打开 Paparappzi（如图 8—5a），如果您选择“报道你的故事”（Report Your Story）（如图 8—5b），该应用会提供一个界面（如图 8—5c）。用户可以在这个界面上使用手机或 iPad 等移

① 2013 年，中国成为智能手机用户最多的国家，英国则排名第六。参见：《2013 年全球智能手机用户数量最多的国家排行》，排行榜网，http://www.phbang.cn/plus/view.php?aid=888，2013 年 6 月 26 日。

② Quoted from Paul Sawers, *Blottr Launches Smartphone Apps to Mobilize Citizen Journalists Across the UK*, The Next Web, http：//thenextweb.com/apps/2011/07/12/blottr-launches-smartphone-apps-to-mobilize-citizen-journalists-across-the-uk, 2011-06-12.

动设备进行摄影、摄像，并直接上传到 Blottr 网站。此外，这个应用程序的主屏幕非常抢眼，公民记者不仅可以最先阅读自己撰稿的新闻或者直接阅读主屏幕上的新闻，还可以选择阅读“最新的新闻”（Latest News）。这样便于用户在信息共享方面内容的更新与纠错互动。

在此次英国骚乱中，Blottr 应用一炮走红有两个不容忽视的重要细节，一是其摄影、摄像功能配备了便于迅速抓拍并选取画面焦点的日间、夜间两种模式。由于骚乱中很多打砸抢烧等暴力事件发生在夜间，单单依靠普通智能手机的拍摄功能已无法满足这类事件现场画面的捕捉；二是该界面还提供“信息分类”（Library）功能，通过“标签”（Tag）可自动将提交的信息和主题进行分类上传，便于公众阅读和网络编辑的即时整合（图 8—5）。

公民新闻的应用软件时代

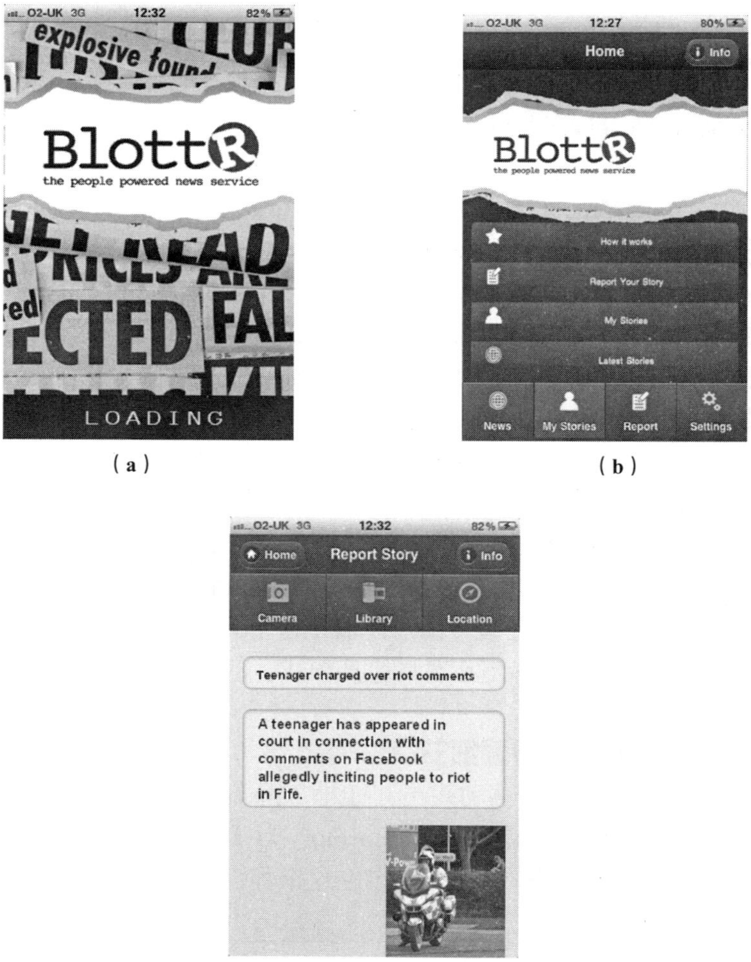

（a）（b）（c）

图 8—5 智能手机中 Paparappzi 的应用界面

2. 宏观流程上的环节“合流”

传统公民新闻网站的生产模式包括原材料收集、原材料整合、原材料加工、产品输出和实时检验五个步骤，并构成一个线性循环过程（图 8—6）。公民记者在使用手机完成拍摄照片、视频等后，无论使用手机还是个人电脑，都须登录所注册的公民新闻网站进行资料上传，之后的加工（信息内容的撰写、修改以及照片、视频的剪辑、排版）均要在网页界面完成。然而，在突发社会骚乱中，这种生产模式在宏观流程上大大桎梏了公民新闻快速、有效的传播。

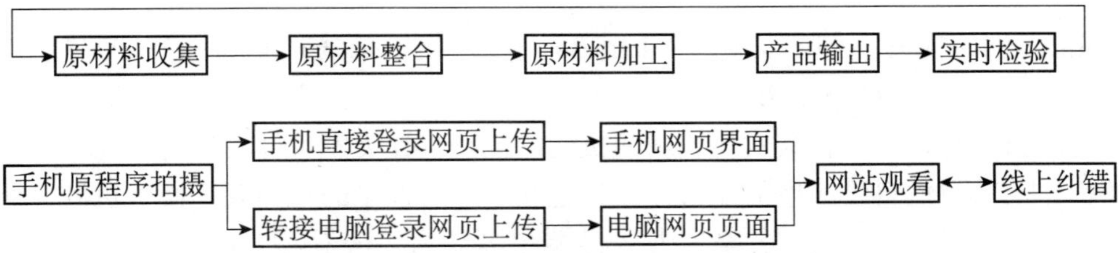

图 8—6　传统公民新闻网站的生产模式流程图

从宏观流程上看，传统公民新闻网站面临的最大挑战就是实时集成链接上网站的内容管理系统（CMS，Content Management System）。而 Blottr 所构架的 Paparappzi 应用集成完全符合 CMS 用户层，允许用户直接在手机应用界面上网发布新闻，并且在手机和网络上都可以观看。此外，这个应用集成了 Blottr 网站现有的基于 Web 的 CMS，该应用上的图文影像受主网站控制。不用更新应用本身的数据，就可以改变这个应用上公民提供的新闻材料。这两点不仅突破了传统公民新闻生产的传播技术，更改变了生产模式中原材料收集、整合、加工、输出这四个重要步骤，进一步更新了本土公民新闻网站生产模式的宏观流程。如图 8—7，Blottr 公民新闻的生产模式在宏观流程上成果“合流”，简化了生产过程，使用一个移动终端应用就能解决前台收集、整合、加工和后台产品输出问题。这种生产模式较为灵活，报道内容不断更正并更新，公民记者在新闻生产过程中的主动性愈加明显。

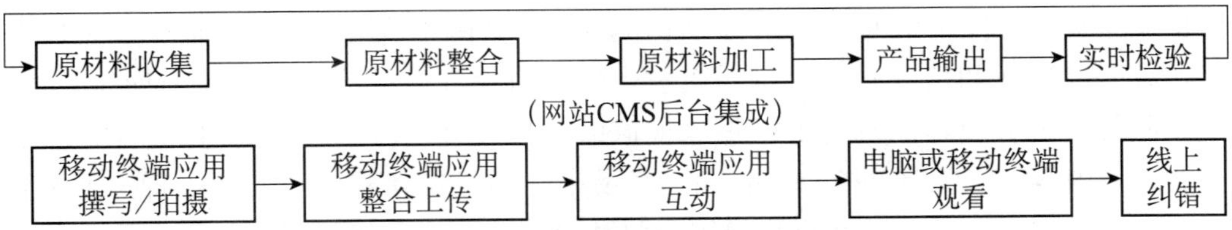

图 8—7　Blottr 公民新闻的生产模式流程图

在此次英国骚乱中，不少注册 Blottr 网站的公民记者都下载并使用了 Paparappzi 应用软件。在该应用的免费下载页面里，笔者查找了骚乱发生前后 72 小时内的 189 条用户评论。一名参与记录伯明翰骚乱的罗马尼亚裔英国公民亚历山大拉斯科（Alexandrascu）留言道：“我一使用这个应用来测试便震惊了。它用起来上手、方便，帮助我很快找到了骚乱发生地点的热点新闻。而且它的摄像功能也很灵活，就像一把瑞士军刀一样功能齐全。

我想每一个拥有 iPhone 的公民都应该使用它记录这次英国骚乱。”[①] 一位网名为“Rav S”的用户则表示：“这次骚乱太突然了，用 Paparappzi 可以让你在任何时候、任何地点记录任何你看到的惨状，告诉任何你想告诉的人远离这些地方。”[②]可见，从微观应用到宏观流程，Blotrr 在此次英国暴乱前及发生过程中巧妙推出 Paparappzi 应用，牢牢把握“移动终端”这个关键，带动整个新闻生产模式从“细节”到“环节”发生了根本变化。

实践策略：核心在于新闻交易

Blottr 的创始人阿达姆·贝克（Adam Baker）在接受采访被问及网站的“独特卖点”（USP，Unique Selling Proposition）时，给出了如下回答：“一是在任何地点发掘平常任何难以曝光的新故事；二是打破对传统新闻机构的依赖，让突发事件发生时在场的每一个人拥有捕捉、记录他们自己故事的能力；三是建立一个协作性的新闻议程设置机制，让众人参与到每一个事件全面、整体的呈现中来。”[③] 笔者认为，这不仅是 Blottr 成功获得风投且盈利的重要理念，更体现出 Blottr 在新闻生产上的实践策略，即围绕“新闻交易”这个核心。在此次英国骚乱中，Blottr 围绕“新闻交易”这个核心，在前台、后台两个阵地开拓了两个重要的新闻生产实践服务平台。

一是 2011 年 8 月中旬（亦即骚乱高潮阶段）开发了全新的“新闻点”（NewsPoint）后台服务。它是 Blottr 使用的新一代核心平台，可链接到线上出版商，这意味着所有的线上线下本土媒体、国际媒体（从区域到国际的报纸及其网站和技术博客）都可以使用这个技术获得公民新闻报道。比如，英国广播公司网站（BBC.com）在这一功能开发后向 Blottr 定制了符合在线报道的一手照片、原始音视频资料。

二是在 Blottr 网站上专门开辟“热点进行时”（What's On）。这是新闻交易的预告前台（图 8—8）。在这个预告平台界面左侧是该网站提供服务的 7 座英国城市的名称（其中有 5 座城市卷入此次骚乱中），中间则是一个可进行日程设置、新闻爆料、信息预告的电子日历。在此次骚乱中，英国《卫报》便在注册 Blottr 并选择城市、日期后注明当日该城市已经或即将发生的骚乱态势，以“付费竞标”方式向该网站的公民记者征集符合其要求的本土新闻报道并上传至 Blottr 网站，敦促其提供用户内容。而不少公民记者在自己需要本地新闻信息时，也将周边发生的暴力事件进行地点、时间的标注及说明，呼吁其他公民记者或媒体机构进行跟踪报道以便自己进一步了解骚乱事态。Blottr 就是以“第三方内容”（Third Party Content）交易中介的身份建立了“公民记者—公民新闻网站—媒体机构”之间的新闻议程设置协议和合作机制，向媒体机构提供一手图片、视频资料。值得一提的是，Blottr 平台上有关此次英国骚乱的图片、视频资料的数量远远超过传统大报网站或商业门户网站。这些标注了与图片、视频内容相关文字的标签也使

---

① "Paparappzi By adAPP，" *iTunes Preview*，http：//itunes.apple.com/gb/app/paparappzi/id447411321?mt=8.

② Ibid.

③ Rebecca, *60-Second Start-up: Blottr*，Smarta，http：//www.smarta.com/blog/2011/3/60-second-start-up-blottr，2011-03-10.

得 Blottr 具备了影像搜索引擎的功能。

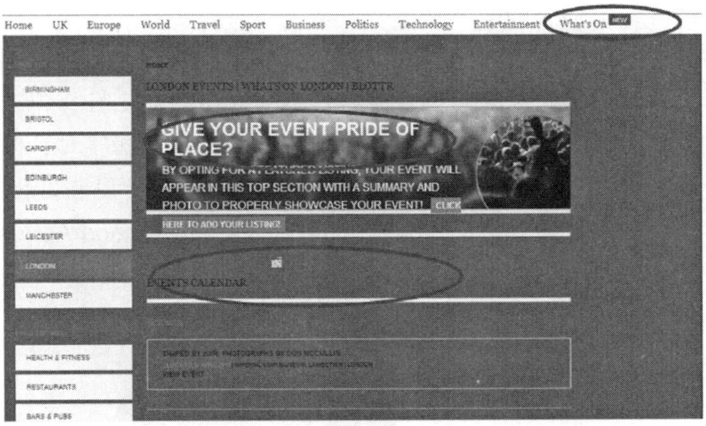

图 8—8 What's On 新闻交易预告平台界面

至此，我们可以看出 Blottr 创始人阿达姆 • 贝克的三点初衷是以“新闻交易”这个核心深深烙在其新闻生产的实践策略中的。首先，在当下这个“思想市场”主导的信息时代，要让本土公民新闻网站保持良好的运转并盈利，就必须营造独家、独特、独到的信息共享氛围。Blottr 通过移动终端应用开发，从基础技术上帮助注册的公民记者上传“平常难以曝光”的新故事，使新闻产品质量提升而获得突出的点击量、转载量，推动新闻产品的流动并创造价值。其次，在以 Facebook、Twitter 等新新媒介（New New Media）日趋影响新闻生产的背景下[①]，组织化的权威媒体机构的固有新闻生产模式已经无法满足公众的新闻阅听需求。Blottr 抓住了公众开始谋求通过自己寻找新闻以及与他人互动分享进行个性化、本土化新闻生产的心态。再次，Blottr 并不回避、不排斥组织化的权威媒体机构，不仅取得了新闻生产过程中的议程设置话语权，而且还积极因势利导地与其进行新闻生产的良性互动，共同开发、利用、再创造出令公众满意的新闻产品。

新媒体正在改变全球的新闻生产形态，利用 Facebook、Twitter 等社交型网站进行一般化的公民新闻生产对于普通人来说并不陌生。然而，如何做好一个专业化的本土公民新闻网站，却面临着巨大的挑战和无限的机遇。笔者认为，类似 Blottr 这样的本土公民新闻网站，在进行新闻生产时应关注生产工具和劳动者。生产工具即以互联网技术和数字技术为依托，以智能手机、平板电脑等移动终端为载体的网站（Website）及应用（Application，APP）。劳动者则包括普通公众（Anyone）、出版商及媒体机构编辑室（Publishers &

① 美国著名媒介研究学者保罗 • 莱文森认为，新媒介的界定性特征很明确，因为它是在 20 世纪 90 年代中期兴起的，其特征是：一旦其内容贴到网上，人们就可以使用、欣赏，并从中获益，而且是按照使用者方便的时间去使用，而不是按照媒介确定的时间表去使用。而新新媒介使其用户对新媒介有一定的控制权，用户可以决定何时何地获取新媒介提供的文本、视频和视听。实际上，新新媒介把新媒介对旧媒介的优势拿过来，一网打尽。而且，新新媒介还进了一步。于是，新新媒介就有了不同于新媒介的特征：新媒介的用户不得不等待别人生产的内容，而新新媒介的用户被赋予了真正、充分的权力。他们可以选择生产和消费新兴媒介的内容，而这些内容又是其他新新媒介的消费者同时也是生产者提供的。详见：〔美〕保罗 • 莱文森著，何道宽译：《新新媒介》，复旦大学出版社 2011 年版，第 3 页。

Newsroom)、移动记者(Mobile Journalists)(图 8—9)。[①] 围绕网站上呈现的内容互动以及移动终端上的应用程序，本土公民新闻网站应该明确定位三类劳动者的生产功能：对任何一位公民而言，要促成独立报道、协作更新、全面挖掘新闻的基本模式；对出版商和媒体机构编辑室而言，在以丰富的一手内容吸引公众的宗旨下建立组织化—社会化新闻生产的互动机制；对移动记者而言，更新新闻生产的传统生产工具，使用更加即时、高效、便捷的应用平台。在这个过程中，本土公民新闻网站起到的“中介化”作用，通过劳动者体验派的表演方式(Method Acting)深刻地改变着社会化新闻生产的变革方向。[②]

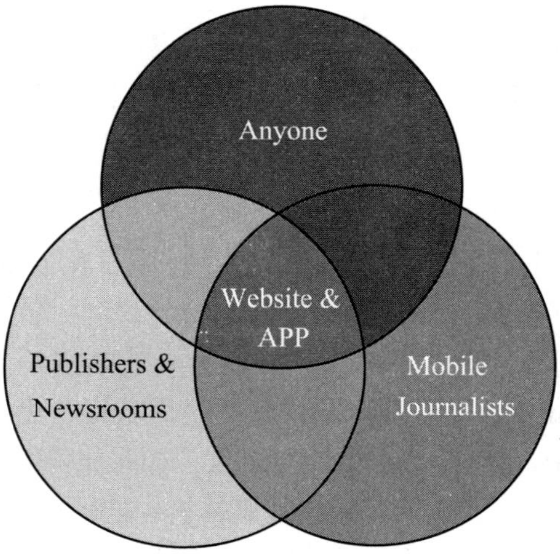

图 8—9　本土化公民新闻网站新闻生产中的生产工具与劳动者

然而，无论如何我们都不能跳过新闻生产中“生产资料”这个问题，即新闻信息本身。如果生产资料是“坏”的、虚假的、不准确的、不客观的，那么本土公民新闻网站也会丧失生命力。尤其是类似社会骚乱这样的复杂议题，往往伴随着谣言、恐慌、暴力、炒作、暴利等后台、黑幕，其新闻生产过程中专业主义与市场潜规则的博弈愈演愈烈。本土公民新闻网站只有充分利用移动终端这个关键环节，让公民、记者不断进行用户内容的互动(更新、补充、纠错、核查)，建立公开、公正、公平的新闻交易协议，才能做出高质量的公民新闻，在社会化新闻生产兴起的变革中引领潮流。

CNN 公民报道奖对传统记者的启示

① See Melissa Ulbricht, “A Mobile Media Roundup,” *Mobile Active*, http://mobileactive.org/taxonomy/term/1382, 2011-09-30.

② 参见〔美〕托马斯·德·曾戈提塔著，王珊珊译:《中介化》，上海译文出版社 2009 年版，第 245 页。

智能手机新闻内容的特点

当下，智能手机成为人们愈加熟悉的手机种类。智能手机——是指像个人电脑一样，具有独立的操作系统，用户可以自行安装软件、游戏等第三方服务商提供的程序，通过此类程序来不断对手机的功能进行扩充，并可以通过移动通讯网络来实现无线网络接入的这样一类手机的总称。时下市场上比较热门的智能手机包括装置有苹果 ios 系统的苹果 i 系列手机及 iPod、iTouch 掌上电脑；装置有 Android 系统的三星等手机。智能手机从外观上相比普通手机的最大特点是屏幕较大，完善了使用者的阅读体验。此外，由于更加人性化的智能系统的内嵌以及多功能的硬件配置，使得智能手机日渐成为新闻采编生产的重要工具，给传统的新闻生产带来了很大改变。

成为自由职业记者的五点技巧

从传播学的角度来说，媒体传播的内容主要包括信息内容本体及其表现形态。前者是内容系统中所包含的特定意义或符号，而后者则是内容系统的传播方式，二者共同构成了传播活动的内容环节。需要注意的是，在媒体传播过程中，媒体传播的形态即内容系统的传播方式对内容也有很大的影响空间，从某种角度来说，往往都是特定的内容形态在决定着传播内容的构建。智能手机特定的传播方式决定着它自身的传播内容，这些传播方式也帮助了智能手机成功地发展出新的内容形态。

智能手机作为手机媒体所传播的内容是纷繁复杂的，无论它是以何种方式呈现给受众，从受众的接受方式上来看无非就是视觉和听觉两类。这两类信息在智能手机与生俱来的属性及传播特征的影响下，也表现出异于其他媒体内容的独特之处。

1. 信息内容精确分类

目前智能手机的内容结构，越来越多地朝着一种精确、详尽的分类倾向发展。这不仅是适应分众传播的发展趋势，也是由手机媒体的传播属性决定的。此外，由于手机媒体的信息传播具有一定的强制性，如果不对信息内容进行分类，那么用户就无法从庞大的海量信息中及时得到自己所需的信息，而运营商及内容供应商也就无从确定以何种方式将信息发送出去效果会更好。所谓的精确分类就是将信息分门别类，用户在查询时只要按类目就可以找到。这种精确的分类可以使读者处于主动的地位，而且在获取信息内容时也不会产生厌烦和排斥的心理。①

2. 篇幅短小、主题明确

手机媒体的信息内容无论是音频性的还是视频性的，篇幅短小、主题

① 参见宋一明:《手机媒体的信息传播研究》，河南大学 2010 年硕士论文。

明确都是必须的。这不仅与手机媒体的传播属性相关，也与受众的信息获取习惯相关。一般来说，对于手机用户，他们从手机上获得信息只是为了获得概要性的信息，而不是长篇的论述，他们没有时间也没有耐心从这种媒介中获取深度报道。虽然现在通过智能手机，手机用户也可以随时访问传统媒体网站，获取深度报道的信息，但在大部分情况下，手机用户的阅读习惯仍是碎片化的，在零散的时空里便捷地获取重要信息仍是用户最关注的重点。

3. 人性、互动与分享性

智能手机因其方便实时的特性而要求其传播的内容必须具备一定的流传价值及方便流传的可能。以目前市场规模最为广阔的手机微博为例，正是它短小精悍及表意特殊的可流传性，使得它自诞生之后便飞速发展。一条140字汉字长度甚至更短的信息，其流传能力是无穷的。据统计，2010年，通过智能手机等移动终端发送微博的比例已占到微博发送总量的38%。[①] 而智能手机的无限转发能力更加使得信息内容的广泛流传成为可能，并不断地引导其朝着易于流传的方向发展。

智能手机日益重视机内的人性化操作性能。一方面，使得对信息内容的选择权在手机用户手中，可以选择看也可以选择不看，可以选择看文字而不看图片和影像，也可以选择全部都看。在这一过程中，对内容的选择完全根据用户自己的个性化需求而定。另一方面，手机用户可以自主地编写信息内容，与其他人进行交流沟通，也可以对所接收的信息内容进行编辑和相关操作，并转发出去。对此，还是以手机微博为例，无论手机用户想完成何种目的的沟通，他们对信息内容的操作空间都取决于其自身的掌控。

此外，智能手机出现后，手机媒体的内容更加具有互动性。这种互动性主要表现在手机用户可以即时地对所接收的信息表达反馈；可以方便地发表自己的看法，加入讨论；可以参与投票和调查等社会性活动。

智能手机新闻生产的特点

2004年保罗·莱文森在其《手机》一书中指出，唯独手机能够使人一边走路一边说话，一边走路一边发短信。于是，人就从机器跟前和禁闭的室内解放出来，进入大自然，漫游世界。无线移动的无限双向交流潜力，使手机成为信息传播最方便的媒介。作为移动信息终端的智能手机，其与互联网有着天然的衍生关系。只是智能手机的小体积、随处可有的移动信号使得原本仍受一定空间限制的互联网再度解放。使用智能终端的手机用户，可以理解为移动网民，他们分享了媒介组织的传播权，新闻内容生产出现了逆专业化、去商业化等特征。

1. 逆专业化

传统媒介组织离不开专业化。为了方便规模生产、提高工作效率，传统媒介组织必须

① 参见刘红军:《浅谈手机微博的亲和力传播》，载《安徽文学》，2010年第5期。

追求专业化。然而随着网络的普及，知识和信息的共享程度迅速提高，新闻内容的生产者不再限于组织内的专业人士，而是扩大到组织外的自由职业者和业余爱好者，这种现象就是内容生产的逆专业化趋势。[①]

逆专业化的第一个结果是内容的固有形态和格式被打破。传统媒介产业对内容格式有一些约定俗成的标准，比如电视连续剧一般每集在 40 分钟左右，报纸社论也有相应的版面空间。但对于非专业化的移动网络内容提供者而言，比较于格式，他们更多地考虑制作和表达上的方便。比如通过智能手机拍摄的视频，并没有统一固定的格式标准，制作者可以从实际状况出发，选择自己喜好或者受众感兴趣的表现形式。通过这种途径生产出来的新闻，更加个性化、更加富有制作者自身的色彩。

逆专业化的第二个结果是缺少自我审查和监督。虚拟空间对于许多人而言是一个自由的自我表达平台，所以内容生产者很少考虑内容发布以后的社会影响。尤其是智能手机这种小型移动信息终端的出现，使得信息的发布更加便捷。然而除去少数知名公共人士，使用智能手机的发布者通常是匿名发表，没有“文责自负”的机制，内容的创作者和发布者不会在意内容本身是否会造成不良影响，即使产生了不良影响也不会设法去纠正，管理部门也很难监管。

逆专业化的第三个结果是内容产品资源丰富，价值下降。非专业化意味着任何人，只要愿意，就可以发布自己看到的新闻。新闻传送渠道的拓宽，增加了移动互联网上新闻信息的供应量。相应的，新闻内容的稀缺性降低了，人们日渐不愿意为媒介内容付高价，这也是很多传统媒体的智能手机版客户端迟迟不敢收费的一个原因。

2. 去商业化

商业化，是以版权为基础的内容产品交易的起点。在智能手机普及的时代，全球日渐形成一个传播网，共建共享成为传播活动的原则，它要求新闻内容发布者在一定程度上放弃自己的权利，这就是移动终端内容生产的去商业化特点。

从表面上看，共建共享会给内容提供者造成一定的收益损失，比如许多第一手新闻都可以通过智能手机免费快速地获取，但是每个处在这一传播系统的人都能从这一原则中获益，所以去商业化惠及的是全体人类。

去商业化的趋势还和目前的网络文化有关。前面说过，以智能手机为代表的移动互联网与互联网有着天然的衍生关系。网络就是一个共建共享的公共社区，网络上流传的大多数信息都是可以免费获取的。

当然，网络空间也有自己的游戏规则，一些传统媒体或者个人通过在网络上发布即时、真实的新闻信息，提升或者巩固自身的知名度，继而可以将网上知名度转化为无形的荣誉或有形的线下经济利益。但是，共建共享的原则是不能被打破的，因为这一原则是网络空间区别过度商业化的真实世界的核心。

---

① 参见田青毅、张小琴:《手机：个人移动多媒体》，清华大学出版社 2009 年版，第 75 页。

内容生产创新机制的建构

网络社会共建共享的原则，在传播上体现为内容文本的共同创建、相互分享。在网络社会中，多样化的需求可以得到满足，因为新闻信息的提供者是大量的、分散的、独立的创作者。在这些提供者中，既有媒介组织的规模生产，也有媒体从业者精英的小团体创作，更有广大平民的草根新闻。新闻提供者的来源之多可以满足受众不同层面的需求。因而，以智能手机为代表的移动多媒体对新闻内容生产的贡献应该在于提供一个包容的、开放的创作空间。要体现移动多媒体的开放性和包容性，可以从平台化、小型化与自治化三个方面来考虑内容创新机制的建构，其中平台化针对内容集成，小型化和自治化针对内容的生产和发布。

1. 平台化

传统的新闻内容生产面临的最大困境是随着发布渠道的日益增多，现有的内容生产在质量、产量上不能够满足需求，形成了内容稀缺的态势。导致内容稀缺的原因主要在于传统媒介集团对新闻生产的垄断。因此，移动互联网上新的内容创新体制，需要从引入更多的竞争入手。

增强市场竞争性的途径是要通过增加内容生产者的数量来改变媒体对内容的垄断。在全球传播网中，智能手机媒体应该是信息交流的平台。一方面，搭载的形式更多样；另一方面，媒体不再是内容的审查者，媒体应该把选择内容的权利交还给受众。智能手机作为一种新的媒介，可以只作为一个播出平台，专注于内容发布的管理和传播技术的改进。手机媒体可以只作为内容的发布平台而存在，成为内容的集成者。

2. 小型化与自治化

新闻志愿者如何突破利比亚的信息管制

平台化是解决内容稀缺的最有效办法，但这并不意味着所有的媒体都应该平台化，或者应该一口气实现平台化。即使对于移动多媒体这样的新兴媒体，平台化也不可能一蹴而就。因为基于网络社会的信息传播方式依赖于大量的有表达愿望，并有能力表达的网络化居民，需要一个基于共建共享原则的社区，而这些须在社会总体发展的前提下一步步实现。故而，未来几年，移动信息终端的主要新闻内容来源，依然会是来自传统媒体的内容。

为了避免传统内容生产体制已经表现出来的隐患，在新闻内容生产的组织上出现了组织小型化、生产自治化和结构扁平化的需要。

移动多媒体平台与大众媒体的不同在于内容提供商的竞争模式不同。在移动多媒体平台上，由于新闻提供者主体多种多样，内容生产的规模和方式各有不同，面对的受众更加细碎，内容提供商面对的竞争环境更加复杂，因此对内容独特性和针对性的要求就更强了。

半岛电视台建立公民记者培训计划

2011 年，在一个全球新闻爆发性发展、新闻预算日益缩减的年代，半岛电视台开始了它的培训公民记者计划。

半岛电视台的这个计划旨在让公民记者更加有效地参与新闻报道，特别是那些没有被主流媒体关注的领域。电视台还计划培训公民记者使用多媒体工具以帮助报道。

“人是新闻的核心，”来自半岛电视台社交媒体部门的埃斯拉·道格拉马斯（Esra Dogramaci），在 BBC 社交媒体论坛中这样说道，“媒体有着给予公民记者麦克风，并让他们表达出自己声音的权利。在叙利亚，我们没有任何记者参与现场报道。我们的报道完全来自那些将内容发送给我们的当地人。”

半岛电视台是最新建立公民记者培训项目的媒体。随着越来越多的媒体意识到当新闻发生时拥有当地记者的重要性，它们开始加紧培训，并试图让每个拥有移动电话或是相机的人成为一个新闻的提供者。

BBC 在 2009 年为公民记者提供培训和设备；于 2005 年建立的“Small World News”为利比亚的公民记者提供了柯达 Zi8 数码相机和 HTC 移动电话，以帮助他们的采访。

［尼克尔·马蒂内利（Nicole Martinelli），国际记者网］

编辑应更加注重客户端的阅读体验

由于智能手机和移动互联网的日益普及，“移动”越来越成为人们离不开的一种生活方式。值得注意的是，随着智能手机等移动终端、移动报道系统、报道指挥系统等新闻移动报道装备的开发和应用，对新闻媒体来说，“移动”已不单是一种信息消费方式，也是一种新闻工作方式。智能手机不仅对于处于一线的记者，甚至对位于后方办公室内编辑的工作方式也产生了影响。

在当前的研究中，学者关注更多的是智能手机对于记者等一线新闻工作者的影响。但实际上，智能手机本身独有的技术特点和传播特性也对后方的编辑室工作提出了新的要求。

移动互联时代，媒体内容提供的基本方式是在满足大多数平台用户基本需求的浏览器阅读方式基础上，为目标客户提供专业的客户端阅读应用。[①] 例如，我们可以使用任何移

① 参见唐佳希：《移动互联网新媒体的阅读特点以及编辑应关注的几个问题》，载《中国编辑》，2011 年第 2 期。

动互联设备，通过浏览器打开《纽约时报》网站的内容；但更多时候，我们下载并使用“NYTimes”客户端，阅读《纽约时报》为 iPhone 手机定制的内容。

智能手机上客户端阅读方式下的编辑工作如何开展，也是传统媒体数字化转型过程中需要关注的问题。移动互联新媒体的阅读体验取决于终端硬件和客户端软件的配合，既要针对主流的移动终端和软件的特点进行内容设计，又要结合传媒内容的特点进行程序设计。

智能手机的屏幕尺寸多在 3 英寸到 5.5 英寸之间。终端在硬件设计上一般没有专门为移动阅读做优化，对于阅读来说屏幕尺寸偏小，某种意义上说是强调了便携性而牺牲了阅读体验。因此，这类终端对于阅读软件的要求较高，排版和主页设计要做到简洁而突出。总之，智能手机类移动终端编辑要充分考虑到显示屏幕的限制，让用户尽可能简洁、直接地获取想要的信息。

此外，还应当注意，以智能手机作为新闻内容的承载平台时，要注意由编辑主导阅读应用的开发，实现数字阅读的人性化。在阅读应用软件的开发过程中，编辑更理解内容重点和读者行为。如果放弃编辑的主导地位，仅根据模板来“填充”内容，势必造成内容和应用的脱节。此外，阅读应用设计中各种内容和版面的问题，如新闻的取舍、信息重要性排序等，都需要编辑去谋划。

最后，客户端应用程序需要不断更新和升级，以随时修正错误、增加功能等，从而不断优化阅读体验。这种动态的竞争环境，要求编辑比任何时候都更需要贴近读者，锐意创新。

思考题

1. 你还知道哪些著名的外国公民新闻网站？请找出其中一家分析一下它的编辑亮点。
2. 你有智能手机吗？如果你的手机是智能手机，请看看它的哪些功能可以帮助你在突发事件中第一时间记录并编辑好一条新闻上传至互联网。
3. 2014 年 1 月，BBC 在图片社交网络 Instagram 上推出了 Instafax 短视频新闻服务，以提供用户收看 15 秒的视频新闻。BBC 并非首家采取这一方式的媒体，此前 *Now This News* 已经在 Instagram、Vine 上进行过短视频新闻的尝试，不过显然 BBC 的受众更庞大。随着 4G 时代的到来，视频需求渐多，这给公民个人用手机编辑新闻带来了怎样的影响？

Chapter 9
第九讲　如何当好社交媒体编辑？国际财经媒体中文网的社交编辑策略

- 路透中文网的社交媒体运营现状
- 运营者：编辑部与市场部的合作
- 路透中文网社交平台运营的问题
- 社交媒体信息的“硬”与“软”
- 国际财经媒体在华社交媒体的发力点
- 启示与建议

主案例　路透中文网在中国的社交媒体编辑运营

进入21世纪，中国经济与世界市场的不断融合使得知名国际财经媒体纷纷进驻中国开办中文网站，《华尔街日报》中文网（下简称WSJ中文网）、金融时报中文网（下简称FT中文网）、路透中文网（图9—1）分别于2002年、2005年、2007年登陆中国。就在21世纪第一个十年的末尾，中国掀起了一股微博浪潮。2009年8月中国门户网站新浪推出“新浪微博”内测版，成为门户网站中第一家提供微博服务的网站，“新浪微博”正式进入中文上网主流人群视野，这为国际媒体在中国社交平台的本土化发展提供了绝佳机遇。“足以影响每日国际经济活动”的《华尔街日报》于2009年9月23日开通了其中文网新浪微博，成为最早登上新浪微博的国际媒体。随后，《联合早报》、《财富》、FT中文网、路透中文网、俄罗斯新闻社等知名国际媒体先后开通新浪微博账号。[①]截至2012年4月，已有57家国外新闻媒体及网站在新浪微博开设了官方微博，占所有国外组织官方微博的11%。[②]

图9—1　路透中文王官方网站

在新浪微博中，WJT中文网、FT中文网、路透中文网是国际财经媒体涌入微博平台的三大主力军。相较于前两者逾180万、近50万的粉丝量，路透中文网微博仅有不到20万的粉丝。[③]路透中文网是汤森路透集团专为大中华地区推出的全路透中文网站，依靠成立于1851年的百年通讯社——路透社的强大新闻生产经验，自2007年正式上线以来，一直以全球化视野、多媒体方式向中国商务人士及个人投资者提供在线综合财经信息、深度报道和全球金融市场资讯服务。然而，且不谈影响力高低，仅就新浪微博粉丝数量，它为什么远远落后于成立于1888年、1889年的《金融时报》和《华尔街日报》的中文网？是编辑部的团队还是市场部的团队在运营路透中文网的社交

① 参见宋心蕊：《微名片之新浪微博》，人民网，2011-09-22。
② 参见吴小坤、李佳运：《国外机构和组织借助新浪微博对华传播的样态探析》，载《对外传播》，2012年第11期。
③ 数据截至2013年8月18日17时整。

媒体账户？两个内部部门对于路透中文网在中国社交平台中的发展有怎样的共识和异见？路透中文网在中国社交平台中的发展面临怎样的机遇？其内部桎梏和外部压力来自哪里？服务于国际财经媒体的本土化社交媒体人才应该具备怎样的基本素养？

路透中文网的社交媒体运营现状

路透中文网自正式上线开始便积极与中国的网络媒体合作进驻社交平台，包括新浪、腾讯等中国门户网站的互联网产品以及人人网、经纬网等社交网站。2010 年 4 月 7 日，路透中文网在新浪微博开设官方账户并发布了第一条微博。彼时，它还在新浪、腾讯、搜狐、和讯网上经营着博客和 QQ 空间（表 9—1）。然而，随着微博浪潮的袭来，路透中文网已不再运营博客这一平台，全面转向微博这一社交平台（表 9—2）。截至 2013 年第二季度，据不完全统计，路透中文网在中国社交平台上的粉丝或访客已超过 1,600 万，是 2011 年第三季度统计时总粉丝或访客量的近 30 倍。此外，虽然路透中文网在新浪网中只运营其微博平台，但其新浪官方微博在 2013 年两个季度内所带来的官网流量却排名第 12 位，比其在 2011 年三个季度内新浪微博、新浪博客总贡献量排名前移 10 位。此外，在 2012 年的读者调查中，64.9% 的路透中文网用户在路透中文网网站外通过其他渠道获取路透中文资讯，其中 38% 的用户通过关注官方微博或社交媒体子站浏览路透中文网资讯。对于官网新功能的需求，排在第一位的便是增加文章评论互动功能（48.5%）。由此看出，用户对路透中文网互动社交需求旺盛。加之参考官网贡献流量排名的近两年变化，以微博为代表的社交媒体平台已成为路透中文网在中国进行本土化发展中不容小觑的力量（表 9—3）。

表 9—1　　路透社中文网新浪博客与空间

合作伙伴	社交平台	粉丝或访客	流量排名 / 占比
新浪网	微博	64,659	No. 22 0.15%
	博客	106,662	
腾讯网	微博	462,458	No. 11 0.61%
	QQ 空间	235,835	
搜狐网	微博	4,354	No. 27 0.10%
	博客	247,582	
和讯网	微博	13,202	/
	博客	71,302	
网易网	微博	10,489	/

表 9—2　　路透中文网 2011 年社交媒体简况（2011 年前三季度）

合作伙伴	社交平台	粉丝或访客	流量排名 / 占比
凤凰网	微博	3,680	/
人人网	小站	2,261	/
经纬网	小站	216	/

表 9—3　　路透中文网 2013 年社交媒体简况（2013 年前两季度）

合作伙伴	社交平台	粉丝或访客	流量排名 / 占比
新浪网	微博	19,344	No. 12 0.44%
腾讯网	微博	1,360,699	No. 15 0.40%
	QQ 空间	1,848,812	No. 43 0.07%
搜狐网	微博	12,906,596	No. 44 0.06%
和讯网	微博	19,232	/
网易网	微博	15,484	/
凤凰网	微博	37,141	/
人人网	小站	7,441	/
微信	小站	6,870	/

社交媒体
（Social Media）
也称社会化媒体，指允许人们撰写、分享、评价、讨论、相互沟通的网站和技术。在社交媒体上，大批网民自发贡献、提取、创造新闻资讯，然后传播的过程。社交媒体的产生依赖于 Web2.0 的发展。

目前，路透中文网社交用户主要通过新浪微博（63.1%）、腾讯微博（39%）和 QQ 空间（26.3%）关注路透中文网，其中新浪微博的覆盖度最高。作为一家国际财经媒体的中文网站，路透中文网一直关注着国际竞争对手 WSJ 中文网、FT 中文网。借助微博风云榜，我们可以直观地发现：路透中文网的活跃度远低于它的两个竞争对手。这主要体现在：（1）注册以来每日平均发布的微博数量较低，是 WSJ 中文网的一半不到；（2）近一周的每日平均发布的微博数量不到 10 条，低于另外两个；（3）近 200 条微博的平均评论数、转发数都为个位数，远低于它的竞争对手（表 9—4）。不仅如此，从在新浪微博中的整体影响力排名来看，路透中文网与其前两者的排名也不在同一个竞争等级上（图 9—2）。然而，就粉丝活跃率来看，路透中文网则远超于其竞争对手（图 9—3）。这一来是由于粉丝总量基数的不同所导致，二来也有可能是因为前两者的粉丝中存在大量僵尸粉。

表 9—4　路透中文网与竞争对手新浪微博表现对比（数据截至 2013 年 8 月 21 日）

	路透中文网	WSJ 中文网	FT 中文网
活跃度排名	12,336 名	2,535 名	8,994 名
注册以来每日平均微博数	16 条	40 条	18 条

续前表

	路透中文网	WSJ 中文网	FT 中文网
近一周每日平均微博数	9.9 条	15.1 条	18.5 条
微博原创率	100%	100%	85%
近 200 条微博平均评论数	3.7 条	60 条	13 条
近 200 条微博平均转发数	7 条	108 条	36 条

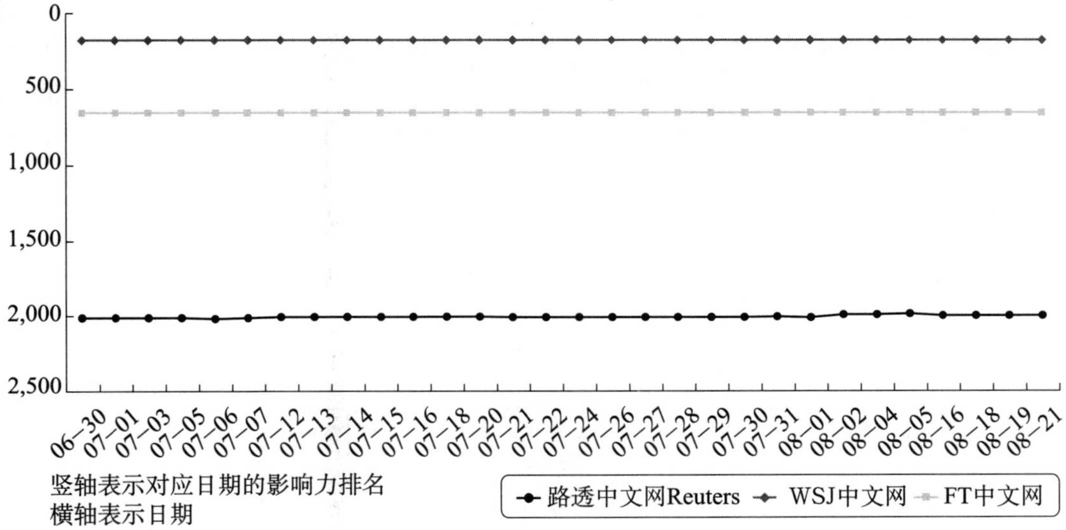

图 9—2 影响力排名比较

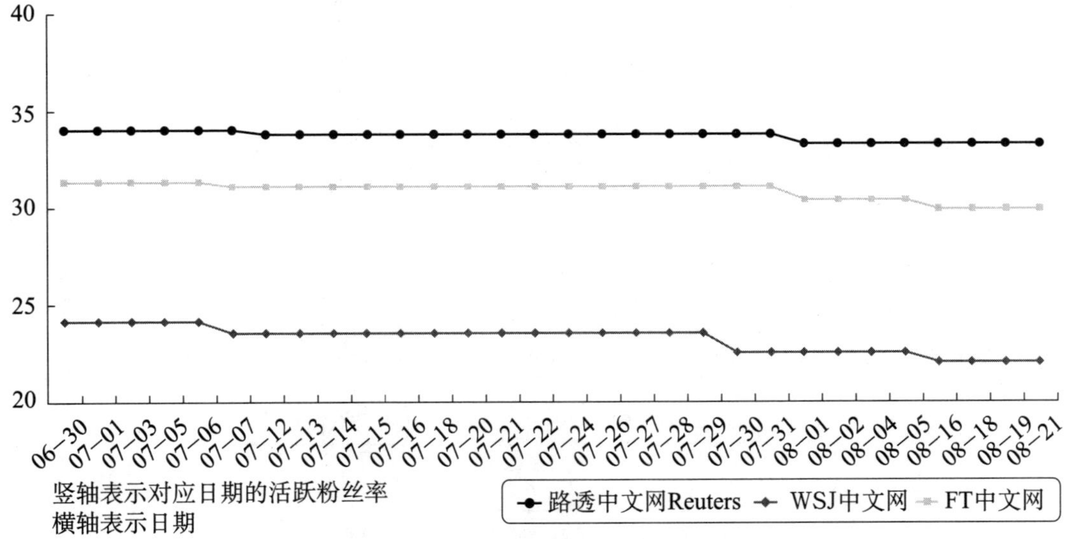

图 9—3 活跃粉丝率排名比较

运营者：编辑部与市场部的合作

路透中文网与路透社北京记者站并非一个机构，两者互相独立。汤森路透集团在其传统的媒体业务部门设置了三大报道区域（Regional Desk）——亚太、欧美和南美地区，每个区域下设驻各国和重要地区的记者站（News Bureau），在一些经常发生重要事件的大城市设立分站（Branch）。路透社北京记者站便属于亚太—新加坡编辑部（如图 9—4）。它不直接向路透中文网供稿。而路透中文网属于汤森路透集团开发的路透网站（reuters.com）的子网站，其新闻产品要经过采集平台、编辑平台、产品终端、客户端四个层级方能被路透中文网的用户所获得（如图 9—5）。路透中文网分编辑部和市场部：（1）编辑部设主编和编辑若干（包括文字编辑、图片编辑，其中文字编辑主要负责对稿件的选择和编译工作）；（2）市场部，又叫消费者传媒组（Consumer Media Group），有产品经理（Product Manager）、商业开发经理（Business Development Manager）、策划专员、销售专员、网站设计人员若干（图 9—6）。

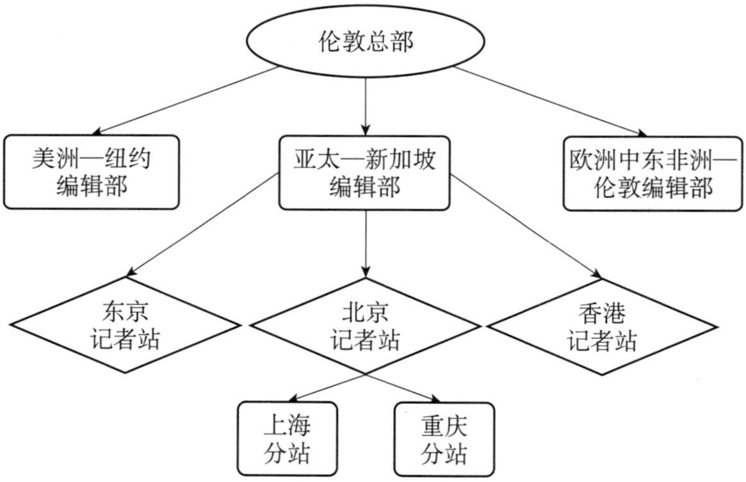

图 9—4　汤森路透集团媒体业务的部门结构

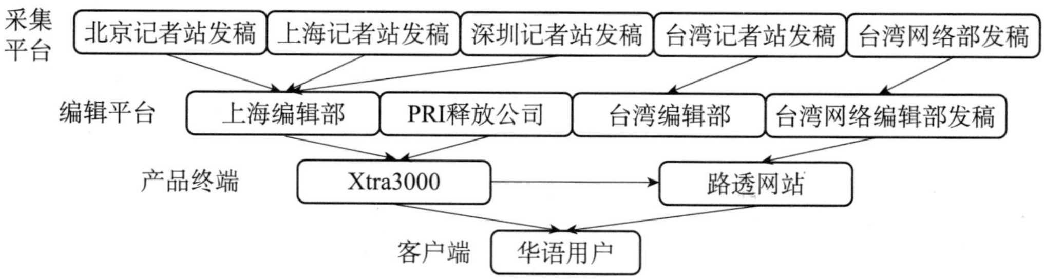

图 9—5　大中华区路透网站的新闻生产流程

路透中文网目前没有任何一名全职的社交媒体编辑，编辑部、市场部各自招聘实习生负责社交媒体运营的相关工作（如图 9—6）。微博编辑主要由一名实习编辑在负责，利用额外时间通过微博发布软件——微博通[①]将新闻消息直接上传，同一条微博信息将同时在新浪、腾讯、网易、搜狐、凤凰、和讯六大微博的账户上发布出来，信息主要包括路透中文网“深度分析”“中国财经”“国际财经”“时事要闻”等板块的主要内容以及相关配图。然而，在这一过程中，编辑部实习生仅仅上传即时更新的路透中文网官网的新闻，并不进行筛选和把关，往往形成了文字较多的刷屏式微博发布。市场部的社交媒体实习生（即路透中文网所服务的岗位）主要在编辑部发布微博的基础上，进行社交媒体编辑。由于社交平台中能反映出某一篇新闻报道微博的转发数和评论数，且社交平台中的新闻短链接数据可显示出什么样的新闻更容易引起用户兴趣，因此市场部在每周周日都会安排实习生统计一周数据周报，内容包括：

（1）上周日至本周六路透中文网新浪微博官方微博的每日微博发布数；

（2）路透中文网在腾讯、新浪、和讯、凤凰、网易、搜狐六大微博中一周以来的粉丝累计总数、粉丝增长量、短链接阅读量、流量贡献比例、流量贡献排名；

（3）路透中文网在新浪微博、腾讯微博一周内转发量最高的五条微博；

（4）QQ 空间、人人网、微信一周以来的粉丝累计总数、粉丝增长量、短链接阅读量、流量贡献排名；

（5）国内外竞争对手在六大微博中的粉丝累计总数。

周报在每周一都会由市场部实习生同时提交给编辑部和市场部相关负责人，以供参考。此外，市场部还要求实习生不定期制作相关分析报告，分别向市场部、编辑部相关人员汇报，提供业务发展的数据支持和可行性策略。

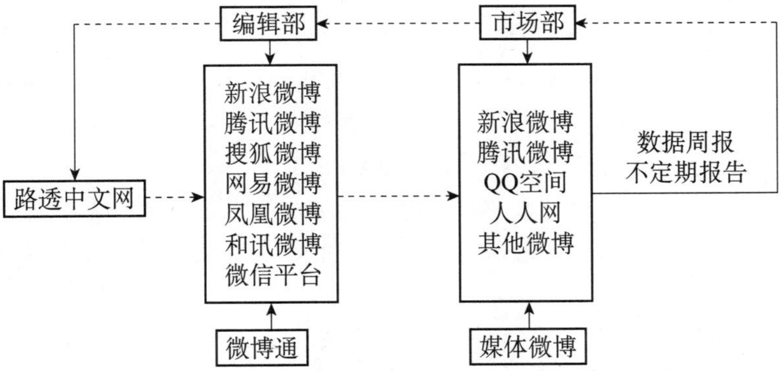

图 9—6　路透中文网中国社交平台运营流程

《纽约时报》社交媒体编辑访谈：如何做社交媒体编辑？

① 微博通（www.wbto.cn）是一个全新的社交信息聚合及分享平台，可以同时绑定多个微博，一次更新便可以将消息同步发送到多个社交网络平台，是一款社会化聚合和分享的工具。

一名社交媒体编辑的“生意经”

安东尼·德·罗萨是路透社的社交媒体编辑，上班时间，他都“挂”在网上。德·罗萨的办公桌被3个巨大的电脑屏幕所占据，在其中的两个屏幕上，一直显示着Twitter的更新页面。他需要根据上面的内容来筹划路透社需要更新的内容——德·罗萨和他的团队每天都要更新超过100条Twitter内容。

2011年7月，德·罗萨被任命为路透社第一位社交媒体编辑，此前，他的工作职位是产品经理。在业余时间里，德·罗萨是一名活跃的微博客用户，经常在微博客网站Tumblr上发言，并拥有一个非常知名的微博客账号“SoupSoup”。他的微博客曾经上过乔恩·斯图尔特主播的《每日秀》（美国喜剧中心频道的一档喜剧脱口秀，是互联网上较热门的一档电视节目），而“SoupSoup”在拥有230万个用户的Tumblr网站上的排名位居前25名之列。

在德·罗萨看来，社交媒体的使用状况是对媒体发展前景的一项新的评价指标。没错，许多社交媒体被视为一种“工具”或是“平台”，但它们又是接触当事人、获取信息的新渠道——而这不正是新闻这个行当最需要的吗？

“现在，社交媒体是人们获取信息的重要来源，”德·罗萨说，“你看着吧，以后所有的编辑都会使用社交媒体来收集信息，现在有好些编辑已经在这样做了。我把大部分注意力集中到了社交媒体上，很快你就会觉得这一点都不新鲜。”

德·罗萨和另一位同事马特·基斯，以及其他负责不同选题的编辑要把路透社发布的新闻内容分享到像Twitter、Facebook、Tumblr、Google+、Pinterest（一家创办于2011年并正迅速发展的图片视觉社交网站）等社交媒体上去。当然，这只是他们工作的一部分。他们的另外几项重要的工作内容是：从社交网站上找出当前公众讨论的热门话题，找出谁在提供那些重磅的信息，以及对那些路透社最新创制的社交媒体内容进行突出处理——这些可都不是简单的差事。

德·罗萨说，仅仅在Twitter上，路透社就有40多个账号。每个账号都是为不同的主题设定的，例如账号“@ReutersScience”用于发布科教类信息，而“@ReuterInstagram”则用于分享照片。德·罗萨说，40多个账号里，只有其中12个账号由具体的人操控，其余的账号由系统自动发布信息。当然，路透社在Twitter上的主账号“@Reuters”是百分之百由真人操控的，这个目前粉丝数超过150万的路透社主账号的幕后操盘手便是德·罗萨和基斯；当这两人晚上休息时，则由来自路透社在德里或班加罗尔的员工接手他们的工作。

社交媒体编辑要熟知各社交媒体平台的定位和特点，并根据各个平台的不同特点，有针对性地发布“定制”的新闻内容。一般来说，路透社每天会发布6至7条Facebook状态、10条Tumblr内容，以及约100条Twitter。此外，德·罗萨还会择机制播一档名为*Tech Tonic*的节目，该节目每周会在路透社网站上播出两到三次。

目前，对 Twitter 的应用是路透社社交媒体编辑团队工作的核心内容。路透社应用 Twitter 并不只是利用其推送新闻内容，还包括追踪相关内容的关注趋势，为路透社的其他微博产品提供信源。德·罗萨会利用 ScribbleLive 平台（一个新型的即时更新的微博客系统）去不断更新、驱动路透社的相关博客。这些即时更新的博客内容会覆盖新近发生的重大新闻事件，例如“占领华尔街”的最新进展。据德·罗萨介绍，他们还专门为美国总统选举初选的“超级星期二”[①]制作了相应的主题。借助 ScribbleLive 平台，德·罗萨可以根据关键词、事件发生地、Twitter 内容等条件来有针对性地发布相关信息。

除自己始终保持对 Twitter 的关注外，德·罗萨建议路透社的记者们也这么做。他每个月会举办一次研讨会，向新闻编辑部的记者们介绍社交媒体应用的实践经验，例如，如何在社交媒体上成为一个好的观察者和策划者、如何甄别 Twitter 上发布的信息的真伪等等。他也会向记者们推荐一些在报道中可能会用得着的社交媒体工具和软件，例如一款名为“Geofeedr”的应用软件可以让用户通过在地图上标注相关区域，了解该区域内的相关新闻在 Twitter、图片和视频共享网站上发布的情况；另一款名为“Storyful”的软件则可以帮助用户整合管理社交媒体上的新闻源……

在 Facebook 上，德·罗萨和基斯会根据其更新较慢的特点，只选择性地发布那些重大的报道，同时鼓励用户在相关主题下进行讨论和观点的交锋。Facebook 上的内容较 Twitter 的内容更为“静态”，每条状态持续的时间较长，而不像在 Twitter 上也许几分钟就会被新的内容挤掉了。而在 Tumblr 上，他们会侧重展示包括相册、视频在内的偏视觉感受的内容；作为补充，相关视觉内容下会有简短的文字介绍和链接，以便读者对相关主题感兴趣后，可以快速访问该内容在路透社网站上的详细报道。

德·罗萨有自己的“生意经”。他意识到，在社交媒体上付出的努力，必须能给路透社带来看得见的收益——让用户在看到社交媒体上发布的内容后，“顺藤摸瓜”地访问路透社网站，以获取更加全面的信息。

“衡量我们所做的工作是否成功的标准在于：如何在我们的社交媒体平台上吸引更多的受众、我们的记者对待社交媒体的积极性有多大，以及在我们的竞争对手应用社交媒体前，我们的记者对社交媒体应用的相关技能的掌握情况有多少。”德·罗萨说，“在我看来，流量的多少可能是我们衡量社交媒体价值的标准中最不重要的一条。”

德·罗萨和基斯在每周五都会选择一名路透社的记者作为该周的重点推荐人物。他们认为，与其一下子推送所有记者的 Twitter 内容，不如每次有重点地推荐一名记者。

那么，作为一名社交媒体编辑的最大弊端是什么？德·罗萨的回答很简单：“这项工作永远做不完，永远。”

（蕊睐编译，《中国青年报》，2012-03-29）

① 美国总统选举可分为预选和大选两个阶段，根据传统，年初预选时，会有多个州集中在星期二进行选举，其结果对最终党内提名会产生重要影响，这一天因此被称为“超级星期二”。

路透中文网社交平台运营的问题

“采编与市场分离”是新闻媒体坚持新闻专业主义的一个基本保证。但在社交媒体运营方面的沟通以及路透中文网的运营中存在着一些问题和困境。从部门职能来说，编辑部的工作是由路透中文网主编向设在美国纽约的路透网站总部相关负责人汇报，而市场部的工作是由各个业务经理向在中国香港的负责路透网站在中国大陆、印度、日本、中国香港新媒体发展的业务负责人汇报。因此，路透中文网在中国大陆的新媒体发展出现了一些问题，这些问题主要体现在以下两方面。

1. 对社交媒体的重视度和了解度

路透中文网市场部对于新媒体对互联网新闻业的冲击和带来的机遇总是保持着积极、主动的观察，并且经常在路透中文网的内部邮件系统中向两个部门的同事分享一些有关社交媒体运营的图文资料。然而，编辑部倾斜到社交媒体平台上的关注程度则较低。

在微博规律方面，从微博发布的一周时间来看，微博粉丝周一、周二往往面临比较大的工作压力，心理处于紧张期，对微博的反馈冷淡；而进入周三、周四，粉丝进入一周稳定期，对微博的反馈积极性有明显的提高；周五、周六、周日微博用户更活跃，粉丝处于对周末的期待中，相对于评论而言，更乐意进行简单的转发。然而路透中文网编辑部此前发布的微博，主要集中在周一、周二，随着向周末时间的过渡，微博发布的数量和再运营的活跃度明显降低，对周五、周六、周日的利用不足，发博比例偏低，周末只发布 1 到 2 条，甚至有时不发布微博。而对比其国际竞争对手，WSJ 中文网、FT 中文网在周三、周四、周五及周末的微博发布数就比较符合微博粉丝的社交媒体使用习惯（图 9—7）。而从每日微博发布的时间段来看，上午 9 点至 11 点、下午 2 点至 3 点互动性不高。尽管发博量非常集中，但此时粉丝多忙于工作，参与度并不高。晚间 18 点至 23 点用户互动的热情高涨，但微博发布的内容量急剧减少（图 9—8、图 9—9）。[①]

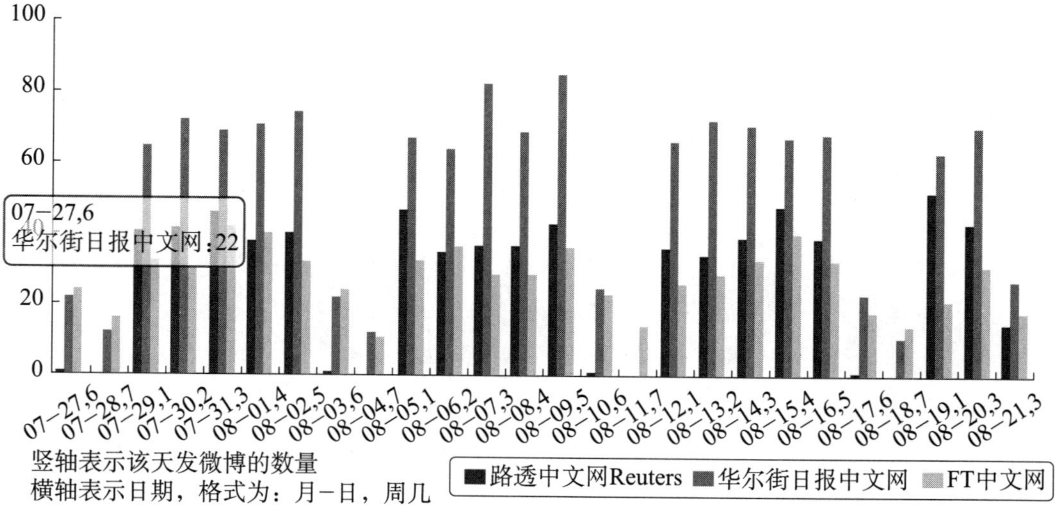

图 9—7　三家国际财经媒体中文网新浪微博日发微博比较（2013 年 7 月 22 日—8 月 21 日）

① 新浪微博商务部:《企业微博运营规律—发博时间》，2010-06-09。

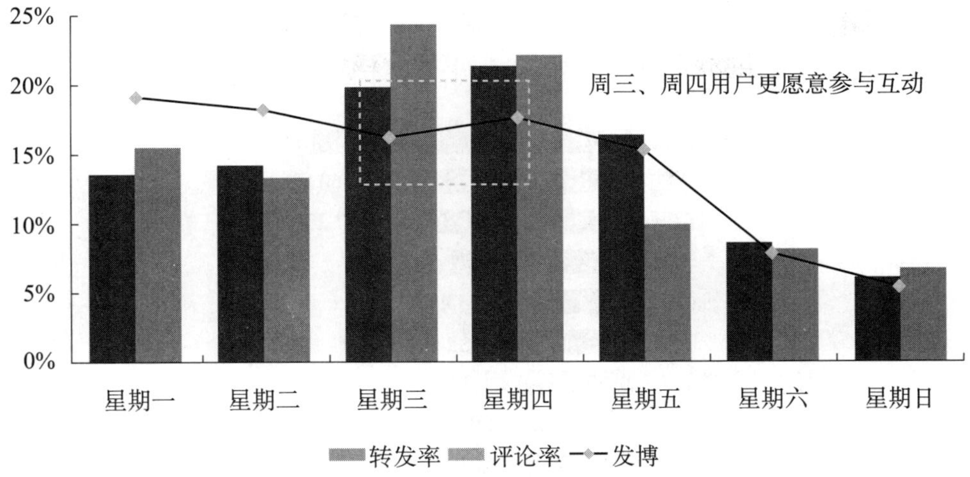

图 9—8　企业微博发布内容和反馈对比图

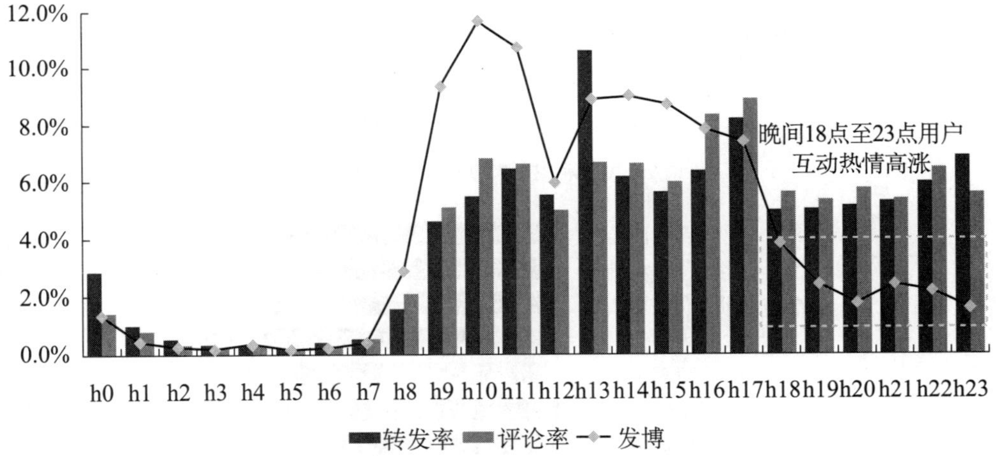

图 9—9　企业微博内容 24 小时分布和反馈情况

从对微博用户的认知方面来看，首先微博用户更喜欢使用微博的评论、关注、热门话题和转发功能，可见其对微博信息的互动性、讨论性、话题性比较看重。微博常用功能偏向话题讨论，而不是信息获取。而路透中文网仅仅以刷屏的形式不断发布新闻消息，很少发布能够促进粉丝进行互动的信息（图 9—10）。其次，粉丝使用微博的主要目的在于极具个性化的信息记录、讨论，"了解新近发生的事"仅排在第七位。微博用户更多地将其定位为一个信息平台。从中发布个人信息以及获取其他信息、就相关内容进行讨论交流、寻找志趣相同的群体、讨论共同感兴趣的话题是我们应该着重发展的微博项目方向（图 9—11）。再次，从粉丝的关注内容来看，微博用户主要关注的是所在行业的专家和社会名人。对路透中文网来说，就是财经类的行业专家和具有社会影响力的政界、商界知名人士。而媒体机构并不是微博用户关注内容的主要焦点，路透中文网不应再将自身的社交媒体账户定位为一个新闻消息发布平台，而应当策略性地发布用户感兴趣的话题，与门户网站或传统媒体区别开来（图 9—12）。

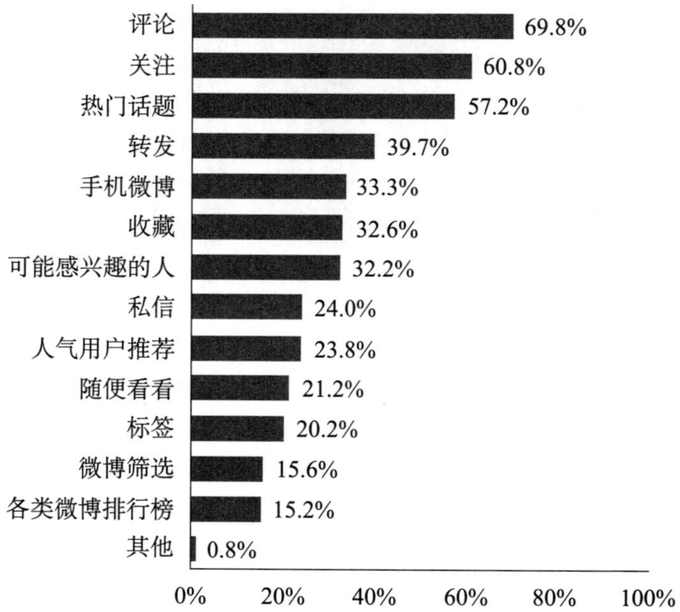

图 9—10 新浪微博用户的功能使用情况

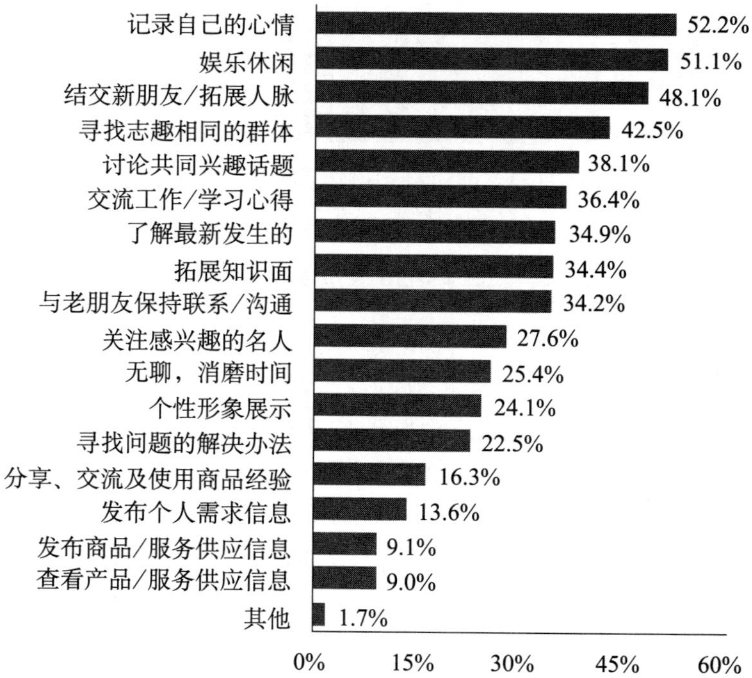

图 9—11 新浪微博用户的使用目的

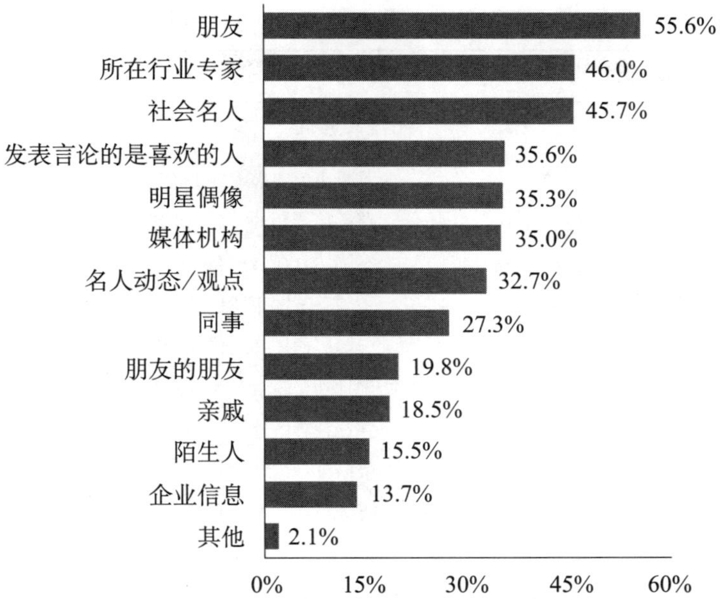

图 9—12　新浪微博用户的关注内容 ①

2. 本土化新闻还是全球化新闻？

由于路透中文网本身是一个基于国际财经媒体发家的网站，很多新闻都有关全球财经信息或国际时事。然而，要想在中国的社交平台中引起用户的广泛关注，就应该发布更为本土化的新闻和信息，而不是发布与中国网民日常生活、工作等联系不紧密的全球化新闻。以 2012 年 8 月、2013 年 5 月的路透中文网在新浪微博、腾讯微博中转发量最高的前 10 条、前 5 条微博为例，大部分都是与中国直接有关的财经或时事新闻，即便是国际新闻，也是与中国间接有关的外交或贸易往来的新闻（表 9—5）。可见，本土化的信息更能引起中国微博粉丝的关注和转发。路透中文网在第一次向编辑部进行数据分析汇报后，本土化的信息有所增加。然而随着时间的推移，路透中文网在微博平台中的信息发布又恢复了以往刷屏式的模式，充斥着大量的全球化新闻。2012 年，路透中文网曾向其重要用户通过邮件方式征集读者寄语，共收到 1,032 条回复，其中对于新闻内容的意见和建议占了 71%。就总体而言，新闻内容方面的建议主要是：“希望新闻报道客观、公正，能够提供更多国内媒体无法获知的新闻”，以及“内容本土化，符合中国人的阅读习惯”。可见，路透中文网无论是从官网信息本身还是在其社交平台中的信息发布，都应该更加关注与中国有关的本土化信息。

① 参见 DCCI 互联网数据中心：《2010 中国微博与社区研究报告》，www.dcci.com.cn。

表 9—5　　路透中文网新浪微博、腾讯微博引发热议的新闻

新浪微博	腾讯微博
2012 年 8 月	
马尔代夫称将获得中国 5 亿美元贷款	苹果市值突破 6,200 亿美元
西门子就大规模裁员进行初步商讨	路透精彩图片：24 小时时事新闻（8 月 23 日）朝鲜
朝鲜或面临新的粮食危机—援助组织	泰国达官显贵的特权：有罪不罚
谷开来因故意杀人罪被判死刑 缓期执行	中国拳王邹市明成功卫冕
斯里兰卡否认已释放 37 名中国渔民	中国厂商用物美价廉的手机“智取”苹果
美中贸易逆差使美国流失 270 万个工作岗位	中日外交争端影响日系车在华销售
中国钢贸企业被追债曝银行坏账问题	路透精彩图片：日本机器女郎餐厅
工行和农行周三起下调美元等外币存款利率	梁振英：内地暂缓执行非深圳户籍居民“一签多行”来港
中国发改委周五起将上调汽柴油价	路透精彩图片：香港女性最长寿
优胜美地出现致命病毒感染 美官员向多国发布警告	普京暗示对叙立场不变
2013 年 5 月	
亚洲 101 家最佳餐厅排行榜揭晓 鼎泰丰夺冠	普京将乘坐直升机上下班
广州取消城乡户口划分 统一为“居民户口”	华尔街对百思买的态度：是退出中国市场的时候了
焦点人物：易会满“逆袭”49 岁接掌工行	金价狂跌折射全球经济复苏之路崎岖
中国铁路运量需求不足“铁老大”一季度亏损近 70 亿	中国已确诊 24 例 H7N9 禽流感病例
中国和澳洲将推出人民币直兑澳元消息	专栏：微信遭工信部和竞争对手攻击

社交媒体信息的“硬”与“软”

路透中文网在社交媒体中的一切运营目的都围绕“提升品牌曝光度”和“增加官网流量”两个方面展开。但是，一切的微博运营都不能破坏路透中文网长期以来“客观中立”“严肃”“稳重”“负责任”“大媒体”的品牌形象。也正是因为如此，路透中文网的新闻消息，无论在官网中还是在微博平台中，都以较为严肃、专业的硬新闻出现。然而，微博粉丝更关注什么类型的内容呢？根据 2012 年新浪公司、北京大学市场与媒介研究中心、第一象限公司三方合作发布的 2012 年新浪微博用户发展调查报告显示，男性微博用户主要关注社会新闻、科技与 IT、国内外时事、旅游、美食、影视娱乐电影等软性内容，而像路透中文网主打的“财经”（投资、理财）讯息则排名靠后。之所以要关注男性微博用户的特征是因为路透中文网在新浪微博中的粉丝逾七成为男性，且主要集中在北京、上海、广东、江苏四个省市（图 9—13）。此外，如图 9—12，进入 2012 年，微博用户在利用微博开展网络社交活动的主要功能在于，了解生活常识等信息、分享好玩儿好看的东西、看各种搞笑卖萌和美图等软性内容，而与路透中文网长期提供的财经讯息有关的“跟踪业内

专业信息”“与人交流工作相关信息”等功能排在末尾（图 9—14）。[①] 可见，软消息在社交媒体中更能获取微博用户的关注。然而，路透中文网由于其长期以来形成的“硬”新闻形象，从编辑部到市场部，不少人员认为，应该“把内容做得再‘硬’一点”。在微博中，路透中文网的微博消息由标题、导语、短链接这三个基本元素组成。如果官网原文带有新闻图片，微博消息中才附有图片（如表 9—5）。标题即为官网原标题，其中的术语往往较为专业，在表述上也平铺直叙。总体上，路透中文网的微博仍以硬新闻为主，且表现形式也较为生硬和直接，并没有对信息进行适合社交媒体平台传播的编辑处理。仅就形式来说，截至 2013 年 8 月 28 日，路透中文网新浪微博共发布 19,689 条微博，其中纯文字微博有 11,001 条，占 55.87%。在如今这样一个视觉化、大数据时代，纯文字的刷屏式微博发布，不仅难以获得良好的品牌曝光，也不利于吸引读者点击链接细读原文。如图 9—15，仅一条导语中，就出现了“融资”“实体经济”“去杠杆”“银行间”“同业”等较为专业的词汇。大量专业化的词汇既不便于微博用户阅读，也不便于他们进行理解。这样的消息也不容易在微博平台中产生广泛的讨论和转发。可见，路透中文网此前对于微博平台的定义，还停留于“一个信息发布的平台”，而不是提供一个“供用户讨论和分享信息的平台”。

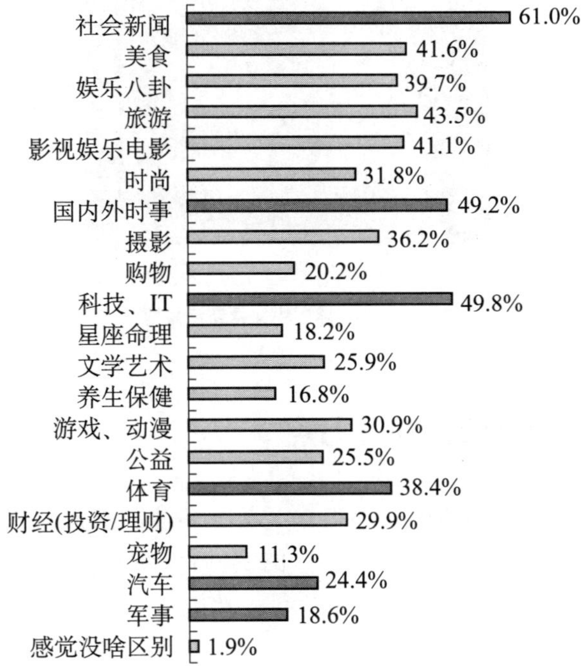

图 9—13　男性用户感知的微博与其他媒体差异

① 参见 2012 年新浪微博用户发展调查报告，2012 年 10 月新浪公司、北京大学市场与媒介研究中心、第一象限公司三方合作。

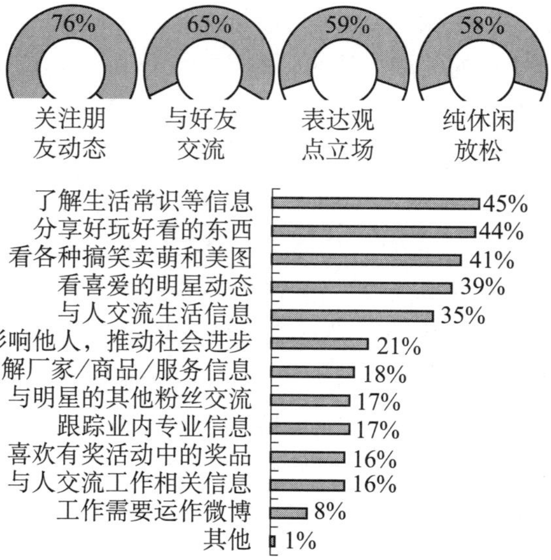

图 9—14 微博用户功能认知

图 9—15 路透中文网新浪微博

国际财经媒体在华社交媒体的发力点

路透中文网根据对编辑部和市场部工作人员、环境和工作流程的观察以及对自身在社交媒体中的表现，制定了一个“三步走”的实验性改革计划，自 2013 年 5 月至 6 月、2013 年 7 月至 8 月起逐步推进，主要包括以下三个方面。

1. 日常沟通是第一位且最直接的层面

所谓日常沟通（day-to-day communication），其本质就在于让“路透中文网”适时且不间断地暴露在微博用户的面前。对于一个国际财经媒体的社交平台来说，除了进行每日、每周固定的新闻消息或新闻专题发布，还要注意以下几个方面。

（1）发布时间

如上文所言，由于无法控制编辑部发布微博的流程，只能在二次转发时进行编辑。因此，主要选择周三、周四、周五的 7 点至 9 点、11 点至 13 点、16 点至 18 点进行微博的二次转发和编辑，主要在于利用用户较为活跃、微博消息到达率较高的时间段进行微博的推送和编辑。而路透中文网的用户大多在北上广等大城市，上班族每日上班挤地铁往往有较多时间阅读移动终端的新闻消息，所以选择了在上班前的时间段二次推送相关新闻。其余适合推送的时间段，则为临近午休和下班时间，这时微博用户的注意力往往不会集中在手头工作上，更容易关注微博动态。

（2）栏目设置

每日从路透中文网官网选择一条热门新闻放入新浪微博首页中的每日焦点。在每一期官网发布专题新闻报道时，会编辑更加符合网络阅读习惯的导语及配图，制作出一条专题新闻推送微博。如图 9—16，官网的专题介绍导语为“中国食品安全问题频出，继毒牛奶、激素鸡之后，如今又曝出掺假羊肉。外资巨头在华采购防不胜防，百胜集团接连中招早已有口难言，唯有期盼市场监管早日到位。”而路透中文网进行了提问式的修辞编辑，让微博导语更能引起微博用户的关注，且配有专题报道的主要新闻照片。

（3）二次编辑

原本，市场部负责社交媒体运营的实习岗位没有新闻内容发布的一手权力。那么，发布的新闻如何能更具有新闻价值、更能激发用户阅读和分享的兴趣呢？路透中文网从 2013 年 6 月起，从已经发布的微博中，选择一些软性的、较能引起网民讨论的话题进行二次编辑：1）用“【 】”加入“关键词”，将新闻消息中重点的、引人注目的词语节选出来放在转发内容中；2）找出新闻消息中有关涉事方的回应，尽量选择容易引起网民讨论的观点，用“【 】”加入“视点”（如图 9—17）。

图 9—16　中国食品安全专题微博

利用社交网络推广新闻和读者互动的五点技巧

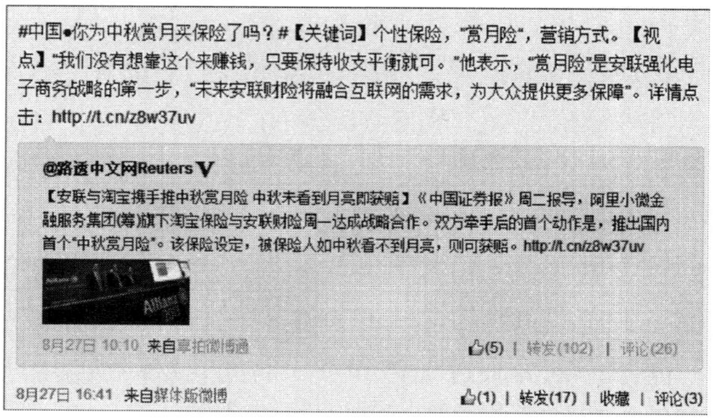

图 9—17 二次转发推送微博编辑

2. 形成一套强化中心主题的战略传播

所谓"战略传播"（strategic communication）在进行微博编辑运营时，主要体现在将现有的已发布的新闻消息进行重新"打包"处理，将其纳入一个主题下进行二次编辑，或展开一系列微话题或微活动，形成一套简单但又具备标识意义的主题。这些微话题或微活动主要伴随着路透中文网的微博新闻消息展开。路透中文网在实验性改革的第一阶段、第二阶段主要做了以下三方面的工作。

（1）利用已有新闻，开辟微博新闻专栏

路透中文网新浪微博中发布的新闻，从内容上大致可以分为国际财经、中国财经、时事要闻；从形式上主要包括深度分析、新闻快讯、幻灯片新闻和专栏作品。由于中国人更关心中国、中国人、中国政府、中国社会的新闻消息，路透中文网开辟了以"##"为开头的微话题"# 中国 • XXX#"系列。这一微博话题主要选择与中国老百姓息息相关的新闻报道进行二次编辑。在二次编辑时通过"转发"功能，标上 # 中国 • XXX# 记号，并制作一条不超过 8 个字的微博标题，标题往往采用反问、疑问的句式或使用较为流行的网络语言。自这一系列开辟以来，从转发量和评论量来看，都远超于没有进行二次编辑的微博或其他有关中国的微博。此外，对于其他一些重要的、即时的国际重大新闻，路透中文网也会通过二次编辑，加上"##"的微博标题。

（2）利用新闻话题进行网络投票

怎么让一条没有活力或者本来只有文字、图片呈现的新闻报道活起来呢？路透中文网利用已经发布的新闻消息制造话题性的微博投票（# 投票时间 #，如图 9—18）。路透中文网利用【中国财政部称推进扩大房产税试点】、【公众信任危机威胁中国核电大计】、【为何中国的药品价格过高？】、【新西兰"100% 纯净"营销口号遇挑战】、【中国放松一胎化政策长期看可提高经济增长潜力——德银】等有关房地产、核电计划、药价、奶粉、计划生育等中国社会热门话题的相关新闻作为投票背景，设置了"你觉得哪类城市应该征收房产税""你所在的城市要建核项目，你怎么看""你觉得国内的药价高吗"等一系列极具互动性的微投票。在微投票微博制作出来以后，路透中文网会根据用户活跃时间进行二次转发，并配上原有的新闻消息和链接。在进行两到三次转发推送后，进行 # 投票播报 #（如

图 9—19），通过饼状图、柱状图等可视化的方式简洁明了地展现。这种方式可以有效地将路透中文网的新闻产品进行软化，并且使得极具价值的新闻有了第二次曝光的机会，大大增加了路透中文网的品牌曝光率和官网点击率。

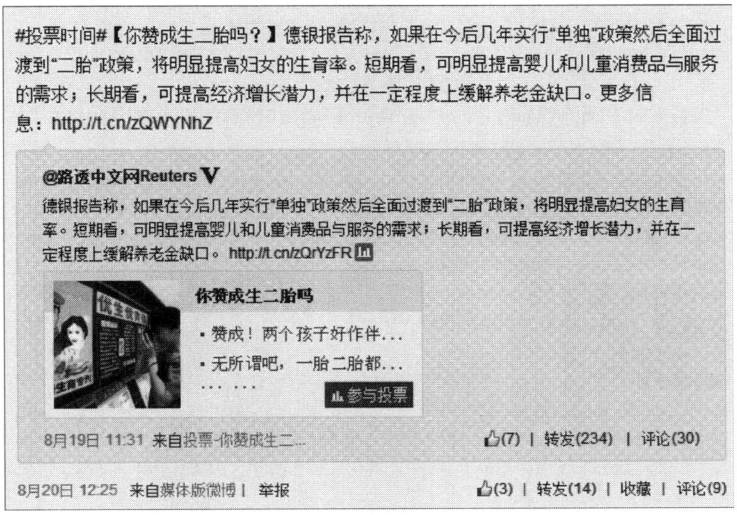

图 9—18 新浪微博 # 投票时间 #【你赞成生二胎么？】

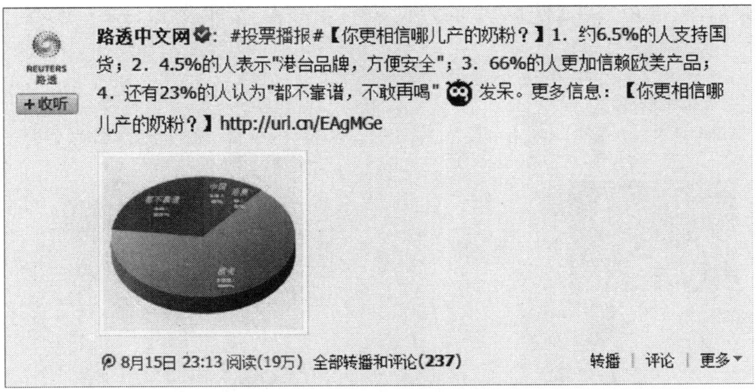

图 9—19 腾讯微博 # 投票播报 #【你更相信哪儿产的奶粉？】

（3）转向关注社会公益，增加话题讨论

微博平台中的用户往往关注热门的社会话题，而且情绪往往偏向感性，很难保持长时间的理性态度。那么，什么样的微博内容既能符合微博用户的使用习惯，又能维护及提高路透中文网在微博中的品牌形象，进一步提高点击率呢？路透中文网选择了“社会公益”这样一个近年来愈发火热的社会热点话题。路透中文网的读者大多是社会地位较高，收入较高，关注经济、时事问题的男性。社会公益话题极不容易涉及政治敏感议题，也容易引起微博用户的广泛讨论。为此，从 2013 年 7 月开始，路透中文网利用汤森路透集团路透基金会，在微博平台中选择与中国密切相关的公益信息进行二次编辑和转发，并标注 # 路透公益·你不知道的中国#、#路透公益·你不知道的世界#，转发与妇女、儿童、环境、战争、贫民等话题有关的照片、数据。如图9—20，一条有关计划生育话题的微博，原本仅有6条转发，经路透中文网二次编辑和转发后，一天内获得1,000多条转发和近200条评论。这类公益话题的栏目往往不仅能获得高转发量，还能引起微博用户的广泛讨论。这条微博还由凤凰卫视知名记者闾丘露薇进行了转发和评论。

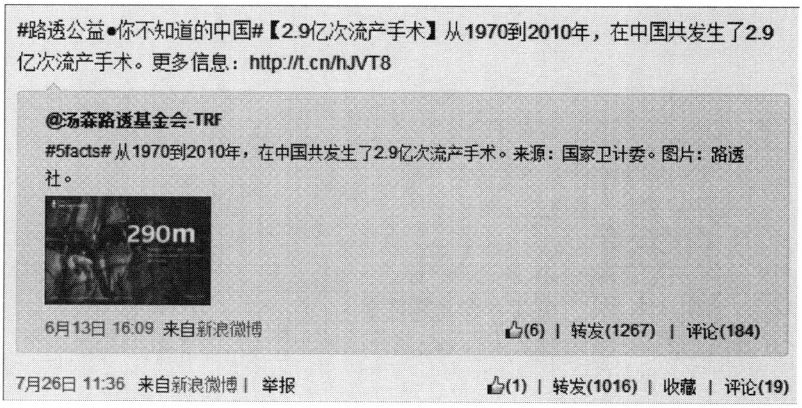

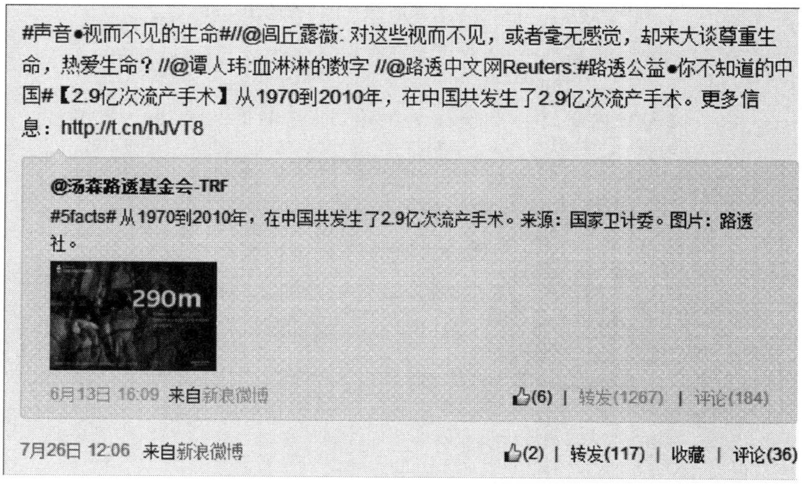

图9—20 #路透公益#系列微博

3. 与关键节点建立长期关系的人际传播

通过发布、评论、转发、微访谈、跨领域合作与微博中的关键微博账号发展长期、持久的联系。这些关键账号是国际媒体在社会网络中的节点，其中不仅包括社会各界名人，还包括知名媒体、企业、学校和网络热门微博账户。默罗在其“最后的三英寸”理论中指出，最有效的传播方式不是远距离的广播，而是近距离、面对面的交流；最有效的传播者不是政府，而是民众。可见，通过与社会网络中关键节点建立长期关系而展开的人际传播（interpersonal communication）是一种极为有效的微博编辑策略。

（1）适时转发微博大 V 的微博

路透中文网主要转发财政金融界知名人士的微博。方式主要有两种，一是在长期关注的大 V 微博中寻找与路透中文网近期新闻有关的微博，进行转发时配上路透中文网的新闻标题、背景和链接；二是当自己的微博被大 V 转发时，以 # 声音 # 的微话题标签进行转发，并配上相应的微博标题，如图 9—21。

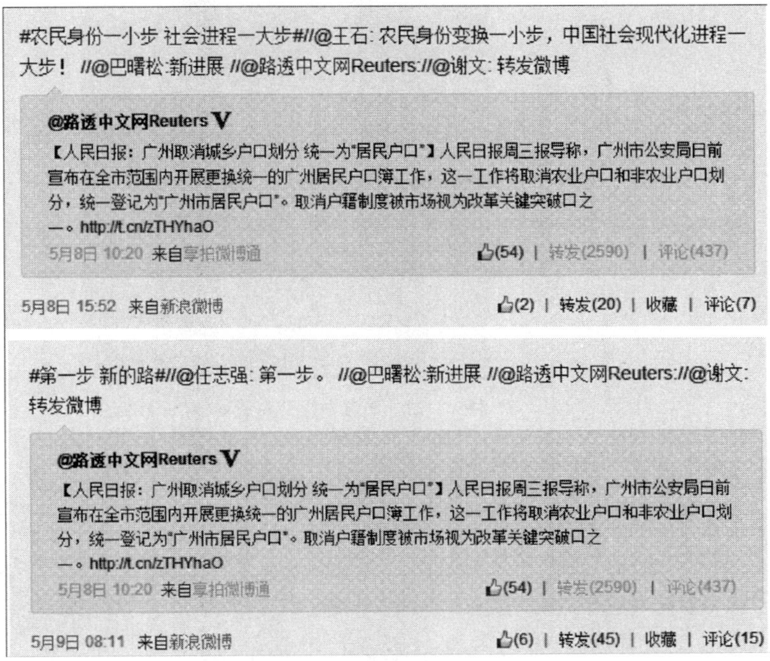

图 9—21 路透中文网转发大 V 评论

（2）申请微访谈

虽然路透中文网试图向负责对口联系的新浪微博相关人士申请与国内一些政治、经济领域的知名微博博主进行微访谈，但在此过程中却被设置了很多限制和关卡。新浪微博相关人员表示："主要考虑到外媒的敏感性，进行微访谈会有一定的风险。"由此可知，国际媒体在进入中国的传媒环境时，往往会受到来自政治和意识形态方面的影响。在微博编辑的过程中，应巧妙地回避一些触及当地执政者政治红线的问题。在这方面，《华尔街日报》《纽约时报》《朝日新闻》等国际媒体中文网都受到不同程度的影响，应当引以为戒。

（3）积极与粉丝进行互动

这一点在社交编辑工作量大和人力资源不足的情况下，往往很难实现。一方面，媒体发布的信息量较大，无法一条条回复相关网友的评论；另一方面，社交媒体编辑的个人编辑运营往往带有很强的个人主观色彩，无法代表其所在单位的态度和想法，如果出现对于某一新闻报道的态度不同或出现与微博用户的不良互动等问题，会导致"不客观、不中立"的质疑。为此，路透中文网每周会选出一部分网友对当周热点新闻的精彩评论，制作 5 条一组的 # 路透粉丝热门评论 #，并配有评论关键词的相关内容，向微博用户分享精彩

BBC 验证用户生成内容（UGC）的经验

评论，并鼓励用户积极参与路透中文网微博中的评论活动（如图 9—22）。

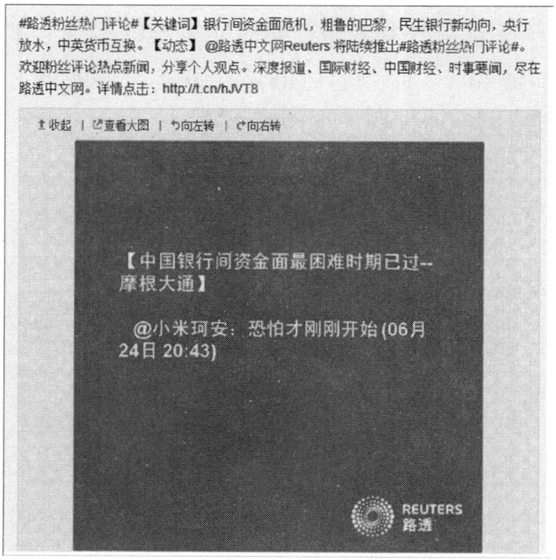

图 9—22　路透中文 # 路透粉丝热门评论 #

《纽约时报》新媒体团队分享社交媒体技巧

2013 年对《纽约时报》社交媒体团队来说，是忙碌的一年。该报的 Twitter 账户“@nytimes”的用户数量增加了 500 万，使得团队聘请了 3 名新编辑以适应用户数量的增长。

随着用户如此大规模的参与——该账户现有超过 1,000 万用户——成功和失败都交织在一起。社交媒体团队回顾了他们去年一年的工作，团队编辑迈克尔·罗斯顿（Michael Roston）最近在一篇尼曼实验室文章中分享了团队的经验和教训。

《纽约时报》的社交媒体团队使用 SocialFlow 来跟踪 2013 年最成功的 Twitter 条目（点击和转发），获得了这些经验和教训：

遵守所在媒体的突发新闻报道原则

“如果我们更明确地将 Twitter 账号的运行与《纽约时报》的整体故事报道结合起来，我们可以更好地开展工作，”罗斯顿写道。

Twitter 关注者到我们账户来获取突发新闻的更新多于获取其他内容，罗斯顿说，因此所有更新的内容都必须获得新闻编辑的批准，并且转发参与报道记者的信息。通过小心谨慎地遵循这些指导方针，《纽约时报》绕开了波士顿马拉松爆炸案发生时 Twitter 上的误传。波士顿爆炸案是 2013 年在 Twitter 上获得了最多点击率和转发量的事件之一，其他被点击和转发次数较多的还包括叙利亚冲突和肯尼亚购物中心爆炸案等。

给予记者发布自己新闻的自由

当《纽约时报》有独家线索时，它被允许通过自己的社交媒体账户进行报道。@nytimes 通常会转发这些账户的内容，社交媒体团队指出了该报用户与这些账户之间的密切互动。

“让我们信赖的记者首先发布新闻，帮助他们与读者直接联系起来，我们（官方账户）在不牺牲准确性的前提下及时提供新闻，”罗斯顿说。

通过读者来扩展报道

为了让读者了解高关注度新闻报道的背景信息，社交媒体团队配合记者开展了 Twitter 问答环节，并使用《纽约时报》的机构账户来组织这些交流。例如，“@nytimesworld”账户策划了有关埃及政治危机问题的读者问答活动，该报记者大卫·D·柯克帕特里克（David D. Kirkpatrick）回答了提问。

“以这种方式使用 Twitter 证明与蓬勃发展的用户交流是十分便利的，通过 Twitter 促成记者和用户间的 Q&A 直接交流，而不是通过中间人的方式，这可以让对话更加容易，”罗斯顿写道。

避免自动发布

虽然团队通过自动发布功能取得了一些成绩，例如詹姆斯·约翰·甘多菲尼二世逝世的消息获得了 2013 年第二多的点击量，但是他们仍然希望将“避免自动发布”这条标准加入规范。在团队设立账户进行自动发布的一周时间里，曾有一条错误的 Twitter 信息进入了系统，直到数小时后才被发现。

甚至编辑的一个小的调整，可能会让只有一条链接的标题变成一个非常受关注的内容。“Twitter 是一个帮助《纽约时报》将新闻呈现到更多读者面前的平台，他们与那些直接访问网站的读者不同。当我们将报道与媒介协调好，我们将以最大的努力来建立与读者的联系，”罗斯顿说道。

内容清晰比聪明更重要

“如果我们没有清晰地展示读者想要了解的新闻重点，他们不会点击或转发我们的内容，”他写道。社交媒体团队发现，清晰和直接的 Twitter 信息会得到账户关注者更加一致的反应，而不是那些故作聪明或文字矫揉的内容，因为这些 Twitter 信息“最终由大量读者的兴趣所决定”。

如果第一次发挥作用，请再次尝试

很多社区编辑会安排自动转发本周的内容，这一策略尤其针对那些第一时间可能错过重大消息的人，或者被证明是受欢迎的内容。《纽约时报》发现这些计划在星期六或者星期日自动转发的内容会引发相当多的点击。

“对我们来说，这意味着一个星期二下午发布过的受到了读者欢迎的故事，可能在星期六会受到那些错过这个故事的读者的欢迎，”罗斯顿写道。

但是，罗斯顿提醒媒体注意那些可以被循环使用的内容，比起生命周期有限的重大新闻，与一个企业有关的故事会成为读者更好的转发选择。

［玛格丽特·鲁尼（Margaret Looney），国际记者网］

启示与建议

英国伦敦城市大学及伯明翰大学的客座教授保罗·布拉德肖于2008年在其博客上发表了名为“网络新闻基本原则”（BPOJ，Basic Principles of Online Journalism）的长篇博文，影响巨大。布拉德肖提出的“网络新闻基本原则”包括了简洁性（Brevity）①、适应性（Adaptability）②、可浏览性（Scannability）③、互动性（Interactivity）④、社群性及对话性（Community & Conversation）⑤5大要素（如图9—23）。路透中文网认为，国际财经媒体要在中国发展，必须高度重视中国当下互联网新闻发展的新型传播形态，可以将“网络新闻基本原则”作为指导社交媒体编辑在中国微博平台中的运作策略。

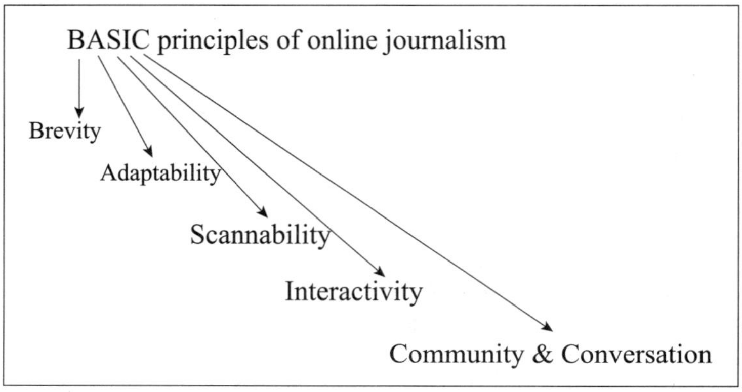

图9—23 网络新闻基本原则

1. 简洁性

微博平台中的社交媒体编辑应该注意到：现在的微博粉丝不擅长也不愿意阅读长篇累牍的文字，因此，微博中的信息发布从标题到导语，应当力求“简洁明了”。冗长的标题或文字不容易在微博用户中引起较多的关注。

2. 适应性

社交媒体应该掌握所负责的社交媒体的内容、功能等特性，了解该社交媒体的用户使

① http: //onlinejournalismblog.com/2008/02/14/basic-principles-of-online-journalism-b-is-for-brevity/.

② http: //onlinejournalismblog.com/2008/02/20/basic-principles-of-online-journalism-a-is-for-adaptability/.

③ http: //onlinejournalismblog.com/2008/02/25/basic-principles-of-online-journalism-s-is-for-scannability/.

④ http: //onlinejournalismblog.com/2008/04/15/basic-principles-of-online-journalism-i-is-for-interactivity/.

⑤ http: //onlinejournalismblog.com/2008/09/15/basic-principles-of-online-journalism-c-is-for-community-conversation-pt1-community/.

用习惯，尤其是了解所管理的账户粉丝的大致使用状况，这样才能制定出符合其用户需求的编辑策略。

3. 可浏览性

如今的社交平台上充斥着各种形式的信息、组图、幻灯片、短链接、长微博、投票、微访谈……选择什么样的信息发布形式，一个重要的判断标准就是：便于、适于用户浏览。不应该发布那些过于书面化、专业化甚至文字艰涩难懂的内容，而应该发布适用于在PC机以及平板电脑、智能手机等屏幕中浏览的微博信息。

社交媒体时代鉴别图片真伪的编辑指南

有新闻的时候，不可避免会出现一些人希望用篡改的图片来迷惑公众的情况，因此每个编辑都必须知道如何鉴别视频和照片的真伪（图 9—24）。

图 9—24　这张被修改的照片，于飓风艾琳发生后在 Twitter 上传播

2011 年，在美国波士顿举行的“2011 年在线新闻协会年会”（2011 Online News Association Conference）上，《赫芬顿邮报》的社交新闻编辑詹金斯（Jenkins）和 OpenFile.ca 网站的编辑部主任西尔弗曼（Silverman）与大家分享了自己的建议：

A. 用 EXIF（可交换图像文件格式）浏览器查看图片包含的信息。

B. 检查对照片的修改。使用图像层次分析软件（Image Level Analyzer），通过扫描图片质量来检查图片是否被改动过。JPEG 文件每次在存储的时候会损失一定的质量。如果有人在照片上加入其他部分，这张图片会呈现出不同质量的图层。

C. 用地图和该区域图片与图片中出现的地点进行比较。核实天气预报，以确认图像中的天气是否与宣称的时间和日期吻合。

D. 检查图片或视频中出现的服装、建筑、语言、车牌、车辆、标志等，看是否支持图片所宣称的内容。

E. 查看上传者过去的记录和在网上的签到地点，看他是否在过去分享了可靠的内容或是有“抄袭”他人的不良记录。

F. 确认是否存在拍摄者之前或是之后拍摄的图片，以便比较验证。

G. 与拍照者在电话或是 Skype 上讨论图片。人们在直接交流的时候不大可能会骗你。

H. 特别留意那些在突发新闻现场特别出众的照片。如果照片看起来好得不太真实，那很有可能是假的。

I. 使用逆向图片搜索引擎 TinEye。该网站称“能够找到图片的出处、如何被使用、是否有修改版的存在或是否存在分辨率更高的版本。”

［詹妮弗·朵拉（Jennifer Dorroh），黄金源译，国际记者网］

当新闻遇上社交网络

思考题

1. 你认为，在中国的新浪、腾讯等微博平台中，传统媒体账号的社交媒体编辑的主要工作有哪些？如果你是一名主管，有机会招聘一名社交媒体编辑，你希望应聘者有什么样的工作经历？
2. 像新华社、美联社等通讯社的社交媒体编辑，应该在工作中注意哪些问题？应当避免哪些错误？
3. 社交媒体编辑与传统的网络编辑在工作流程和标准上有什么异同？前者的出现对后者产生了怎样的影响？

4. 互动性

媒体在微博中的编辑活动，不应囿于“媒体”属性，应关注社交媒体的特性，制造更多与微博用户之间的互动。社交平台中，传播系统已从单一的一对一传播转变为一对多、多对多的双向、多向传播形态。媒体应即时回复微博用户的评论，积极转发大 V 对微博信息的精彩点评。

5. 社群性及对话性

社交平台已经不是一个简单的信息发布平台，更是一个信息流动、分享的平台。媒体在社交媒体中开放账户并进行编辑运营，应该区别于其在传统新闻生产过程中的流程，要意识到这不仅仅是信息的发布，更要体现或编辑一些能够给社交媒体用户讨论，尤其是给关注某一类话题、某一类媒体的社交群体讨论的内容。

那么，到底是在编辑部还是运营部设置一位社交媒体编辑呢？我们认为，应当在编辑部设置一位兼职负责新媒体平台的编辑。这位编辑应该是既懂得互联网新闻传播的基本规律，又善于进行社交平台全媒体传播策划的复合型人才。

Chapter 10 第十讲 移动时代，和你一起走的新闻：移动新闻客户端的编辑特色

- 手机新闻客户端案例讨论
- 手机新闻客户端编辑特色
- 移动新闻客户端及其用户特点
- 移动时代，客户端编辑走向何方？

主案例 手机新闻客户端上的移动新闻

20 年前，你从报纸上读到新闻；10 年前，你从电视里看到新闻；5 年前，你从门户网站浏览新闻；2 年前，你用微博；现在，你又从哪里获取新闻呢？

据皮尤调查中心“卓越新闻计划”数据显示，美国目前 47% 的用户使用移动终端读取新闻。第 33 次《中国互联网络发展状况统计报告》称，手机网络新闻是中国手机网民中使用率第二高的应用类型，使用率达 73.3%。零点研究开展的“中国城市中高收入群体媒体使用习惯调查”指出，50.4% 的用户获取重大新闻的渠道首选新闻客户端。

上述调查数据表明，以新闻客户端为代表的移动终端正日益成为用户获取新闻信息的主要渠道。以 iPhone 和 iPad 为代表的移动终端发展迅猛，用户停留在移动网络的时间大大延长，用户使用移动终端进行阅读的习惯逐渐形成。同时，传统媒体抢占新兴信息终端的势头颇盛。数字《纽约时报》计划、《南方都市报》全媒体集群等国内外媒体纷纷发力，推出一系列新媒体移动终端应用，为用户提供了更多选择。

美国报业协会（Newspaper Association of America）总裁卡罗琳·里特尔认为，2014 年传统报业发展的三个关键主题是：移动、原生广告和个性化内容。[①] 未来互联网时代是一个移动化的终端时代，移动终端很可能成为未来媒体行业为用户提供信息和服务最重要的平台。

“移动新闻”（Mobile Journalism）最早在 2006 年西方学术界和实践界出现。西方诸多国家的传统媒体从 21 世纪初开始使用手机短信或彩信向大众推送新闻。随着手机上网技术的发展，手机用户开始通过直接访问传统新闻媒体的手机网站、接收微信和 APP 推送等多种方式阅读和接收新闻。

社会化媒体、移动终端、大数据：影响新闻生产的新技术因素

手机等移动终端的特殊之处在于，当它与大众新闻传播联系在一起时，它既是新闻采集的来源，也是新闻接收的工具，它改变了新闻生产、传播和接收的环境。移动新闻客户端利用文字、图片、影音等多种形式，通过专题集纳、超级链接、互动评论等功能传播新闻信息，其伴随性、移动性等特征必然会影响到新闻采集、新闻编辑以及新闻发布等新闻生产流程。本讲，我们就以移动终端中使用最频繁和广泛的手机终端为例，试观察三类手机新闻客户端 APP 的编辑特征。

---

① Caroline H. Little, *The Trends That Will Shape the Newspaper Industry in 2014*, from http://www.naa.org/News-and-Media/CEO-Update/2014-January.aspx.

手机新闻客户端案例讨论

APP 是英语 application 的缩写，应用 APP 是指智能手机第三方应用程序。在本讲中，手机新闻客户端 APP 指用户在手机终端获取各类新闻资讯的应用程序。

易观智库发布的《2013 年 3 月中国新闻客户端下载量监测报告》显示，截至 2013 年 3 月底，中国新闻客户端市场排名前五的客户端及其下载量份额依次为搜狐新闻（31.7%）、网易新闻（18.0%）、腾讯新闻（10.2%）、百度新闻（5.6%）和凤凰新闻（5.6%）（图 10—1）。[①] 互联网门户网站和搜索引擎在移动新闻客户端市场上占有绝对优势，传统媒体新闻客户端的发展较为势弱。

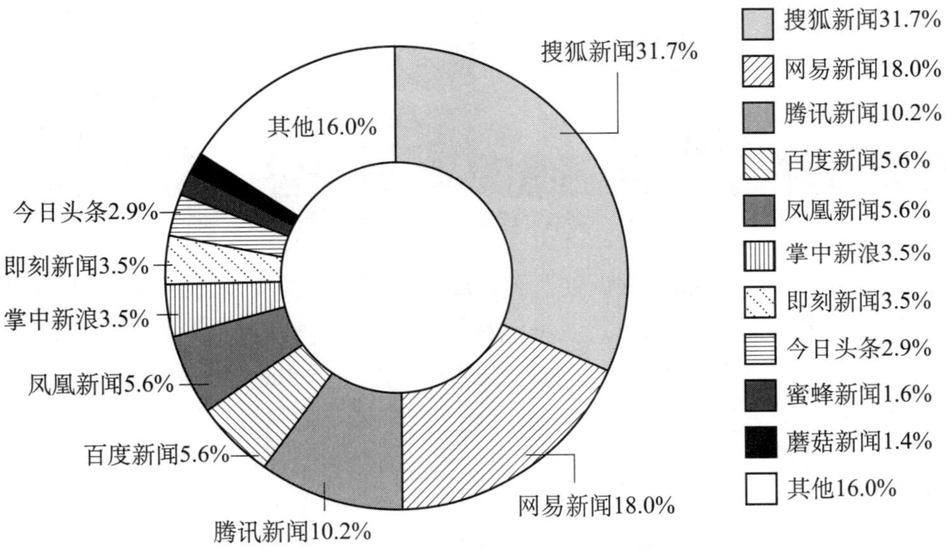

图 10—1　中国新闻客户端下载份额[②]

按照内容来源，手机新闻客户端主要有两类：一类客户端新闻主要为所属媒体自采自编；另一类则主要整合其他媒体信息资源。目前，国内移动新闻客户端主要有三种类型：一是传统媒体发布的客户端，其内容与传统渠道内容基本重合，如《南都 DAILY》《新京报》等；二是门户网站等推出的新闻应用，主要整合其他媒体资源，进行海量信息推送，如腾讯新闻、网易新闻等；三是介于二者之间，既有原创新闻内容，也会整合其他媒体信息的客户端，如凤凰新闻、央视新闻等。

下面，我们将以这三类客户端的手机终端为例，来观察手机新闻客户端的基本样态。

新瓶装旧酒：不一样的味道

无论是报纸、杂志、广播还是电视，传统媒体都纷纷发行自己的移动客户端。这类客户端的信息大都来自所属媒体，内容和风格与原媒体一脉相承。但由于传播载体的差异，

① 曹玉枝：《移动新闻客户端市场发展分析》，载《青年记者》，2013 年第 15 期，第 58—59 页。
② 信息来源：易观智库《2013 年 3 月中国新闻客户端下载量监测报告》。

客户端在新闻呈现和版面编排等方面发生了较大转变。“新京报新闻”手机客户端作为国内传统媒体移动新闻客户端中的代表性应用，以下就以它为例分析其操作方式。

“新京报新闻”手机客户端于 2010 年 8 月首次面市，该手机客户端无论是界面设计、内容设置还是阅读体验，都传承了原有纸质版报纸的风格（图 10—2）。

图 10—2 “新京报新闻”客户端栏目及板式设置

从栏目设置上来看，“新京报新闻”客户端设置了“要闻”“新闻”（下设“中国”“国际”“财经”“文艺”“体育”“北京”六个子栏目）“图片”“观点”“书影”“旅行”“健康”等 12 个栏目，“要闻”栏目为首页。这些栏目涵盖了《新京报》纸质版刊发的所有版面。但是客户端新闻不是纸质内容的简单重复。其中“要闻”栏目摘取报纸当天最重要最受关注的内容进行首页推荐，图片新闻则集合当天所有的精彩图片，以图读新闻。这些都是手机新闻客户端所独有的。

从选题标准来看，“新京报新闻”手机客户端在首页“要闻”推荐中发布的十几条新闻，基本上是依照传统媒体对于新闻价值[①]的判断来呈现的。当天报纸少则十几个版，多则上百个版的所有新闻，都会在凌晨三四点钟经由客户端发布。与在北京地区发行的报纸不同，“新京报新闻”手机客户端面向的是全国乃至全球用户。因此，报纸头版新闻和手机客户端首页新闻的选择标准略有差异。手机客户端新闻对受众地域接近性的考虑较弱，更注重新闻在全国层面上的重要性。

从新闻内容上看，手机客户端发布的所有内容都是新京报社自采自编的，原创内容占据手机客户端新闻的绝大多数比例。独家和原创内容也是手机客户端推荐用户阅读的重头戏。在手机客户端新闻标题的编辑中，由于移动设备屏幕大小的限制，其新闻标题、副标题或导语的编辑更加短小精炼。例如，2014 年 2 月 28 日星期五，《新京报》A04 版头条新闻为“京津冀要打破‘一亩三分地’思维”，而同日手机客户端该新闻标题则为“京津冀要抱团发展”，表意更加精炼。同时，由于手机客户端受到的新闻管制相对宽松，所以

① 新闻价值指凝聚在新闻事实中的社会需求，就是新闻本身之所以存在的客观理由，它包括时效性、重要性、显著性、接近性以及趣味性等几个基本属性。参见董姿佐：《新闻的价值属性》，载《记者摇篮》，2012 年第 6 期，第 46 页。

在标题采用和内容呈现方面，手机客户端新闻的“尺度”更大。

从形式上来看，“新京报新闻”手机新闻客户端主要以“图片 + 文字”的形式呈现新闻。在页面导读中，图片扮演了更为重要的角色，文字解说相较于报纸而言进行了弱化，但报道正文依然以文字为主。

在客户端内容更新方面，夜班编辑会在当日凌晨报纸付印之后，立即对客户端新闻进行更新，保证所有新闻第一时间送达用户。同时，白班编辑会根据当天新闻热点程度和重要性的变化对客户端新闻的内容进行适当调整。

在版式设计上，“新京报新闻”分为竖幅文字和横幅图片两种版式。

在竖幅文字版式中，栏目的首行为头条新闻，以通屏大图列于屏幕顶端，图片底部配有新闻标题和导语提要。栏目其他新闻以左 1/3 栏配图、右 2/3 栏配标题和导语的形式依次排列，通过下滑屏幕阅读栏目新闻。在横幅图片版式中，每条新闻以图片形式呈现，每个页面单独展示一张新闻图片，在图片底部配有该新闻的标题，通过点击图片进入报道全文。用户通过左右滑动图片阅读不同的新闻。每个页面有十余条新闻，往期内容若没有收藏，则不会出现在客户端中。

从客户端导航来看，页面顶层为报名和栏目名以及图片文字模式的切换按钮，底层为栏目导航。客户端均以点击方式进入页面，文字页面上下滑动阅读，图片页面左右滑动浏览。新闻页面中顶端设有分享和收藏按钮，可分享至电子邮件或加入客户端收藏夹。

聚合的力量：新闻再生产

门户网站和搜索引擎在移动新闻客户端市场上有着较大优势。门户网站积累的海量信息搜集整合能力、强大的编辑团队、广泛的用户群体基础都使得门户网站转换为手机新闻客户端时，能够在市场上迅速发展壮大。根据《互联网新闻信息服务管理规定》第五条第一款第二项规定，互联网新闻信息服务单位不得登载自行采编的新闻信息。在此约束下，互联网单位的新闻信息大多来自传统媒体，在其权限内能够生产的原创内容非常有限。但通过海量新闻的搜集整合，门户网站手机新闻客户端也在一定程度上进行了新闻再生产。

以“网易新闻”手机客户端为例，这款于 2011 年 3 月 22 日首发的手机新闻客户端，在三年多时间里累积用户达 1.2 亿。这个“有态度的新闻门户”，凭借其平台的海量资讯内容，以手机新闻客户端为载体，为用户提供更多更全面的资讯信息，通过推送功能把重大新闻及时推送给手机用户。

在栏目设置上，网易新闻手机客户端拥有新闻、订阅、图片、跟帖和投票五个大的栏目分类。其中，“新闻”栏目分设“头条”“娱乐”“体育”“财经”“科技”“城市”（由用户所在地而定，含 300 多个城市，推送当地气象及本地新闻）“真话”“聚合阅读”等三十多个栏目。图片则分为热点、独家、明星、体坛和美图五类（如图 10—3）。

网易手机新闻客户端头条新闻的选题标准不像传统媒体一样严格考虑专业新闻价值。手机新闻客户端的编辑对新闻的判断，更多是基于对用户兴趣偏好的判断，什么新闻更能吸引用户注意力、什么新闻能带来更多的点击量、什么新闻能在网络中快速传播并推进受众互动等问题才是编辑最看重的。因此，网易手机新闻客户端的新闻中严肃正统的时政类新闻相对较少，而轻松刺激的社会类新闻较多。

图 10—3　网易新闻手机客户端栏目设置及专题版块

从新闻内容上看，网易新闻客户端通过购买版权，能够大量转载或引用其他媒体的新闻内容，原创内容比较有限。除一般新闻稿件的转载外，网易手机新闻客户端还会利用丰富的信息资源进行专题整合。“网易专题”版块几乎每天都有专题报道，集聚多家媒体资讯和自身内容资源，对热点新闻事件进行横向和纵向的深度挖掘。如“乌克兰政局持续动荡”专题，综合了中国新闻网、人民网、新华网等媒体新闻报道，通过文字、图片、视频等方式，全方位、立体化地对这一事件进行了持续的深度呈现。除专题整合外，网易手机新闻客户端也提供了专门的“聚合阅读”专栏，根据用户的关注程度，推出不同主题的新闻聚合阅读。这类新闻，虽没有原创的新闻内容，但手机新闻客户端的新闻专题整合为用户提供了全面、多元的新闻信息。

除转载内容外，网易手机新闻客户端也有不少独特的原创栏目，包括“易百科”“今日之声”“另一面”“轻松一刻”“娱乐 BigBang”和“数读”等 12 个版块版块间利用众多用户生成内容（User Generated Content），按照一定的逻辑和主题串联起来，形成对各种议题的另类讨论和呈现。

从新闻形式上看，网易手机新闻客户端的形式丰富多样。除整合传统媒体文字、图片、音频、视频的新闻播报形式以外，还提供漫画、微博、大数据图说等多种形式，使新闻报道多媒体应用形式更丰富，创新性更强（图 10—4）。

网易手机新闻客户端的编辑 24 小时监控包括微博在内的各类传统媒体，再通过验证和判断，进行具有手机特色的编辑，在第一时间通过手机新闻客户端发出。网易手机新闻客户端会在用户流量较大的时间段内推出自己的原创栏目，如午休或早晚上下班高峰时期；也会在凌晨三四点钟传统纸媒发布内容之后立即跟进；而重大突发事件以及微博热点议题的更新则完全按照新闻发生时间及重要性随时更新。网易新媒体总监吴茂林说：“网易的实时推动新闻是非常重要的运营手段，网民只要有手机，都会第一时间获知新闻事件。”

网易手机新闻客户端头条新闻每天会推出百余条新闻，整个客户端每天都有近万条新闻不断更新。新闻更新的时间和用户跟帖数量、点击量均会对新闻报道在客户端的编排产生重要影响。

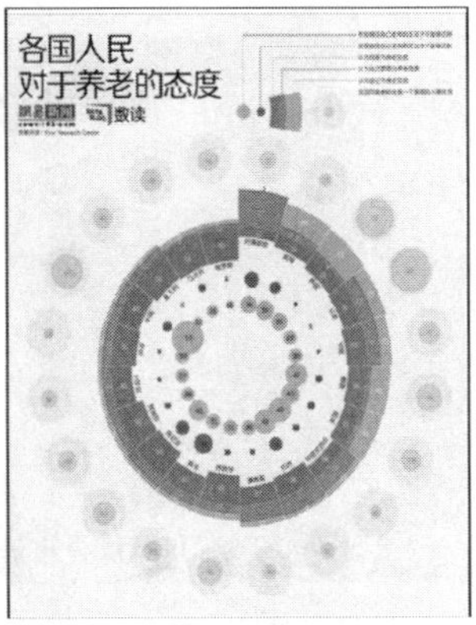

图 10—4　网易新闻客户端微博、数据图表及漫画

在版式设计上，客户端各栏目首行以通栏大图形式发布 2 至 4 条头条新闻，其余大多数新闻以左 1/3 图片，右 2/3 文字的形式呈现。中间会有部分图片新闻以 1 行 3 张图片的形式发布。每条新闻导读由标题和导语组成，并标注跟帖数量及新闻类型（图集、视频、独家、专题等）。

从客户端导航来看，页面首行从左至右依次为栏目选择按钮、客户端标识和用户账号设置。第二行为栏目下设子栏目的导航栏，可以通过左右滑动浏览或点击下拉菜单重新编辑选择。用户可以左右滑动更改页面，上下滑动阅读该页面的内容。在新闻阅读页面顶端会显示本条新闻的跟帖数量，向左滑动载入所有跟帖；页面底端可以写跟帖，将文章分享至朋友圈、微博、人人网、Instapaper、pocket 等社交平台，更好地满足用户与朋友分享信息的诉求。其中，"跟帖"是网易的拳头产品，顶帖、回帖、分享跟帖一体化操作，为用户提供了更多表达自己观点和态度的机会。

不是只有手机移动客户端：
网易新闻客户端 iPad 版的新闻体验

2012 年 4 月 18 日，网易正式对外发布了网易新闻客户端 iPad 版，并宣布适配苹果的 New iPad，成为国内首个适配 New iPad 的新闻资讯类应用软件。网易新闻客户端 iPad 版针对苹果 New iPad 的高清 Retina 显屏进行了优化，全面支持 2048 × 1536 像素分辨率。下面就让我们通过图集来看看 iPad 版的客户端到底有何与众不同的设计。

1. 针对新 iPad 的 2048 × 1536 像素分辨率进行深度优化，文字阅读体验更好

网易新闻客户端 iPad 版除了对 iPad2（1024 × 768 分辨率）进行了兼容设置外，还对苹果最新发布的 New iPad 进行了深度优化，支持新 iPad 的 2048 × 1536 像素分辨率。如图 10—5，仅仅是在一个 icon 图标上就能感受到视网膜屏带来的视觉享受。而作为可以无限放大的矢量文字，在 2048 × 1536 像素屏幕的帮助下，新的客户端确实会带来更好的视觉体验。

图 10—5　网易新闻客户端 iPad 版图标

2. 网易新闻客户端 iPad 版主界面展示与详解

在主界面的设计上，每一个图标和图片针对 New iPad 的 2048×1536 像素分辨率进行了重新设计，视觉效果上确实是其他新闻资讯类 APP 无法比拟的。而文字信息本身是无限放大的矢量图，并不会占用太多容量，所以整个 APP 的资源占用量并不高，使用起来也非常流畅。

而在主界面的布局设计上，显然 10 英寸的大屏幕带来的信息量是 iPhone 的小屏幕无法比拟的。多栏结构的设计带来了更多的内容信息。手机版网易新闻客户端上的“本地新闻和天气”“精彩跟帖”等内容也移植到了 iPad 版的客户端上。不过手机版网易新闻客户端中的“话题”和“投票”两个栏目并没有移植到 iPad 客户端上（图 10—6）。

图 10—6　网易新闻客户端 iPad 版主界面

3. 横看成岭侧成峰，远近高低各不同，来看看竖直状态下的显示状态

竖直状态下，图 10—7 左侧的图为主栏目区，右侧的图为主新闻阅读区。和横直版状态相比只是少了右栏的一些信息，但中栏里的新闻内容显示和文章条数显示会更多一些。

4. 通过拖曳可以将经常阅读的频道栏目放到主频道栏目区

与手机版的网易新闻客户端一样，主频道栏目区的内容也可以定制，喜欢什么就看什么（图 10—8）。

图 10—7 网易新闻客户端 iPad 版 iPad 竖直状态下界面

图 10—8 网易新闻客户端 iPad 版栏目区界面

5. 精彩跟帖区界面展示

跟帖区的界面信息量基本和网页版的一致，信息承载量比手机更多一些（图 10—9）。

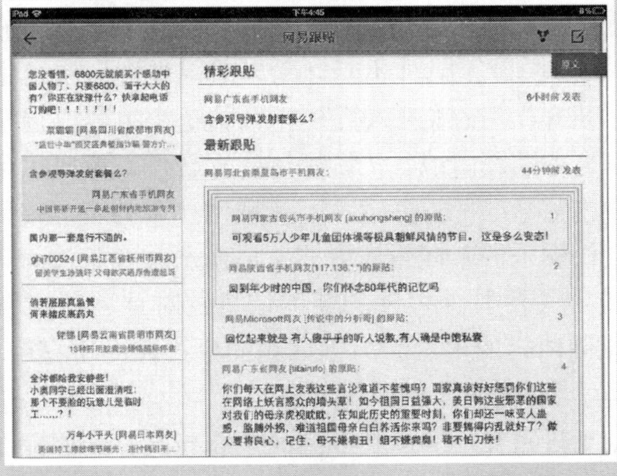

图 10—9 网易新闻客户端 iPad 版大信息量界面

6. 手势操作被运用到了新闻客户端 iPad 版上

玩过iPad的朋友都知道iPad可以用手势来操作，如上图中的两指放大或缩小图片。而这一功能也被移植到了网易新闻客户端 iPad 版上，如在主界面中的“精彩图集”区域加入了两指拉伸放大功能（图 10—10）。

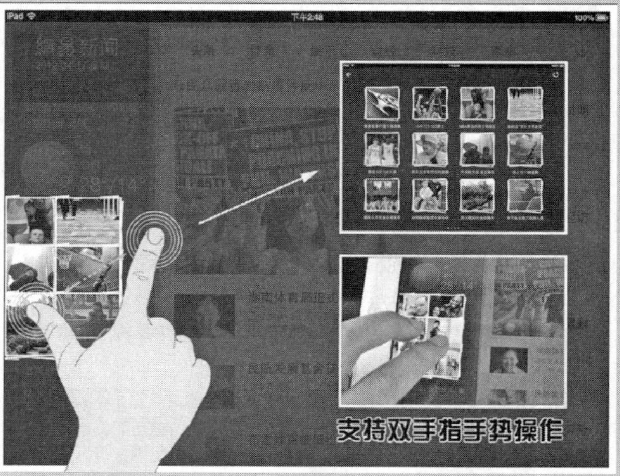

图 10—10 网易新闻客户端 iPad 版手势操作功能示意图

兼顾道路：原创与引用的均衡

介于所有内容都自采自编的传统媒体新闻客户端和绝大多数内容转引自其他媒体的门户新闻客户端之间的是移动新闻客户端。它既能自己进行内容生产，又能充分吸收和整理其他媒体资源。原创信息和引用新闻齐头并重，如凤凰新闻、央视新闻等。

凤凰新闻客户端于 2010 年首发，依托凤凰卫视、凤凰网独家新闻资讯的优势，综合国内外媒体渠道，呈现各类新闻讯息。不同于其他新闻客户端，时事、台湾、军事等内容占据了凤凰新闻客户端的重点内容。如此安排一是对凤凰卫视传统题材优势的继承，二是专注于高端用户的选择。

从栏目设置上来看，凤凰新闻客户端拥有头条、娱乐、凤凰卫视、财经、体育、非新闻、科技、军事等 20 多个栏目。同时还能订阅凤凰卫视咨询台、中文台播出的近百余档电视栏目，如“凤凰早班车”“锵锵三人行”等。凤凰新闻客户端整合了凤凰网、凤凰卫视等传统资源，同时也与香港及内地各传统媒体建立合作，形成了丰富的新闻信息资源。

凤凰新闻客户端的选题标准一方面继承了凤凰网严肃的新闻传统，另一方面也在不断开创移动互联网时代轻松娱乐的新闻生产方式。凤凰新闻客户端编辑分为要闻编辑和原创编辑两类。要闻编辑负责关注其他媒体的新闻信息，对重大新闻事件进行及时转载和发布。原创编辑专注于原创内容的生产，原创话题的生产倾向于摆脱凤凰新闻严肃的面孔，为用户提供更多轻松娱乐、以供消遣的内容。

从内容上来看，凤凰新闻客户端设有专门的“非新闻”专栏发布客户端原创资讯，包括“凤凰知道”“午 FUN 来了”“自由谈”“独家评论”“健康 365”“情感夜话”“今日最大声”“自媒体精选”等话题栏目。这些新闻话题紧跟社会热点，但并不是严格意义上的新闻，更像是结合热点话题进行轻松娱乐化的观点发表或资料整理。

在引用转载新闻方面，凤凰新闻客户端关注中国大陆和台湾地区及国际各地的重大新闻，并针对重大事件及时地进行专题制作。例如面对乌克兰动乱，凤凰新闻客户端制作了“大国玩偶——乌克兰乱局及背后的俄欧美角力”专题，设置了焦点新闻、各方表态、乌克兰示威时间表、深度解析、现场图片、视频报道和乌克兰骚乱背后俄欧角力等几个方面的消息，结合凤凰卫视的新闻评论以及其他媒体的代表性新闻，对此问题进行了清晰详细的分析（图 10—11）。

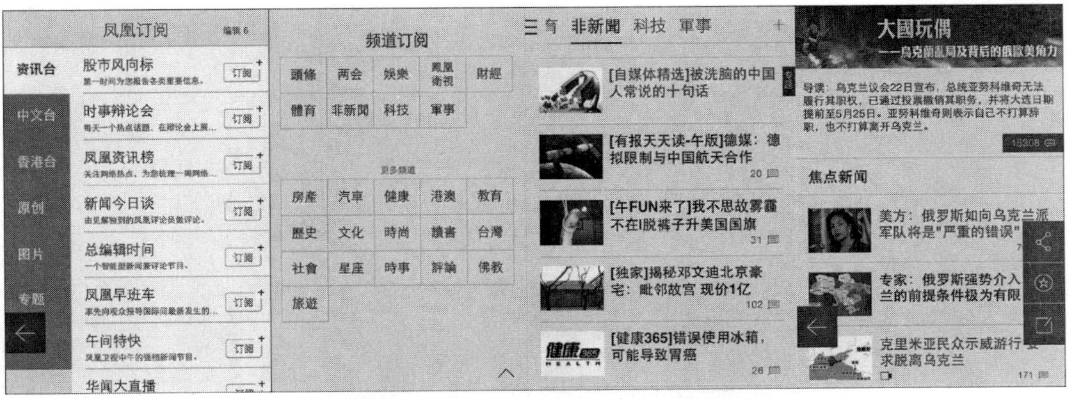

图 10—11　凤凰新闻客户端栏目设置及原创专题栏目

从新闻形式上来看，凤凰新闻客户端充分利用文字、图片、视频等媒体形式，视觉化元素应用丰富，图片新闻和凤凰卫视新闻视频在客户端中占据较大比重。

凤凰新闻客户端的内容更新主要集中在用户使用热点时段，如早上 9 点到 12 点，下午 15 点到 18 点等。而头条新闻主要依据用户点击量和评论量来排列，同时会尽可能地在首页显著位置推送客户端原创内容和栏目，增加原创内容的曝光率。

从版式设计上来看，凤凰新闻客户端各栏目首行以通栏大图形式发布 1 至 4 条头条新闻，其余大多数新闻以左 1/3 图片、右 2/3 文字的形式呈现。中间会有部分图片新闻以每行 3 张图片的形式发布。每条新闻导读由标题或栏目名＋题目的形式呈现，并标注跟帖数量以及新闻类型，如图片专题、民调等。每个栏目通过下滑，可加载上百条新闻。

从客户端导航上来看，凤凰新闻客户端顶端为栏目导航栏，左上角为用户设置按钮，右上角可编辑频道订阅。用户可通过左右滑动更换栏目，上下滑动阅读该页面内容。在新闻阅读页面，新闻标题右下角注有评论数，页面右下角设有分享、收藏和评论按钮，可以将凤凰网新闻分享至微信、微博、QQ、人人网等平台。

凤凰新媒体副总裁刘昕表示，各家新闻资讯类客户端界面模式已经标准化，其竞争核心也将转为内容的选取和差异化策略；而内容正是凤凰新媒体的优势所在，应该说用户的争夺在内容而不在页面设计。时至今日，凤凰新媒体在专题策划和报道方面的能力依然十分亮眼。

手机新闻客户端编辑特色

移动新闻客户端编辑与传统媒体的编辑以及网络平台的编辑相比，既有相通之处，也有自身特色。编辑作为新闻内容生产过程中重要的一环，决定了信息最终以什么样的形式传递给受众。因此，编辑不仅要掌握新闻稿件的内容框架，更需要清楚地知道新闻呈现平台的特色，将新闻以恰当的形式呈现给不同媒介的受众群体（图 10—12）。

	《新京报》新闻	网易新闻	凤凰新闻
口号	品质源于责任	有态度的新闻门户	全球华人第一移动资讯平台
栏目设置	“要闻”“新闻”（“中国”“国际”“财经”“文艺”“体育”“北京”）“图片”“观点”“书影”等十多个栏目	“头条”“娱乐”“体育”“财经”“科技”“汽车”“房产”“时尚”“轻松”“一刻”“聚合阅读”等三十多个栏目	“头条”“娱乐”“凤凰卫视”“财经”“体育”“非新闻”“科技”“军事”等二十多个栏目
版式编排		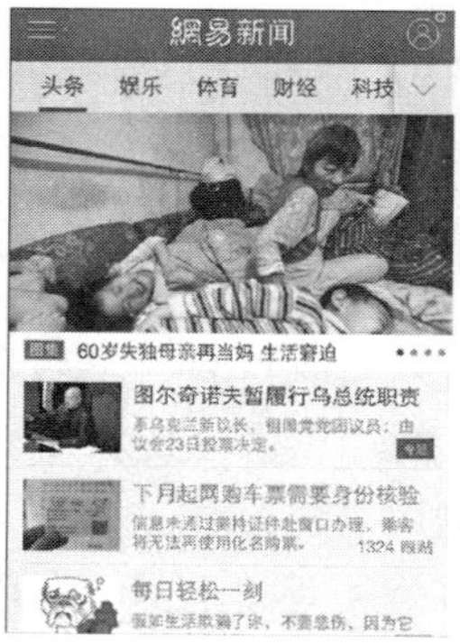	
选题标准	新闻价值	用户兴趣需求	新闻价值+用户倾向
时间	凌晨 3 点左右，白天有部分更新	24 小时更新	早上 5 点至晚上 11 点
发布数量	百余条新闻	近万条新闻	千余条新闻
来源	全部原创	大多数转载	原创与引用内容相当

图 10—12 《新京报》、网易、凤凰手机新闻客户端基本概况

社交网络市场移动终端的绝对优势

通过前文对三种移动新闻客户端案例的分析，我们可以看到，手机新闻客户端在编辑策略和方法上有许多共通之处。

信息爆炸：内容丰富多元

整体上手机新闻客户端的资讯比传统媒体更加丰富多元。传统媒体受限于版面、时间、形态等因素，对新闻内容的筛选非常严格。而移动新闻客户端能够融合文字、图片、视频等多种媒介形态，能综合全国以及全世界各个新闻媒体的内容，为受众提供尽可能全面、丰富、多元视角的新闻信息。移动新闻客户端每天都为受众提供海量的新闻资讯，以满足不同受众的信息需求，并通过用户订阅、用户位置信息（Location Based Service）等途径进行个性化服务。

碎片阅读：简单轻松需求

手机新闻阅读，由于手机屏幕大小和用户阅读方式的特殊性，受众新闻需求与传统媒体相比也有较大差异。大多数客户端用户都是在碎片化的时间里点击浏览新闻，他们对新闻的需求更倾向于简单的、娱乐化的内容。因此，对移动新闻客户端的内容来说，“软新闻”比“硬新闻”[①]更加吃香。例如在栏目设置上，体育、娱乐等轻松的新闻话题更受欢迎，哪怕是在热点新闻事件上，移动客户端也倾向于采用娱乐化的方式来呈现。

移动终端：随时随地更新

手机新闻客户端内容更新频率较高，几乎能在重大热点新闻事件发生的第一时间将新闻推送至用户终端，保障 24 小时不间断传输。与此同时，手机新闻客户端编辑在栏目推送时间上也颇有讲究，例如在清晨和上班早高峰时间推送当日重大新闻事件，在午休和下午时间提供娱乐消遣信息，在晚间用户活跃时间推送观点评论类新闻等。掌握手机客户端用户的行为习惯，有针对性地向用户提供不同类型的资讯，能最大限度地提升信息传播力度。

读图时代：追求视觉享受

手机新闻客户端的界面与传统媒体相比，视觉元素的应用更加重要。一方面，许多手机新闻客户端单独开辟了图片专栏，将大量精彩的新闻照片以图片新闻的方式呈现给用户；另一方面，图片和视频在整个手机新闻客户端中占据了大量的页面。几乎所有手机新闻客户端的首页新闻头条都是大幅图片或视频。客户端的每一条新闻都是以图片 / 视频＋文字的形式呈现。视觉元素常用于分割长篇文字，以减少纯文字页面给用户阅读造成的压力。

受众互动：让用户参与新闻

手机新闻客户端设置了诸多互动环节，例如跟帖评论、社交平台间的分享以及采用精彩的用户微博或评论内容形成客户端话题等。这些互动形式，让用户不仅作为一个旁观者阅读新闻，还能够成为新闻的生产者和参与者，进入新闻之中，提升了用户黏性。

---

① 硬新闻：一种强调时间性和重大性的动态新闻形式，重在迅速传递消息；软新闻：一种注重引起读者兴趣的新闻形式，重在引起受众的情感呼应，比如愉悦或深思等，更多地强调人类兴趣。硬新闻重在迅速传递信息，强调时间性，多为动态新闻和现场报道；软新闻重在引起读者兴趣和情感呼应。参见张威：《比较新闻学：方法与考证》，南方日报出版社 2003 年版，第 79 页。

手机新闻客户端在互联网数字技术和多媒体技术的支撑下，超越了传统媒体时间和空间上的限制，成为与受众联系最紧密的媒介。但在强大的影响力和丰富的信息资源优势下，手机新闻客户端也存在一些问题。

首先，独家原创新闻资源稀缺。手机新闻客户端与传统媒介形态相比，一个非常大的优势在于海量的信息资讯。目前手机新闻客户端的新闻生产能力与新闻提供能力并不匹配。传统媒体自己创办的手机客户端，内容原创性强，但是缺乏强大的编辑团队和成熟的市场渠道，信息量较小，受众覆盖面较窄，其客户端新闻的点击率和关注度有限。门户网站和搜索引擎研发的手机新闻客户端虽然有较强的渠道基础和强大的编辑团队，但由于自身缺乏新闻生产能力，原创性较弱，大量重复的新闻资讯在各类新闻客户端之间传播，同质化现象严重。

其次，碎片化传播存在隐患。目前，智能手机屏幕大小在3英寸到5.5英寸。比传统媒体和网络平台都更加狭小的阅读空间，使手机新闻客户端必须以更加简短高效的方式传递信息。同时，用户手机阅读大多集中在碎片化的时间和空间中，用户对于碎片时间的利用成为信息消费的常态。人们的注意力越来越不集中，兴奋点越来越高，要求手机新闻客户端以适合于移动时代的方式来呈现新闻。但是在“缩减”和“碎片化”的过程中，新闻的准确性、客观性却受到了严重的挤压和伤害。例如，客户端的新闻在转载引用其他媒体报道的时候，常常会改写新闻标题。网易新闻客户端将新华网一篇名为“湖南衡阳查处一起党员领导干部生活作风腐化堕落串案”的新闻改写为“湖南现**翻版**雷政富案 6 人被查”；《法制晚报》“丰台整治地下人防空间 清理群租乱象背后 民防局领导诉辛酸遭遇威胁恐吓成家常便饭”的报道，在凤凰新闻客户端中的标题为“北京一民防局官员清理群组遭**威胁：当心打断你的腿**”。为了吸引用户眼球，手机新闻客户端编辑会在标题撰写过程中，强调更多“刺激”或“挑动”的因素和语言，获取点击量。这些被刻意放大的因素和语言很可能会使新闻被扭曲或误读。

一位韩国媒体人眼中的当地移动互联网发展

移动新闻客户端及其用户特点

随着智能移动终端的发展与普及，信息传播的方式和路径也在发生改变。移动新闻客户端[①]之所以成为各大媒体集团争抢的新阵地，主要是因为两方面的原因。第一，在用户看来，移动新闻客户端为他们提供了进入各种媒体内容的统一入口，在一个平台上实现了不同内容的对接和聚合；第二，从媒体视角来看，移动新闻客户端是连接媒体和用户的便捷通道。

① 此处及以下提到的“移动新闻客户端”指可应用于包括手机、平板电脑、阅读器在内的所有移动设备上的新闻客户端。

通过客户端，媒体不仅能够实现同一内容不同平台的传播和扩散，还能获得新的用户群体。

与传统的新闻业相比，移动新闻客户端凭借其便捷的使用途径、丰富的媒体形式、个性化的阅读体验以及伴随性、移动性、即时性、互动性等特点，为新闻信息的生产和传播方式带来了巨大改变。

越来越小的屏幕改变了什么？

从纸张到电视，从电脑到平版电脑，再到手机，我们阅读信息的屏幕似乎变得越来越小，可是除此之外，移动终端与传统新闻媒体相比，究竟有什么特殊之处呢？对于数字化技术以及移动技术给媒体行业尤其是纸质媒体行业带来的改变，目前已有比较丰富的研究。传统报纸在内容、版式、互动性等方面均发生了诸多改变（表 10—1）。

表 10—1　　传统报纸与数字报纸的区别[①]

	印刷报纸	数字报纸
内容数量	报道某个特定事件； 内容受版面空间限制。	报道某个特定事件，并提供背景材料和相关新闻； 没有页面空间限制。
版式设计	垂直阅读格式； 以尺寸来测量； 内容通过文字、图片、图表呈现。	水平阅读格式； 以像素来测量； 内容通过文字、形象和其他多媒体元素（音频 & 视频）呈现。
获取	信息在固定的时间和地点获取； 读者不需要其他设备帮助阅读。	任何时间、地点都可获取信息； 读者需要辅助设备阅读。
用户定制	用户不能选择新闻内容。	读者可自主选择特定新闻栏目并存储有用的新闻。
即时性	内容在新一期报纸刊出时才能获得； 信息传递受印刷和分发过程的限制。	内容在网络上可以持续更新，不需要花费时间用于印刷和发放。
超链接	报纸内容之间、报纸与报纸之间没有链接。	报纸新闻内容之间以及不同的报纸之间通过超链接联系起来。
互动性	印刷媒体是一种单向的交流媒体，很难产生互动。	电子媒体是一种双向度的交流平台，使得用户可以和报纸内容以及其他用户互动。
花费	新闻纸和印刷墨为主要支出。	阅读设备的支出。

《纽约时报》的内容数据开放和新闻客户端战略

① B. Gunter, *News and the Net*, Mahwah, New Jersey: Lawrence Erlbaum Associates, 2003.

如图 10—13，通过上述对比，我们不难看出，移动新闻客户端并不是印刷报纸的简单电子化或网络新闻的缩小版。在二者之间，移动新闻客户端有着自己清晰的定位和特点。

		iPad 应用	网 站
页面布局	栏数	横向视图：主页 4 栏，内容 3 栏 纵向视图：主页 3 栏，内容 2 栏 	5 栏，灵活的网络结构 
	品牌	黑白色设计，《纽约时报》Logo	《纽约时报》Logo
	布局	与印刷报纸相似的布局	网络布局
	信息呈现	有限的信息量 单独文章呈现没有其他视觉干扰	大量的信息 新闻报道以及相关新闻链接
内容	广告	有限的首页广告	有许多广告
	内容	“头条”栏目在首页 在新闻页面只呈现文章内容	所有栏目的头条新闻都在首页 文章内容，相关新闻和读者评论都在新闻内容页面
导航	显示	弹出式菜单	导航栏
	信息	弹出菜单 / 窗口	链接到另一个页面
互动	动作	滑动或点击	点击
	搜索	没有搜索功能	搜索栏
定制	功能	调整大小 / 分享信息 / 保存文章	放大和缩小整个页面 / 共享信息 / 标记文章

图 10—13 《纽约时报》iPad 应用与其网站的比较[①]

① L. Zhang, *News Media Design: A Comparative Study of Digital Application Format*, Iowa State University, 2012.

客户端应用一方面吸纳了纸质版简单快捷的阅读体验，又结合了网站信息资源的丰富性和互动性，同时在版式设计和定制化方面有了更进一步的发展。

认识移动终端用户

除了移动新闻终端自身的特点之外，其用户的使用习惯和兴趣偏好也与其他新闻信息平台有所差异。路透社数字新闻调研发现，在英国，有约一千万热爱新闻的用户，他们大多比较富裕，更可能拥有平板电脑或智能手机。该用户群在网络上消费新闻的程度很高，使用 Twitter 的数量是一般人的两倍。他们对政治和互联网新闻感兴趣，喜欢阅读高质量的报纸。①

电视、广播、印刷品等传统媒体形态的用户多为年龄较大的人群，而移动手机、平板电脑等移动设备则更受年轻用户喜爱。移动新闻客户端的主要受众群体呈现年轻化倾向（图 10—14）。

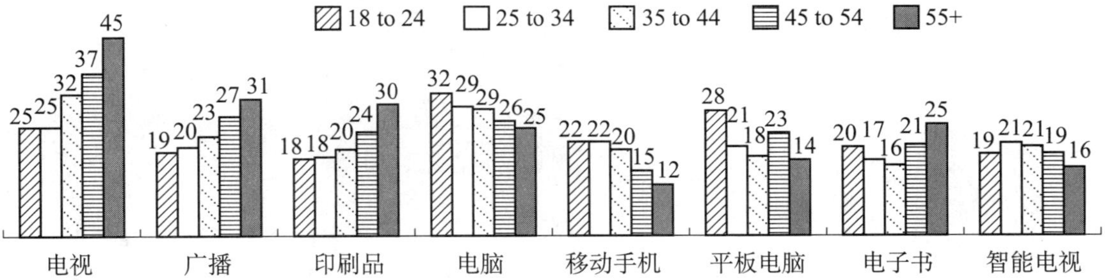

图 10—14　不同年龄用户每天通过各种渠道获取新闻的平均时间（分）

根据用户习惯，每天清早和傍晚是用户新闻信息获取的最高峰时段，其次为午休和晚间时段。据此，要提高新闻信息的点击率和到达率，移动新闻客户端编辑在新闻信息推送过程中，应当把握好用户的使用时间，实现精准推送（图 10—15）。

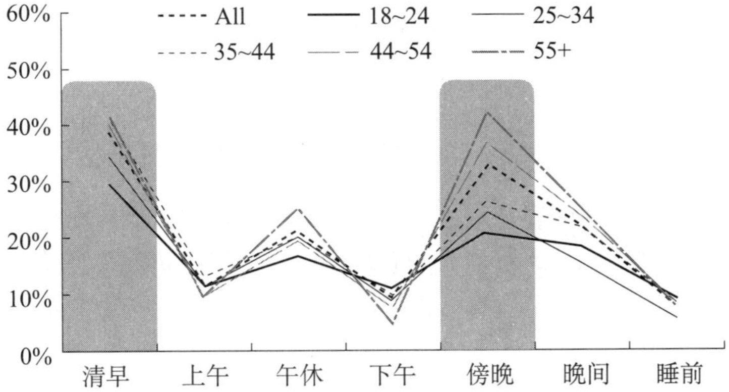

图 10—15　不同年龄段用户每天在不同时间段获取新闻的概率

① 数据来源：用户消费新闻的 14 个习惯，2013 年 6 月 24 日，http：//www.199it.com/archives/126730.html。

2013 年年初，手机腾讯网针对触屏手机用户的资讯和新闻阅读习惯进行了一次用户调查与研究。在 3,600 名手机用户的调查之中发现，从资讯获取方式来看，浏览资讯网页是最主要的资讯获取途径，其次是新闻客户端和微博。

超过 55% 的用户会选择从多家媒体或平台来了解资讯，而用户关注度最高的五类内容分别是时政社会类新闻、科技、娱乐八卦资讯、军事新闻和趣闻趣事。在信息浏览过程中，有 42% 的用户会先浏览头条；19% 的用户则会先看自己感兴趣的内容；还有 36% 的用户没有固定的阅读习惯。相较于其他新闻信息平台而言，选择新闻客户端的用户主要是因为它功能便捷、内容有深度、加载速度较快、方便订阅及分享、设计美观等原因（如图 10—16）。[1]

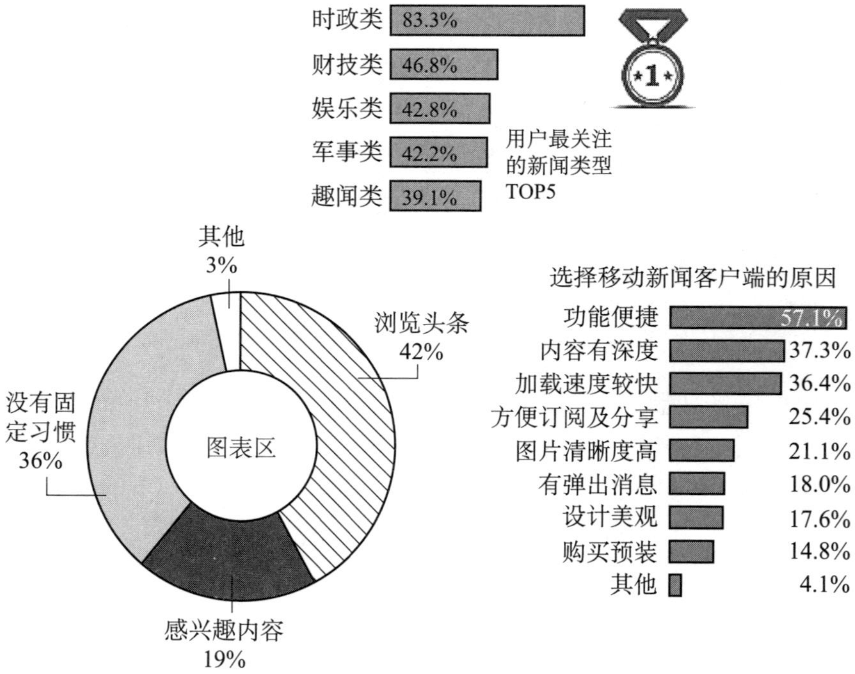

新媒体新闻客户端的特点比较研究

图 10—16 触屏手机用户是如何看资讯的

移动新闻客户端面对的用户不是模糊的大众，而是清晰的、独立的用户个体。因此，移动新闻客户端内容的生产和推送，除了要适应移动终端的设备特性之外，还必须要满足移动终端用户的各类需求。

① 数据来源：腾讯科技《触屏用户新闻阅读行为研究》，2013-01-11，http：//tech.qq.com/a/20130111/000106.htm。

移动时代，客户端编辑走向何方？

通过前文对国内三种手机新闻客户端的描述以及对移动新闻客户端和其用户特征的相关研究的梳理，我们基本了解了移动新闻客户端现阶段的发展状况和特点。移动新闻作为一个新兴的仍在发展中的媒介渠道，如何充分挖掘和利用它的优势，将它更好地嵌入人们的生活习惯和节奏中来，是对新闻价值标准和生产传播关系的又一次革新，这也必将深层次地改变媒介与社会之间的关系。

移动新闻：移动媒体时代的新闻模型①

在全球范围内，新闻出版商都在发送点对点短消息服务（Short Message Service）或多媒体信息服务（Multimedia Messaging Service）。这些消息通常是记者人工为用户定制的。随着移动应用的兴起，越来越多的新闻媒体集团开始青睐于通过移动新闻网站对定制的新闻内容进行自动转换发布，而不再依赖记者提供独特的新闻信息。移动应用能使媒体轻松地为用户提供愉悦的用户体验并为广告商提供更多的机会。

本文提出的新闻模型展示了两个关联体：（1）人类与机器；（2）新闻内容的定制与重复利用。如图 10—17，水平坐标用来表示为移动设备提供内容是依靠技术（如内容管理系统）还是人类（记者或公民记者）；垂直坐标是从完全定制（例如，内容和服务只针对移动设备）到完全重复利用其他媒体平台的内容划分。这两个坐标将移动客户端的内容和服务定制指向两种截然不同的方式（图 10—17）。

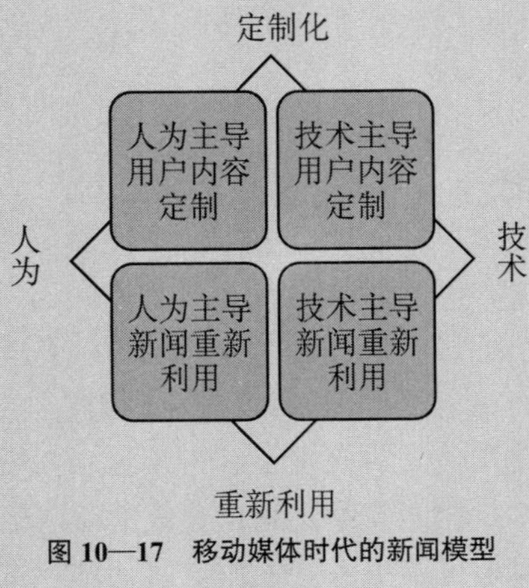

图 10—17 移动媒体时代的新闻模型

传统媒体的移动新闻客户端是典型的人为主导型客户定制方式，主要包括人工撰写、发布短讯新闻提示，以及安排专职编辑负责移动客户端的定制新闻内容，同时也有专业记者和公民记者为移动新闻平台提供独一无二的新鲜资讯。

① See O. Westlund, "Mobile News: A Review and Model of Journalism in an Age of Mobile Media," *Digital Journalism*, 2013 (1).

当今，移动新闻和科技联系越来越紧密，也就产生了技术主导型客户定制方式。这个模型从右下角到右上角的提升代表着技术应用程度的提高。这包括利用相关技术为客户提供新闻定制服务，比如在移动终端上提供私人化定位功能等。在模型底部的两端，人为主导型新闻重新利用指的是由记者对报纸或者其他数字新闻平台的内容进行重新整合，但不会对内容本身进行实质性的改变。技术主导型新闻重新利用指的是新闻发布者借助内容管理系统，将同一条新闻发布在不同的新闻平台上，同时并不改变新闻内容或者新闻的呈现形式。这种技术主导型新闻重新利用方式通过跨媒体新闻发布平台同步进行，而且移动应用还可以从不同的新闻网站抓取一定量的文章。使用这种方式的前提是没有特殊媒介功能的要求。

移动平台的新闻从人为主导重新利用逐步转向技术主导内容定制。移动新闻发布与定制化技术的发展越来越紧密相关。随着移动新闻平台和跨媒介新闻的融合，新闻内容出现了不再依赖发布平台的趋势。这就意味着新兴媒介必须采取新的形式，而不能拘泥于陈旧的既成理念之中。

传统新闻媒体大量利用技术主导型客户定制方式，同时在内容上摆脱了平台束缚，这背后主要有两方面的原因。一方面，技术本身在聚合和呈现新闻服务时有明显的区别特点，所以没必要将新闻内容也进行客户化定制；另一方面，新闻平台的增多加重了记者进行人工操作的困难和时间。迫于经济压力，传统新闻媒体用技术替代人力，从而提高效率。

［奥斯卡·韦斯特隆德（Oscar Westlund），*Digital Journalism*］

面对丰富而独特的信息传播渠道和用户群体，移动新闻客户端的发展有着非常多的方向和无限的可能性。

传播内容与呈现方式的匹配

在传播形态上，移动新闻客户端能融合文本、图片、音视频等多种媒体传播形式，为用户提供丰富多元的视觉效果。但多媒体融合并不是万能的，不是所有的新闻信息都适合多媒体的传播形式。过于繁杂的媒介形态有可能对用户信息的获取造成干扰。当用户面对太多的媒介形态选择时，他们很可能会由于难以选择而直接放弃阅读。因此，考虑到移动新闻客户端屏幕尺寸和用户使用情景等因素，客户端编辑需要根据报道内容选择恰当的传播方式，使传播内容与呈现方式相匹配，让用户有效地获取信息。

例如，完整的深度新闻报道可能更适合使用文字形式。如果在报道文本中插入过多的图片或其他新闻链接，很可能会干扰用户阅读，阻碍新闻报道自身的逻辑性和严谨性。而视觉震撼力较强的新闻可以直接采用幻灯片浏览的形式呈现，不必加入复杂的语言配图描述。总之，为不同的新闻信息选取恰当的呈现方式，是客户端编辑需要注意和考虑的问题。

提供服务而不只是信息

在传统观念中，媒体是传播信息资讯的载体。但是，在移动互联网时代，移动新闻客户端不再是单纯的信息提供商，它提供的是一种个性化的服务。这要求客户端必须找准自己的定位，为用户提供无法替代的服务体验，才能在移动新闻战场上立足。

差异化战略，明确定位特色。在这个信息爆炸、搜索引擎精准化的年代，“同质化”的新闻早已不能满足人们的阅读需求。移动新闻客户端可以将各种信息终端纳入产品集群，但是在纳入和传出的过程中很重要的一环是客户端的用户群体。客户端信息传播从传统意义上点对面的传播转换为点对点的传播。因此，移动新闻客户端需要在了解用户个性化的需求、兴趣和爱好的情况下，明确自己的定位和特色，为用户提供独一无二的差异化的新闻服务。

个性化服务，提升互动体验。用户的参与性、互动性是影响用户黏性的重要因素。在客户端中，用户不仅被动地接收信息，还以评论、跟帖、分享等形式参与信息传播活动。美国 *The Daily* 应用让用户根据自己掌握的信息进行爆料、参与播报。[①] 在客户端中，每一个用户都是一个新的传播起点，传播主客体之间边界模糊，互动加强。

极简主义与用户友好度

移动新闻客户端最重要的特性是移动性，它使用户消费信息的时间和空间变得碎片化。用户在移动状态下快速地进行判断和阅读，如何提供更好的信息碎片的整合手段，也成为媒体优化信息服务的一个关键。

用户使用移动新闻客户端的一个很重要的原因就是客户端功能便捷、信息获取方便，这与客户端页面设计息息相关。有学者研究认为，页面设计包括两个方面：呈现和导航。呈现意味着信息如何在页面中展示，导航指页面如何指引用户获得信息，二者会决定用户信息搜索的效率。一个成功的网络页面设计应当达到三点要求：（1）设计一个浅层结构，在首页提供新闻；（2）提供一个信息获取的快速渠道，减少用户阅读新闻的步骤；（3）创建一个顺畅的新闻流，能够让读者无障碍地获取信息（表 10—2）。[②]

表 10—2　影响数字新闻检索效率的因素

类别	因素
浅层信息结构	新闻条目在首页呈现
快速获取信息	获取新闻内容的步骤
平滑的信息流	顺畅的导航和流畅的信息加载

页面的视觉呈现风格和视觉吸引力同样会影响用户新闻搜索的效率。研究显示，以图表为主和文字图片平衡这两种呈现方式的新闻搜索效率比较接近，但以文字为主的呈现方式与二者差距较大。视觉吸引力可以用页面的排版设计来评估。视觉吸引力高的页面将帮

① 参见王宇明：《从移动新闻客户端看报业的数字化转型》，载《传媒》，2013 年第 3 期，第 54—56 页。

② Li，X.，*Internet Newspapers: The Marketing of a Mainstream Medium*. Mahwah, New Jersey：Lawrence Erlbaum Associates.

助读者通过连贯的过程获取新闻信息，高视觉吸引力将引发较高的新闻检索效率。①

在客户端版式设计上，极简主义和用户友好度是编辑重点考虑的方向。用最简单的方式向用户传递最多的信息。朴实的语言、精炼的段落、清晰的导航才能让客户端真正成为适应用户习惯的最好的阅读方式。

思考题

1. 你有使用过移动新闻客户端吗？你最常使用哪一个移动新闻客户端？该客户端在新闻内容、版式设计以及用户互动等方面有什么特点？
2. 移动终端不仅包括手机，还有平板电脑、电子阅读器等。在不同的移动终端上，你的阅读习惯和阅读体验有什么差异吗？你能举例说明某个移动客户端应用在不同设备上有哪些版本的差异吗？
3. 目前国内移动新闻客户端无论是版式设计还是新闻内容方面同质化现象比较严重。浏览相关新闻客户端，如果你是客户端编辑，你会如何改变这一情况？

① Li，X. Web page design and news retrieval efficiency：a content analysis of five U.S. Internet newspapers. In Li，X.（Eds.）.（2006）*Internet Newspapers: The Marketing of a Mainstream Medium*（65－80）. Mahwah，New Jersey：Lawrence Erlbaum Associates.

后　记

戏剧性

直到最终交稿这一刻，我才觉得这本教材的编写颇有戏剧性。

我们是 2013 年 7 月接到了这样一套系列教材的写作任务。彼时，农夫山泉与《京华时报》“标准门”事件的舆论大战刚告一段落。此前，《京华时报》在 28 天的时间里创造了“一家媒体批评一个企业”的记录，持续 28 天以连续 67 个版面、76 篇报道，称农夫山泉“标准不如自来水”。这样一场传统纸媒与企业主之间的混战，似乎为我们编写这本《全媒体新闻编辑・案例教学》教材开了头，也奠定了一个有趣的基调。自然，这一案例也被我们纳入了本教材的设计之中。

巧的是，当这本教材即将完成初稿时，发生了举世瞩目的马航失联事件，时间定格在 2014 年 3 月 8 日。随后，国内外知名电视媒体在此次报道大战中的表现再次成为公众和传媒圈热议的话题。没想到，在一次聚会中，我们与央视一位参与马航专题的编导聊起了这本教材，便催生了新的一讲，带来了一次深刻的案例分析。最后，本教材汇总了 10 讲新闻编辑实操的鲜活故事，涉及个案近百例。

仔细想来，什么才是这本教材的根本？“用案例说话、用实践说事、用真相说道”是本教材所有编作者一直致力的方向。

贡献者

这本教材的成形，最要感谢的是 9 位作者的辛勤付出，尤其是那些业界的记者、编辑朋友。他们从繁忙的工作中，利用自己的休息时间为我们的读者总结、归纳了全媒体时代的新闻编辑案例，有传奇经典，也有失败之作。其中，徐鹤群（《杭州日报》）负责第一讲，顾晓燕（浙江大学传媒与国际文化学院）负责第二讲，陆宇佳（中央电视台）负责第三讲，倪玮（中央电视台）负责第四讲，俞康（《南方都市报》）、黄超（中国人民大学新闻学院）负责第五讲，黄超负责第六、第七讲，黄超、冷爽（《羊城晚报》）负责第八讲，吴飞（浙江大学传媒与国际文化学院）、黄超负责第九讲，徐雅兰（清华大学新闻与传播学院）负责第十讲。

这 9 位作者分别是（按章节写作顺序）：

徐鹤群，《杭州日报》记者；先后毕业于中国人民大学新闻学院、浙江大学传媒与国际文化学院；曾在中央电视台《每周质量报告》栏目组、中央人民广播电台《中国之声》实践。

顾晓燕，浙江大学传媒与国际文化学院讲师，北京大学—美国西北大学联合培养博士；2003年至2008年任浙江卫视新闻中心记者，2005年获中国记协“全国优秀新闻工作者”称号，2007年被推选为国家广电总局“全国广播影视系统先进事迹报告会”报告人等；研究领域主要包括影视艺术、新闻采访、新媒体、媒介经营管理等。

陆宇佳，中央电视台《焦点访谈》编导；2009年毕业于中国传媒大学国际新闻专业；曾经参与G20峰会、钓鱼岛事件等专题报道；在马航事件报道中一直负责为《焦点访谈》制作马航专题节目；曾任苏州广播电视总台记者。

倪玮，中央电视台《今日说法》栏目记者；先后毕业于厦门大学新闻传播学院、中国人民大学新闻学院；曾在《厦门日报》、*Science*、《环球时报》英文版、*China Daily*、《大学生》实践，累计发表各类中英文署名稿件200多篇，多篇作品获《读者》《青年文摘》转载；是第七届南都新闻奖学金获得者。

俞康，《南方都市报》经济部记者（至出版时，供职于富力地产）；先后毕业于南昌大学人文学院、中山大学传播与设计学院；发表新闻报道数十万字，代表作包括《网易养猪这五年》《东莞制造进退十字路》《深圳人乳交易》等。

黄超，中国人民大学新闻学院博士，国务院国资委新闻中心特约研究员；先后毕业于南京师范大学、中山大学；曾在《第一财经》《文汇新民》《南方周末》、路透、万博宣伟、网易、腾讯实践；中宣部、发改委、国新办、国资委、环保部、教育部、浙报传媒、蓝海电视台等研究、咨询项目子课题负责人；发表SSCI论文一篇，CSSCI论文十几篇，著作、教材、译著各1部；研究兴趣为公共传播、政务传播、新媒体与新闻业务；第三届南都营销奖学金获得者。

冷爽，《羊城晚报》要闻部编辑，《羊城晚报·深度新闻周刊》责任编辑；先后毕业于中南大学、中山大学；长期从事国内外重大突发事件专题报道、大型深度调查报道的策划、组织，包括芦山地震、马航失联、李亚鹏公益风波等等。

吴飞，浙江大学传媒与国际文化学院教授、院长、博士生导师；威斯康星大学高级访问学者、杭州市钱江学者；国务院新闻传播专业硕士学位教指委委员、教育部新闻学科教指委委员、国信办互联网新闻研究中心特约研究员；中国社科基金、中国新闻奖及长江韬奋奖评委；*China Media Research* 编委、*China Media Reports Oversea* 副主编、《中国新闻年鉴》《国际新闻界》《新闻实践》编委；出版著作8部，发表学术论文70余篇；研究领域主要为新闻传播理论。

徐雅兰，清华大学新闻传播学院硕士生，清华—人人社会化媒体研究中心实习研究员；2012年毕业于浙江大学传媒与国际文化学院；曾在《成都商报》、四川电视台公共频道、《财经》、浙江省委宣传部新闻处实践。

有态度

我们身处的这个时代，每个人都是一个全媒体的“终端”。在这些个体的“终端”里，浅思维多、深思考少，空想者多、行动者少，投机者多、事实派少。对于即将进入传媒圈或初涉传媒圈的年轻人来说，如何帮助他们有态度地洞察整个业界的最新发展，如何启发他们有态度地看待新闻编辑的各类案例，如何引导他们有态度地行动起来，推动新闻业的转型与迭代，才是本教材所有编者、作者“心心念念”的冀望。

希望这本历经一年完成的作品能让越来越多的新闻学子、新闻人开启有态度的学习、职业生涯，在全媒体时代中“随波逐浪”，而不是随波逐流。也希望广大读者向我们提出“有态度”的意见和建议，鞭策我们不断完善这本教材。

编者

2015 年 3 月 15 日

新闻学与传播学案例系列教材

史论类

媒体道德与伦理·案例教学
媒体法·案例教学
传播学概论·案例教学
中国新闻史·案例教学
世界新闻史·案例教学

新闻实务类

财经新闻报道·案例教学
新闻编辑·案例教学
新闻采访与写作·案例教学
新闻评论·案例教学
深度报道实务·案例教学
新闻图片编辑·案例教学
新闻摄影·案例教学
公共外交·案例教学

广电类

广播电视概论·案例教学
广播电视新闻采访·案例教学
影视制作·案例教学
节目创意与执行·案例教学

新媒体类

全媒体新闻编辑·案例教学
融合报道·案例教学
互联网与新媒体实务·案例教学
数据新闻·案例教学
移动媒体概论·案例教学

中国传媒大学出版社网址:http://cucp.cuc.edu.cn
配套教学 PPT 请教师发邮件至以下邮箱索取
意见反馈及联系信箱: jyingyi@126. com
联系电话:010-6578 3601